# VOIX MIGRANTES AU QUÉBEC
## ÉMERGENCE D'UNE LITTÉRATURE MAGHRÉBINE

# COLLECTION
## « AUTOUR DES TEXTES MAGHRÉBINS »
*dirigée par*

**Najib REDOUANE**
CSU- Long Beach, États-Unis
**Yvette BÉNAYOUN-SZMIDT**
Université York-Glendon, Canada

### Ouvrages déjà publiés

•*Clandestins dans le texte maghrébin de langue française*, Najib Redouane (s. la dir. de), Paris, Éditions L'Harmattan, 2008, 352 p.

•*Vitalité littéraire au Maroc*, Najib Redouane (s. la dir. de), Paris, Éditions L'Harmattan, 2009, 371 p.

•*Voix et plumes du Maghreb*, Lahsen Bougdal (s. la dir. de), Paris, Éditions L'Harmattan, 2010, 140 p.

•*Diversité littéraire en Algérie*, Najib Redouane (s. la dir. de), Paris, Éditions L'Harmattan, 2010, 302 p.

•*Lecture(s) de l'œuvre de Rachid Mimouni*, Najib Redouane, (s. la dir.de) Paris, Éditions L'Harmattan, 2012, 229 p.

•*Où en est la littérature « beur »* ? Najib Redouane, (s. la dir.de) Paris, Éditions L'Harmattan, 2012, 369 p.

*Qu'en est-il de la littérature « beur » au féminin ?* Najib Redouane et Bénayoun-Szmidt (s. la dir. de) Paris, Éds L'Harmattan, 2012, 444 p.

•*Les Écrivains maghrébins francophones et l'Islam : constance dans la diversité.* Najib Redouane, (s. la dir. de), Paris, Éditions L'Harmattan, 2013, 460 p.

•*Femmes Arabes et Écritures Francophones : Machrek-Maghreb,* Rabia Redouane, Paris, Éditions L'Harmattan, 2014, 304 p.

•*Les Franco-Maghrébines autres voix / écritures autres.* Najib Redouane et Bénayoun-Szmidt (s. la dir. de) Paris, Éditions L'Harmattan, 2014, 465 p.

•*Créativité littéraire en Tunisie.* Najib Redouane (s. la dir. de) Paris, Éditions L'Harmattan, 2015, 442 p.

Illustration de la couverture
© Photo : *Arabesque colorée* par Carolyn C. Barshay

© L'Harmattan, 2017
5-7, rue de l'École-Polytechnique, 75005 Paris
www.harmattan.com
diffusion.harmattan@wanadoo.fr
ISBN : 978-2-343-10911-4
EAN : 9782343109114

Najib REDOUANE
Yvette BÉNAYOUN-SZMIDT

# VOIX MIGRANTES AU QUÉBEC

## ÉMERGENCE D'UNE LITTÉRATURE MAGHRÉBINE

# Autres ouvrages publiés par les auteurs de ce volume

## Ouvrages de critique

•MAHI BINEBINE, N. Redouane, Y. Bénayoun-Szmidt et B. Rey Mimoso-Ruiz (s. la dir. de), Coll. Autour des écrivains maghrébins, Paris, L'Harmattan, 2016, 288 p.
•*Créativité littéraire en Tunisie*. N. Redouane (s. la dir. de) Coll. Autour des textes maghrébins, Paris, L'Harmattan, 2015, 442 p.
•*Les Franco-Maghrébines autres voix/Écritures autres*. N. Redouane et Y. Bénayoun-Szmidt (s. la dir. de) Coll. Autour des textes maghrébins, Paris, Harmattan, 2014, 465 p.
•*Les Écrivains maghrébins francophones et l'Islam : constance dans la diversité*. N. Redouane, (s. la dir. de) Coll. Autour des textes maghrébins, Paris, Éditions L'Harmattan, 2013, 460 p.
•*Qu'en est-il de la littérature « beur » au féminin ?* N. Redouane et Y. Bénayoun-Szmidt (s. la dir. de) Coll. Autour des textes maghrébins, Paris, Harmattan, 2012, 444 p.
•*Où en est la littérature « beur »* ? N. Redouane (s. la dir. de), Coll. Autour des textes maghrébins, Paris, L'Harmattan, 2012, 369 p.
•*Lecture(s) de l'œuvre de Rachid Mimouni*, N. Redouane, Coll. Autour des textes maghrébins, Paris, Harmattan, 2012.
•*L'œuvre romanesque de Gérard Étienne. É(cri)ts d'un révolutionnaire*, N. Redouane et Y. Bénayoun-Szmidt (s. la dir. de), Coll. Espaces Littéraires, Paris, Éditions L'Harmattan, 2011, 254 p.
•AHMED BEROHO, N. Redouane et Y. Bénayoun-Szmidt (s. la dir. de), Coll. Autour des écrivains maghrébins, Paris, L'Harmattan, 2010, 298 p.
•*Diversité littéraire en Algérie*, N. Redouane (s. la dir. de), Coll. Autour des textes maghrébins, Paris, L'Harmattan, 2010, 302 p.
•*Vitalité littéraire au Maroc*, N. Redouane (s. la dir. de), Coll. Autour des textes maghrébins, Paris, L'Harmattan, 2009, 371 p.
•*Clandestins dans le texte maghrébin de langue française*, N. Redouane (s. la dir. de), Coll. Autour des textes maghrébins, Paris, L'Harmattan, 2008, 352 p.
•ASSIA DJEBAR, N. Redouane et Y. Bénayoun-Szmidt (s. la dir. de), Coll. Autour des écrivains maghrébins, Paris, L'Harmattan, 2008, 380 p.
•*Écriture féminine au Maroc : Évolution et continuité,* N. Redouane, Coll Critiques littéraires, Paris, Éds L'Harmattan, 2006, 306 p.
MALIKA MOKEDDEM, N. Redouane, Y. Bénayoun-Szmidt et R. Elbaz (s. la dir. de), Coll. Autour des écrivains maghrébins, Paris, L'Harmattan, 2004, 352 p.
•TAHAR BEKRI, N. Redouane (s. la dir. de), Coll. Autour des écrivains maghrébins, Paris, L'Harmattan, 2003, 278 p.
•*Rachid Mimouni : entre engagement et littérature,* N. Redouane, Coll Espaces littéraires, Paris, L'Harmattan. Paris, 2002, 268 p.
•*Algérie : Nouvelles Écritures*, C. Bonn, N. Redouane et Y. Bénayoun-Szmidt (s. la dir. de), Coll. *Études Littéraires Maghrébines*, N° 15, Paris, L'Harmattan, 2001, 268 p.
•RACHID MIMOUNI, N. Redouane, (s. la dir. de), Coll. Autour des écrivains maghrébins, Toronto, Éds La Source, 2000, 423 p.
•*Parcours féminin dans la littérature marocaine d'expression française*, Y. Bénayoun-Szmidt et N. Redouane, Toronto, Éditions La Source, 2000, 202 p.
•*1989 en Algérie. Rupture féconde ou Rupture tragique*, N. Redouane et Y. Mokaddem (s. la dir. de), Toronto, Éditions La Source 1999, 261 p.
•*La Traversée du français dans les signes littéraires marocains*, Y. Bénayoun-Szmidt, H. Bouraoui et N. Redouane (s. la dir. de), Toronto, Éditions La Source, 1996, 253 p

## Recueils de poésie

- *Ballade du séquestré académique*, Montréal, Éditions du Marais, 2016, 69 p.
- *Nomade autarcique,* Montréal, Éditions du Marais, 2016, 76 p.
- *Regard à regard*, Montréal, Éditions du Marais, 2014, 42 p.
- *Murs et murs*, Montréal, Éditions du Marais, 2014, 108 p.
- *Peu importe,* Montréal, Éditions du Marais, 2013,124 p.
- *Pensées nocturnes*, Montréal, Éditions du Marais, 2013, 68 p.
- *Remparts fissurés*, Montréal, Éditions du Marais, 2012, 98 p.
- *Le Murmure des vagues*, Rome, Aracne éditrice, 2011, 77 p.
- *Ombres confuses du temps*, Montréal, Éditions du Marais, 2010, 71 p.
- *Ce soleil percera-t-il les nuages ?* Montréal, Éditions du Marais, 2009, 70 p.
- *Lumière fraternelle*, Montréal, Éditions du Marais, 2009, 66 p.
- *Le Blanc de la parole*, Montréal, Éditions du Marais, 2008, 66 p.
- *Paroles éclatées,* Montréal, Éditions du Marais, 2008, 66 p.
- *Songes brisés,* Montréal, Éditions du Marais, 2008, 66 p.

## Romans

- *À l'ombre de l'eucalyptus*, Paris, Éditions L'Harmattan, 2014, 170 p.
- *L'année de tous les apprentiss*ages, Paris, Éditions L'Harmattan, 2015, 298 p.
- *Le legs du père,* Paris, Éditions L'Harmattan, 2016, 232 p.
- *L'envers du destin,* Paris, Vérone Éditions, 2016, 388 p.

## Recueil de poésie de Yvette Bénayoun-Szmidt

- *Échos de souvenance*, Montréal, Éditions du Marais, 2014, 42 p.

**Recueils de poésie**
- *Ballade du séquestré académique*, Montréal, Éditions du Marais, 2016, 69 p.
- *Nomade autarcique,* Montréal, Éditions du Marais, 2016, 76 p.
- *Regard à regard*, Montréal, Éditions du Marais, 2014, 42 p.
- *Murs et murs*, Montréal, Éditions du Marais, 2014, 108 p.
- *Peu importe,* Montréal, Éditions du Marais, 2013, 124 p.
- *Pensées nocturnes*, Montréal, Éditions du Marais, 2013, 68 p.
- *Remparts fissurés*, Montréal, Éditions du Marais, 2012, 98 p.
- *Le Murmure des vagues*, Rome, Aracne éditrice, 2011, 77 p.
- *Ombres confuses du temps*, Montréal, Éditions du Marais, 2010, 71 p.
- *Ce soleil percera-t-il les nuages ?* Montréal, Éditions du Marais, 2009, 70 p.
- *Lumière fraternelle*, Montréal, Éditions du Marais, 2009, 66 p.
- *Le Blanc de la parole*, Montréal, Éditions du Marais, 2008, 66 p.
- *Paroles éclatées,* Montréal, Éditions du Marais, 2008, 66 p.
- *Songes brisés,* Montréal, Éditions du Marais, 2008, 66 p.

**Romans**
- *À l'ombre de l'eucalyptus*, Paris, Éditions L'Harmattan, 2014, 170 p.
- *L'année de tous les apprentissages*, Paris, Éditions L'Harmattan, 2015, 298 p.
- *Le legs du père,* Paris, Éditions L'Harmattan, 2016, 232 p.
- *L'envers du destin,* Paris, Vérone Éditions, 2016, 388 p.

**Recueil de poésie de Yvette Bénayoun-Szmidt**
- *Échos de souvenance*, Montréal, Éditions du Marais, 2014, 42 p.

À tous ceux et celles
qui ont ciselé dans l'écriture,
par delà l'exil,
leurs voix, instants mémoriels,
nostalgie et créativité.

# Introduction

# Plumes maghrébines
# dans l'écriture migrante au Québec

Parler de la *maghrébinité littéraire francophone au Québec* exige tout d'abord un bref rappel des grandes lignes qui ont marqué le développement et l'évolution de la mouvance littéraire migrante dans cette province canadienne. En effet, la vague émergente d'émigrants venus de pays différents avec des fonds culturels et ethniques variés, surtout ceux qui sont francophones a contribué à l'enrichissement humain, social et culturel du Québec. Pour ce qui est de la littérature, de nouvelles voix ont participé, ces dernières années, au renforcement de ce dynamisme qui reflète à la fois une pluralité, une continuité et une diversité de l'espace francophone au Canada. Ce devenir marquant du fait littéraire dans cette province a suscité la prise de conscience de l'existence d'une littérature appelée « l'autre littérature » ou « écriture migrante » qui, dépassant le projet littéraire, devient une expression vivante et originale d'une reconnaissance identitaire collective et partagée.

Marc Angenot considère l'irruption de littératures issues de communautés culturelles différentes comme « un phénomène massif et incontournable depuis une vingtaine d'années »[1] faisant du Québec, une province à voix multiples en constante expansion[2]. Il convient de préciser que cette mouvance littéraire apparaît dans les années soixante avec des écrivains provenant

---

[1] Marc Angenot. « Préface », Denise Helly et Anne Vassal. *Romanciers immigrés. Biographies et œuvres publiées au Québec entre 1970 et 1990*, Montréal, IQRCCIADEST, 1991, p. xii.

[2] Au début du 20ème siècle, les fonds culturels et ethniques d'immigrants étaient plus variés. Ils sont venus par exemple du Chili, de Chine, d'Haïti, de l'Inde et du Liban, suivi au début des années 60 par une nouvelle vague d'immigration : des Juifs Sépharades (Maroc et Tunisie) et ensuite, au cours des années 70/80, des Musulmans des trois pays de l'Afrique du Nord.

de pays européens (Belgique, France et Suisse) pour se renforcer vers les années quatre-vingt avec une montée d'écrivains originaires du Moyen-Orient, des Caraïbes et de l'Amérique latine. Vers les années quatre-vingt-dix, le paysage littéraire s'élargit et s'enrichit avec l'arrivée d'écrivains appartenant à des aires de la francophonie du Sud principalement de l'Afrique et du Maghreb. Il reste que, comme l'indique Jérôme Ceccon, ce qui caractérise le plus l'avènement d'un espace propice à l'émergence des écritures migrantes au Québec, c'est que :

> Dès les années 80, la dichotomie entre les "deux solitudes" (canadienne-anglaise et canadienne-française) dont parle Hugh MacLennan dans son livre *Two Solitudes* est remplacée par l'ère des trois solitudes avec une troisième voie/voix ou culture immigrée pour reprendre l'expression utilisée en son temps dans *La fresque Mussolini* par Filippo Salvatore. "*Des gens du silence*" (M. Micone), prennent alors possession du langage pour exprimer leur altérité en français à travers la littérature (orale et écrite) au sens large du terme[3].

Certes, cette pluralité de voix issue de communautés culturelles et ethniques différentes a contribué fortement au changement de la composition du Québec renforçant sa politique interculturaliste et le rendant « plurilinguistique ». Ce changement culturel a aussi repoussé quelques frontières littéraires enrichissant ainsi l'expérience québécoise d'une large perspective littéraire globale. En fait, beaucoup d'auteurs francophones de la diaspora ont enrichi la littérature du Québec en particulier, en présentant des expériences humaines très spécifiques, celles de gens exilés dont l'écriture, réalisée dans la société d'accueil loin des pays d'origine, est marquée de métissage culturel et d'une nouvelle construction identitaire.

Parler aussi de la *Maghrébinité littéraire francophone au Québec*, c'est prendre en considération différents éléments qui

---

[3] Jérôme Ceccon. « Les écritures migrantes au Québec », *www. Africultures.com*, publié le 9/9/2004.

remettent en question l'unicité des référents culturels et identitaires, en raison du fait, que ce phénomène de « l'écriture migrante » constitue un courant d'hybridité culturelle qui englobe, comme le dit Sherry Simon, « une multiplicité des savoirs prenant des configurations diverses et variées »[4]. Bien que le terme résonne à l'échelle mondiale[5], au Québec et au Canada, il a des inflexions locales très spécifiques. En fait, ce mouvement n'est pas limité exclusivement au Québec, sa présence a été notée dans d'autres pays. Au milieu des années quatre-vingt en France[6], c'est l'éclosion de la littérature beur[7] et aussi l'apparition du polar comme genre mineur. Aux États-Unis, l'affirmation de l'identité des Afro-Américains, relayée par le développement des programmes de « Cultural Studies », ont donné lieu à une considération ainsi qu'à une revalorisation des romans dits ethniques. Au Québec, sa particularité réside au niveau de son allusion à la diversité de pratiques d'écritures qui sert à raccorder la littérature et l'esthétique à l'histoire[8]. Dans son ouvrage *Les littératures francophones. Questions, débats, polémiques*, Dominique Combe, réserve une partie aux écritures « migrantes » au Québec, en indiquant ceci :

---

[4] Sherry Simon. *Hybridité culturelle*, Montréal, L'Île de la tortue, éditeur, coll. « Les élémentaires. Une encyclopédie vivante », 1999, p. 27. À signaler du même auteur « *Hybridités culturelles, hybridités textuelles* », François Laplantine, Joseph Lévy, Jean-Baptiste Martin et Alexis Nouss (dirs). *Récit et connaissance*, Lyon, Presses Universitaires de Lyon, 1998, pp. 233-243.
[5] Voir Jeanette Den Toonder. « La mondialisation de l'écriture migrante », Carrière, Marie/ Khordoc, Catherine (dirs). *Migrance comparée /Comparing Migration. Les littératures du Canada et du Québec/ The Literatures of Canada and Québec*, Berne et al., Peter Lang, 2008, pp. 19-36.
[6] Voir Christiane Chaulet-Achour. « Place d'une littérature migrante en France. Matériaux pour une recherche », Bonn, Charles (dir.). *Littératures des immigrations II*, Paris, L'Harmattan, 1995, pp. 115-124.
[7] Voir Najib Redouane (s. la dir. de). *Où en est la littérature beur ?* Paris, L'Harmattan, 2012, 369 p. et Najib Redouane & Yvette Bénayoun-Szmidt (s. la dir. de). *Qu'en est-il de la littérature 'beur' au féminin ?* Paris, L'Harmattan, 2012, 443 p.
[8] Voir Klaus-Dieter Ertler. « Les 'écritures migrantes' au Québec et leur oscillation entre identité et différence », Ertler, Klaus-Dieter / Lösching, Martin (dirs). *Canada 2000. Identity and Transformation. Central European Perspectives on Canada. Identité et transformation. Le Canada vu à partir de l'Europe centrale*, Berne *et al.*, Peter Lang, 2000, pp. 169-178.

> La catégorie des « écritures migrantes » est relativement peu employée par la critique française. Nomades et nomadisme sont traditionnellement plus répandus dans la critique et la théorie littéraire françaises sans doute sous l'influence de la pensée « rhizomatique » du philosophe Gilles Deleuze. L'expression « écritures migrantes » a son correspondant en anglais, même si elle s'est imposée également en français, outre-Atlantique, au Québec, et désormais en Europe. Au Québec, le mot (et ses dérivés, comme « transmigrantes ») connaît encore une très grande fortune, du fait de la présence importante de communautés venues d'Italie, d'Haïti, du Liban, d'Asie du Sud-Est. Depuis la fin des années 1960, Montréal est devenue une mégapole multiculturelle, à la faveur d'un assouplissement de la politique d'immigration au Canada et de la nécessité pour le Québec de faire appel à une immigration francophone[9].

Il convient de rappeler que le Canada ayant favorisé une politique d'immigration multiculturelle, attentive aux singularités ethniques, il en est résulté un afflux d'émigrants venus de pays différents avec des fonds culturels et ethniques variés à la recherche d'une vie meilleure. Ce qui a contribué à enrichir l'aspect humain, social et culturel du Canada et de ses différentes provinces. Le Québec qui a connu un discours culturel national plutôt homogène pendant la décennie soixante et soixante-dix, voit dans l'arrivée massive de populations étrangères une menace à sa cohésion identitaire québécoise ou canadienne-française. Ce besoin de se nommer et de se différencier est presque une obsession au Québec à telle enseigne que l'acceptation de ces minorités venues d'ailleurs par un groupe majoritaire qui se considère lui-même minoritaire n'a pas été acquise aussi facilement. Les résistances de la société québécoise de s'ouvrir et d'accueillir d'autres francophones étaient marquantes chez les élites politiques, intellectuelles et sociales. Le repli sur soi et le maintien d'une

---

[9] Dominique Combe. *Les littératures francophones. Questions, débats, polémiques*, Paris, PUF, 2010, pp. 202-203.

culture nationale homogène avaient favorisé, entre autres motifs, une image négative de l'étranger. Mais l'évolution de la population et la dimension surtout cosmopolite[10] de Montréal ont conduit certains intellectuels à poser autrement la question identitaire en raison de la présence de plus en plus visible de cultures allogènes. Ainsi, il ne pouvait pas exister une domination absolue d'une seule voix, arrêtée dans le temps et l'espace, mais plutôt une prise de conscience que le paysage culturel québécois est appelé à changer au cours des années. Son homogénéité est en voie de disparition et ses frontières vont reculer dessinant une nouvelle cartographie humaine où le Québec français d'antan n'a plus une seule souche, ses facettes sont multiples. Comme quoi cette province ne peut plus rester fermée sur elle-même gardant une conception unifiée de la culture, mais se trouve dans la nécessité par l'évolution du temps de s'ouvrir et de prolonger ses racines au-delà des seules frontières géo-politiques et culturelles connues et admises par les Québécois de souche. Des forces nouvelles en provenance de « communautés dont les sujets, majoritairement, sont issus des pays du Sud et qui sont francophones, francophiles, francophonisables ou en voie de francophonisation »[11] sont venues s'ajouter à eux.

Ainsi, dès la fin des années quatre-vingt, on se rend bien compte que le champ littéraire québécois est en profonde mutation. Les écrits changent, un nombre croissant de productions littéraires signées par des immigrantes de tous horizons avec des enjeux multiples apparaît malgré le fait que la littérature québécoise, dans sa centralité arrogante, continue à considérer toutes ces énergies créatrices d'écrivains venus d'ailleurs menaçantes pour son homogénéité utopique. Ignorée par la critique littéraire dite « générale » qui, par ailleurs, tend à occulter la problématique de son émergence[12], une production

---

[10] Guy Scarpetta. *Éloge du cosmopolitisme*, Paris, Grasset, 1981, 304 p.
[11] Robert Berrouët-Oriel et Robert Fournier. « L'émergence des écritures migrantes et métisses au Québec », Toronto, *Litté Réalité*, 3.2, Aut. 91, p. 11.
[12] Des écrivains haïtiens ont confirmé à Jean Jonassaint le peu d'intérêt accordé par la critique québécoise à leur présence littéraire, dans *Le Pouvoir des mots, les maux du pouvoir*, Montréal, Presses Universitaires de Montréal, 1986, 271 p.

de textes particulièrement riches coexistent avec ceux qui constituent une littérature nationale qui est faite de conciliations, de ruptures et réconciliations au sein même de la collectivité québécoise et dans la relation avec les communautés mineures, contribuent à enrichir - et peut-être à redéfinir - le champ littéraire québécois. Ces textes sont d'autant plus intéressants qu'ils expriment, au sein du français pris comme langue d'écriture, les tensions provoquées par la rencontre de la culture d'origine et la culture du pays d'accueil.

Beaucoup d'écrivains ont montré qu'entre une littérature de l'exil et une assimilation à la littérature nationale, la langue française pouvait être un lieu de synthèse, de rencontre, espace nomade, favorisant, selon l'expression de Régine Robin, une « écriture du hors lieu »[13]. Cette production littéraire a permis d'offrir le portrait d'un Québec contemporain où les discours littéraires, historiques et culturels s'entrecroisent pour souligner un certain éclatement des certitudes et une fragmentation culturelle et idéologique.

L'émergence d'une écriture migrante a provoqué d'une part, la panique en produisant l'effet du rejet et du repli sur soi et, d'autre part, a suscité scepticisme et rejet. Mais ce n'est qu'à partir des années quatre-vingt que « "la reconnaissance" de la part de la critique de la pluralité de l'écriture québécoise »[14] commence à se manifester brisant cette loi de silence et d'indifférence qui avait duré pendant au moins deux décennies. Daniel Chartier précise à ce sujet que :

> ce courant littéraire qui, s'il a inquiété les critiques à ses débuts, est aujourd'hui devenu partie prenante d'une littérature contemporaine, héritière d'une tradition d'immigration littéraire dont on a souvent occulté la filiation, au profit de l'effet de nouveauté provoqué par l'apparition de thèmes, de motifs

---

[13] Régine Robin. *Le Roman mémoriel : de l'histoire à l'écriture du hors-lieu*, Montréal, Éditions du Préambule, 1989, 196 p.
[14] Voir Sherry Simon et David Leahy. « La recherche au Québec portent sur l'écriture ethnique », dans John W. Berry et J. A. Laponce (dir.). *Ethnicity and Culture in Canada: The Research Landscape*, Toronto, University of Toronto Press, 1994, p. **389.** pp. 387-409.

littéraires et d'une utilisation de la langue renouvelés[15].

Il faut bien préciser que ce courant littéraire qui a inquiété les critiques à ses débuts a été classifié au cours du dernier quart d'un siècle selon une multitude de termes : multiculturel, les immigrants, les migrants, transculturels, ethniques, auteurs de minorité, etc. Pourtant, dans les dix dernières années, le terme *migrant* semble avoir été choisi pour représenter un espace spécifique qui couvre, pour certains critiques, l'expérience d'auteurs aussi bien que d'immigrants étant placés dans une mouvance existentielle, dans l'exil et/ou dans un état de diaspora. Selon qu'ils ont immigré eux-mêmes au Canada ou s'ils sont nés au Québec ou ailleurs de parents qui sont venus d'autres parties du monde. Cette nouvelle vague de gens venant de différentes civilisations, porteurs d'héritages culturels, d'horizons linguistiques, politiques, sociaux et religieux est, à l'origine, précédée d'une sorte d'écriture avec une vision particulière à faire connaître et à faire partager. Aussi, par des repères historiques, idéologiques et psychologiques, des thèmes liés aux parcours migratoires variés, une sensibilité interculturelle et des métaphores particulières, a-t-elle renouvelé les pratiques d'inspiration créatrice dans le champ littéraire québécois, devenant partie prenante d'une littérature contemporaine qui n'avait de choix que de s'ouvrir et de reconnaître une pluralité culturelle qui a imprimé à son devenir des traits de plus en plus diversifiés. En fait, dans cette province, les auteurs francophones avaient la désignation d'abord « d'écrivains ethniques » au même titre que les « migrants ethniques », les « groupes ethniques », les « minorités visibles », les « allochtones » ou encore les « communautés culturelles » pour être ensuite considérés d'écrivains « migrants », « immigrants », « transculturels », « métisses », « métèques » ou encore « post-modernes »[16], ce qui a enfermé cette mouvance littéraire dans un ghetto

---

[15] Daniel Chartier. « Les origines de l'écriture migrante. L'immigration littéraire au Québec au cours des deux derniers siècles », *Voix et images*, Hiver 2002, Vol. XXVII, N° 2, pp. 304.
[16] Pierre Nepveu. *L'écologie du réel*, Montréal, Boréal, 1988, p. 210.

identitaire[17] réduisant ainsi, par une tendance de marginalisation explicite, tout son apport à l'évolution marquante de la littérature québécoise qui devait tôt ou tard, faire le deuil du discours identitaire homogène et univoque. Car l'époque dans laquelle l'enjeu de ce changement se manifeste est marquée selon Robert Berrouët-Oriel par « la capacité du champ littéraire québécois d'accueillir l'autre voix, les voix d'ici, venues d'ailleurs, et surtout, d'assumer à visière levée qu'il est travaillé, transversalement, par des voix métisses »[18].

En fait, le terme « écriture migrante » qui transmet et rend visible les images, les pratiques d'histoire, les représentations et les interprétations d'exil par les « auteurs migrants » est né au Québec à partir d'un « refus » et a été proposé pour la première fois en 1986-1987 dans le magazine transculturel *Vice Versa*[19] par le poète Robert Berrouët-Oriel. Son apparition comme phénomène distinct de la littérature d'immigration au Québec coïncidait avec la parution du roman *La Québécoite* de Régine Robin [20] et de ce magazine transculturel dont la création s'inscrivait dans cette aspiration à l'hétérogène qui se manifestait notamment par le lancement de revues alternatives

---

[17] Voir Benoît Mélançon. « La littérature montréalaise et les ghettos », *Voix et Images*, N° 48, Printemps 1991, pp. 482-492.

[18] Robert Berrouët-Oriel. « L'effet d'exil du champ littéraire québécois », *Vice Versa*, N° 17, décembre 1986-janvier 1987, p. 20.

[19] *Vice Versa* fondée de 1983 à 1987 et dont le sous-titre Magazine transculturel inscrit en trois langues (français-anglais-italien) baptise le passage à l'hétérogénéité culturelle fortement prônée par des intellectuels et un groupe d'écrivains italo-québécois tels que Falvio Caccia et Antonio D'Alfonso – la maison d'édition *Guernica* qu'a fondée ce dernier en 1978 ou *Nouvelle optique* animées par ceux qu'on appelait les « Néo-Québécois » contribuent fortement à la réception de la littérature italienne par l'institution littéraire du Québec – et par des Québécois de souche, Elle s'inscrivait dans la mouvance transculturelle, c'est-à-dire en prise directe sur les diverses cultures qui façonnent le monde d'aujourd'hui et qui témoignait de la volonté de faire sortir la culture québécoise d'un repliement sur l'enracinement national pour la concevoir comme point de convergence de plusieurs univers culturels. Voir Florence Davaille. « L'interculturalisme en revue : l'expérience Vice Versa », *Voix et Images*, Vol. 32, N° 2, (95), 2007, pp. 109-122.

[20] Régine Robin. *La Québécoite*, Montréal, Québec-Amérique, 1983, 200 p.

telles que *La Parole Métèque*[21], *Dérives*[22]. La réaction de Berrouët-Oriel dans le manifeste publié en décembre 1986 dans le dossier spécial du magazine *Vice Versa* consacré à la culture politique au Québec dénonçait le quasi-silence de l'institution littéraire à l'égard de cette production littéraire venue d'ailleurs et visait deux objectifs simultanément. Tout d'abord reconnaître la contribution de Jonassaint et son ouvrage *Le Pouvoir des mots, les maux du pouvoir* ; ensuite, reconnaître le roman haïtien en diaspora dont il traite. Berrouët-Oriel, plus tard, avec Robert Fournier, insistera sur « l'émergence des écritures migrantes et métisses au Québec » et en présentera les principales caractéristiques :

> Les écritures migrantes forment un micro-corpus d'œuvres littéraires produites par des sujets migrants : ces écritures sont celles du corps et de la mémoire ; elles sont, pour l'essentiel, travaillées par un élément massif, le pays laissé ou perdu, le pays réel ou fantasmé constituant la matière première de la fiction. [...]
> Les écritures métisses forment également un micro-corpus d'œuvres littéraires produites par :
> 1) des sujets migrants se réappropriant l'Ici, inscrivant la fiction – encore habitée par la mémoire originelle – dans le spatio-temporel de l'Ici ; ce sont des *écritures de la perte* jamais achevées, de l'errance et du deuil [...]
> 2) des francophones canadiens (de souche française ou anglaise) se réappropriant l'Ailleurs-proche, des mémoires historiques venues d'Ailleurs habitant ou traversant la trame [fictionnelle][23].

---

[21] Fondée en 1982 par Ghila Benesty-Stroka, cette revue est à vocation féministe.
[22] La première vague migrante qui remonte aux années 1970 s'est illustrée par la fondation de *Dérives* (1975-1987) qui se définit ainsi comme une revue interdisciplinaire et interculturelle qui tente d'établir le dialogue Québec/Tiers Monde et fait appel aux collaborations les plus diverses.
[23] Robert Berrouët-Oriel et Robert Fournier. « L'émergence des écritures migrantes et métisses au Québec », Toronto, *Litté Réalité*, 3.2, Aut 91, pp. 17-18, *Québec Studies* 14, 1992, pp. 7-22.

Depuis, le terme « écriture migrante » a été largement utilisé par un autre critique comme Pierre Nepveu qui, dans un chapitre de *L'écologie du réel* intitulé « Écritures migrantes », réfléchit sur la très grande diversité des textes migrants ou immigrants parus au Québec, surtout depuis le début des années quatre-vingt », sur ce qui les caractérise et sur ce qui les distingue dans la littérature de l'Ici. L'auteur met en garde contre la tentation d'en faire « un cas ». Il voit dans ce phénomène des rapprochements avec le fait littéraire québécois à partir des années 1960 :

> Pourtant, deux faits majeurs confèrent à l'écriture migrante des années quatre-vingt une signification particulière. Le premier tient au fait que l'imaginaire québécois lui-même s'est largement défini, depuis les années soixante, sous le signe de l'exil (psychique, fictif), du manque, du pays absent ou inachevé et, du milieu même de cette négativité, s'est constitué en imaginaire migrant, pluriel, souvent cosmopolite [...]
>
> Le deuxième fait important qui caractérise l'écriture migrante des années quatre-vingt, c'est sa coïncidence avec tout un mouvement culturel pour lequel, justement, le métissage, l'hybridation, le pluriel, le déracinement sont des modes privilégiés, comme sur le plan formel, le retour du narratif, des références autobiographiques, de la représentation[24].

Il est significatif de souligner que la définition de ce phénomène que propose Nepveu, dans les notes infrapaginales, de son ouvrage est édifiante dans le sens où elle a le mérite d'éclairer l'opposition fondamentale entre exil et immigration :

> « Écriture migrante » [...] de préférence à « immigrante », ce dernier terme me paraissait un peu trop restrictif, mettant l'accent sur l'expérience et la réalité même de l'immigration, de l'arrivée au

---

[24] Pierre Nepveu. *L'écologie du réel*, Montréal, Boréal, 1988, pp. 200-201.

> pays et de sa difficile habitation (ce que de nombreux textes racontent ou évoquent effectivement), alors que « migrante » insiste davantage sur le mouvement, la dérive, les croisements multiples que suscite l'expérience de l'exil. « Immigrante» est un mot à teneur socioculturelle, alors que « migrante » a l'avantage de pointer déjà vers une pratique esthétique, dimension évidemment fondamentale pour la littérature actuelle[25].

Nepveu note la possibilité d'une convergence entre la montée des écritures migrantes depuis quelques années « et le fait que l'écriture québécoise dans son ensemble n'a jamais été aussi cosmopolite et pluriculturelle »[26]. Selon lui, cette présence massive dans le champ littéraire québécois ne peut demeurer dans la marge et parvient à acquérir une certaine reconnaissance en l'intégrant dans la pluralité culturelle pour prendre part à ces écritures de l'écologie même de cette province, c'est-à-dire de ce qu'il désigne par « catastrophisme » :

> Le réel apparaît bel et bien comme « catastrophique », non pas tant au sens de « désastreux », que selon une acception topologique et énergétique : réel des intermittences, des mutations, des tensions destructrices et créatrices. Réel ou ne cesse de se revivre, répétitivement, le drame de l'égarement, de l'altérité dépaysante, de la confusion babélienne des signes et aussi le plaisir fou des croisements, des surgissements, des sensations « vraies », c'est-à-dire toujours aussi imaginaires, fictives, irréelles[27].

L'ampleur du phénomène d'auteurs immigrés francophones, venant de parties différentes du monde qui révèle une mosaïque des plus riches et des plus variées qui occupe un élément essentiel du développement de la littérature du Québec a suscité un intérêt considérable de plusieurs critiques littéraires

---

[25] Note 2 du chapitre 12 : *Écritures migrantes*, pp. 233-234.
[26] Nepveu. *L'écologie du réel*, pp. 201-202.
[27] *Ibid.*, p. 210.

Québécois qui s'accordent à citer les années 1980 comme un temps essentiel dans l'évolution de littérature Québécoise. À côté de Robert Berrouët-Oriel et de Robert Fournier, Pierre Nepveu ainsi que Sherry Simon, on trouve également Simon Harrel[28], Pierre L'Hérault[29], Fulvio Caccia[30], Lucie Lequin et Maïr Verthuy[31], Lise Gauvin[32], Régine Robin[33], Clément Moisan et Renate Hildebrand[34], Daniel Chartier[35], Janet

---

[28] Simon Harrel. *Le Voleur de parcours : identité et cosmopolitisme dans la littérature québécoise*, Montréal, Le Préambule, 1989, 309 p. Voir aussi *Les passages obligés de l'écriture migrante*, Montréal, XYZ Éditeur, 1995, 252 p.
[29] Pierre L'Hérault. « Pour une cartographie de l'hétérogène : Dérives identitaires des années 1980 », Sherry Simon, Pierre L'Hérault, Robert Schwartzwald et Alexis Nouss. *Fictions de l'identitaire au Québec*, Montréal, XYZ, 1991, pp. 55-114. Voir aussi « L'interférence des espaces migrants et de l'espace littéraire québécois », dans Anna Pia De Luca, Jean-Paul Dufiet et Alessandra Ferraro. *Palinsesti culturali. Gli apporti delle immigration alla letteratura del Canada*, Udine, Forum, 1999, pp. 49-65.
[30] Fulvio Caccia. « Le roman francophone de l'immigration en Amérique du Nord et en Europe : une perspective transculturelle », dans Jean-Michel Lacroix et Fulvio Caccia (dirs). *Métamorphose d'une utopie*, Montréal/Paris, Triptyque et Presses de la Sorbonne Nouvelle, 1992, pp. 91-104.
[31] Lucie Lequin et Maïr Verthuy. « Multi-culture, multi-écriture, la migrance de part et d'autre », dans Lucie Lequin et Maïr Verthuy (dirs). *Multi-culture, multi-écriture : la voix migrante au féminin en France et au Canada*, Paris/Montréal, L'Harmattan, 1996, pp. 1-12. À signaler aussi « *L'écriture des femmes migrantes au Québec* », dans Claude Duchet et Stéphane Vachon (dir). *La recherche littéraire. Objets et méthodes*, Montréal/Paris, XYZ/PUV, 2e édition, 1998, pp. 415-424.
[32] Lise Gauvin. *Langagement : L'écrivain et la langue au Québec*, Montréal, Boréal, 2000, 254 p. À signaler aussi « Autour du concept de littérature mineure. Variations sur un thème majeur », Bertrand, Jean-Pierre et Gauvin Lise (dirs). *Littératures mineures en langue majeure*. Québec, Wallonie-Bruxelles, Berne *et al*/ Montréal, Peter Lang/ Presses de l'Université de Montréal, 2003, pp. 19-40.
[33] Régine Robin. « Les champs littéraires sont-ils désespérément monolingues ? Les écritures migrantes », De Vaucher Gravili, Anne (dir). *D'autres rêves. Les écritures migrantes au Québec*, Venise, Supernova, 2000, pp. 19-43. À signaler aussi *Le deuil de l'origine. Une langue en trop, la langue en moins*, Paris, Éditions Kimé, 2003, 238 p. et *Cybermigrances. Traversées fugitives*, Montréal, VLB Éditeur, 2004, 256 p.
[34] Clément Moisan et Renate Hildebrand. *Ces étrangers du dedans. Une histoire de l'écriture migrante au Québec (1937-1997)*, Québec, Nota Bene, 2001, 361 p. Voir aussi Clément Moisan. *Écritures migrantes et identités culturelles*, Québec, Éditions Nota Bene, 2008, 149 p.

Paterson[36], Gilles Dupuis[37], etc. Tous ces critiques ont entrepris la recherche dans ce nouveau champ littéraire contemporain dit : « Littérature migrante » et ont beaucoup contribué à une meilleure compréhension de son impact sur la production et l'évolution de la littérature Québécoise. Leur vision critique et leur cadre analytique ont élargi, d'une part, la notion de Littérature migrante qui reflète la diversité culturelle et raciale, et, d'autre part, ont inscrit une prise de conscience très importante du rôle et de la place de ce pôle nécessaire dans la recherche littéraire contemporaine. Daniel Chartier indique bien l'essor remarquable de ce phénomène qui possède un statut spécial et fait désormais partie intégrante de la vie littéraire au Québec.

> L'écriture migrante représente plutôt dans l'histoire de la littérature québécoise un courant littéraire, qu'il faut distinguer de concepts qui lui sont apparentés : la littérature ethnique, qui renvoie à des éléments autobiographiques liés à l'appartenance culturelle sans qu'il y ait pour autant nécessité d'un passage migratoire ; la littérature de l'immigration, un corpus thématique qui traite des problématiques migratoires ; la littérature de l'exil, qui peut prendre selon le cas, la forme de la biographie, de l'essai ou du récit de voyage ; la littérature de diaspora, œuvres produites par des émigrés dans différents pays, mais qui se rattachent aux rouages de l'institution littéraire du pays d'origine ; la littérature immigrante, corpus socioculturel transnational des écrivains qui ont vécu cette expérience traumatisante, mais souvent fertile de

---

[35] Daniel Chartier. « Les origines de l'écriture migrante. L'immigration littéraire au Québec au cours des deux derniers siècles », *Voix et images*, Hiver 2002, Vol. XXVII, N° 2, pp. 303-316. Voir aussi *Dictionnaire des écrivains émigrés au Québec, 1800-1999*, Québec, Nota bene, 2003, 370 p.
[36] Janet Paterson. « Quand le je est un(e) Autre : l'écriture migrante au Québec », M. Monford et F. Bellarsi (dirs). *Reconfigurations : Canadian Literatures and Postcolonial identities,* Peter Lang, 2002, pp. 43-59.
[37] Gilles Dupuis. « Redessiner la cartographie des écritures migrantes/ Redesign the Migrant Writings Cartography », *Globe. Revue internationale d'études québécoises*, 10, 1, 2007, pp. 137-146.

l'immigration et enfin, la littérature migrante, qui se définit par des thèmes liés au déplacement et à l'hybridité et par des formes particulières, souvent teintées d'autobiographie, et qui est reçue comme une série dans la littérature[38].

Ces diverses études permettent d'emblée de voir des recoupements entre les acceptions du terme « écriture migrante » et fréquemment brodées autour de la même problématique, elles ont donné lieu à des répétitions constantes du même souci de la critique littéraire et surtout d'indiquer l'intérêt suscité par l'émergence de ces voix migrantes. Nous ne prétendons aucunement dresser un inventaire exhaustif de ces recherches. En présentant quelques-uns des travaux pertinents, nous désirons simplement montrer que la majorité se complaît toujours dans les mêmes réserves accentuant les mêmes redites sur ce sujet qui a été à la mode à un moment donné. La réflexion reste souvent en surface mettant l'accent sur l'importance et sur l'évolution des faits culturels et littéraires au Québec. Ce phénomène qui a été au départ mal accueilli par les critiques qui l'ont alors nommé « l'autre littérature », a connu un essor remarquable, qui a amené l'institution littéraire québécoise et universitaire à approfondir une réflexion sur la manière d'appréhender sa présence dans le champ littéraire national. En 1992, la revue *Lettres Québécoises* consacre aux littératures mineures du Québec tout un dossier intitulé « de l'autre littérature québécoise, autoportraits » qui permet à Jonassaint d'avancer que la « part néo-canadienne de la littérature québécoise d'expression française s'accroît décennie après décennie depuis 1960 »[39], participant ainsi, selon Lise Gauvin, « à la transformation du pays, à une évolution marquée qui amorce actuellement une phase intéressante »[40].

---

[38] « Les origines de l'écriture migrante. L'immigration littéraire au Québec au cours des deux derniers siècles », *Voix et images*, Hiver 2002, Vol. XXVII, N° 2, pp. 305.
[39] Jean Jonassaint. « De l'autre littérature québécoise, autoportraits », *Lettres Québécoises*, N° 66, 1992, p. 2.
[40] Cité par Peter G. Klaus. « Littérature québécoise et écrivains immigrants », *Lettres Québécoises*, N° 66, 1992, p. 4.

Autant dire, donc, que la présence des différentes vagues qui se sont succédées a suscité des réactions différentes, voire mitigées du fait de la diversification quant à l'origine de sa production tout en participant à l'avènement de deux phénomènes concomitants : la reconnaissance des écritures migrantes au sein de la littérature québécoise, par le biais notamment de la recherche universitaire, et l'ouverture de cette littérature à des influences venues d'ailleurs qui avaient d'abord provoqué dès son émergence, des résistances, des rejets et des marginalisations, voire des oublis délibérés. La marche du temps a fait en sorte que les deux tendances de la littérature québécoise contemporaine à savoir celle qui maintient la tradition nationale du terroir et l'autre qui s'ouvre et accueille le courant migrant, semblent vouloir entrecroiser leurs trajectoires respectives pour élargir le champ littéraire qui coïncide avec l'effervescence, selon Nepveu, « de tout un mouvement culturel pour lequel, justement, le métissage, l'hybridation, le pluriel, le déracinement sont des modes privilégiés, comme, sur le plan formel, le retour du narratif, des références autobiographiques, de la représentation »[41]. Pour ce critique, une littérature post-nationale, « *post*-québécoise » s'est imposée et a imposé ses paramètres qui font qu'à une : « littérature conçue comme un projet fondé sur une mémoire collective et une visée totalisante, se sont substituées la pluralité, la diversité, la mouvance des textes »[42]. Dans ce contexte particulier, les notions d'impureté, d'hétérogénéité, de métissage, de multiculturalisme ont fait leur apparition pour analyser le discours littéraire contemporain[43].

Il est certain que ces littératures néo-québécoises dont le statut minoritaire les a placées solidement pendant longtemps et sans aucun doute dans « l'exiguïté », selon l'expression de François Paré, et plus précisément dans une double minorisation sont « très conscientes de leur origine et de leur originalité, très vivantes, très vitales, malgré l'enlisement inéluctable des

---

[41] Nepveu. *L'écologie du réel*, p. 201.
[42] *Ibid.*, p. 14.
[43] Voir Jean-Michel Lacroix et Fulvio Caccia (dirs). *Métamorphose d'une utopie*, Paris, Montréal, Presses de la Sorbonne Nouvelle/Éditions Triptyque, 1992, 324 p.

communautés [...] dont elles émanent »[44]. Il reste comme le souligne Abbes Maazaoui, que même en étant mineure, selon la célèbre définition donnée par Deleuze et Guattari[45], « cette littérature n'est pas moins littéraire, ni moins complexe »[46]. Il faut donc aborder la création de « l'exiguïté en la considérant dans toute sa diversité, ses multiples composantes et éviter autant que possible de la réduire à la marginalisation, voire à l'oubli. Pour Maazaoui, « la définition de cette littérature comme mineure, déterritorialisée, politique, communautaire et marginale risque cependant de renforcer la tendance qui consiste à croire que cette littérature est essentiellement descriptive et mimétique et à la placer ainsi sur les marges du champ littéraire »[47].

Il y a tout lieu de croire que l'écriture migrante qui offre la possibilité d'explorer plusieurs préoccupations thématiques et stylistiques de la littérature contemporaine mondiale apporte de nouvelles visions aux lettres québécoises. À dire vrai, elle représente un renouveau et propose un changement important vis-à-vis de la revendication identitaire et l'acte mémoriel, comme le souligne Nepveu :

> Nostalgie, deuil : ce n'est pas le moindre prix des écritures migrantes que de marquer la fin d'une modernité amnésique, axée sur le pur présent et le culte du nouveau [...]. De nombreux textes des années quatre-vingt mettent en action cette fébrilité, d'agitation de la nostalgie : course folle à travers des traces perdues, confusion entre l'ailleurs et l'ici, le passé et le présent. [...]. Ce qui importe, c'est alors ce va-et-vient, cette occupation de l'Indécible entre le même et l'autre, [...].

---

[44] François Paré. *Les Littératures de l'exiguïté*, Hearst (Ontario), Nordir, 1992, p. 7.
[45] Gilles Deleuze et Félix Guattari retiennent trois caractéristiques propres à la littérature mineure : « la déterritorialisation de la langue, le branchement de l'individuel sur l'immédiat-politique, l'agencement collectif d'énonciation », *Kafka, pour une littérature mineure*, Paris, Minuit, coll. *Critique*, 1975, p. 33.
[46] Abbes Maazaoui. « Poétique des marges et marges de la poétique », *L'Esprit Créateur*, Vol. 38, N° 1, printemps 1998, p. 83.
[47] *Ibid.*, pp. 82-83.

> « École du vertige », l'exil devient du même coup une « école de la sensation vraie », où s'éprouvent simultanément les ressemblances et les différences, le dépaysement et le repaysement, dans une extrême attention aux détails, aux nuances[48].

Le questionnement de l'identité devient le point de rencontre entre auteurs écrivant à partir des perspectives différentes. La québécité, faisant référence à une population née au Québec ou attachée à un ensemble de valeurs constitutives de son homogénéité, est un concept qui apparaît de plus en plus dépassé et remis en question. Par ailleurs, la présence considérable d'écrivains appartenant à des cultures autres que celles issues d'un Québec francophone qui fonde son existence sur l'homogénéité et le nationalisme offre une dimension nouvelle à la littérature québécoise. L'arrivée d'immigrants d'origines diverses a permis aux Québécois de s'ouvrir à l'Autre, de découvrir une québécité plurielle où l'identité n'est pas seulement la langue française ou la fidélité des origines raciales, religieuses ou filiales, mais un ensemble de potentialités qui permettent de revoir autrement les problèmes de langue et d'identité. L'émergence de la transculturation [49] susceptible de former « des réseaux d'interactions entre plusieurs cultures et plusieurs formes de métissage soit au sein d'une institution littéraire particulière, soit d'une façon

---

[48] Nepveu. *L'écologie du réel*, pp. 203-204.
[49] Le terme *transculturation* fut initialement employé par le scientifique cubain Fernando Ortiz dans son ouvrage *Contrapunteo cubano del tubaco y azúcur* en 1940. Pour Jean Lamore : « En fait, le sens exact et créateur de la transculturation selon son inventeur, F. Ortiz, est clair et doit être réhabilité : la transculturation est un ensemble de transmutations constantes ; elle est créatrice et jamais achevée ; elle est irréversible. Elle est toujours un processus dans lequel on donne quelque chose en échange de ce qu'on reçoit [...]. Il en émerge une réalité nouvelle, qui n'est pas une mosaïque de caractères, mais un phénomène nouveau, original et indépendant », in « Transculturation : naissance d'un mot », Lacroix et Caccia (dirs). *Métamorphose d'une utopie*, p. 47. Cet article avait été déjà publié dans *Vice Versa*, N° 21, nov. 1987, pp. 17-18.

continentale, voire mondiale »[50] constitue une remarquable avancée dans l'évolution du champ littéraire québécois. Nepveu avance que « la trans-culture n'a de véritable sens et ne trouve sa portée que dans une pratique, à la fois lecture et écriture, où le pluriel et le métissage se réalisent dans des circonstances particulières, et à travers des tensions, des paradoxes, des limites »[51]. De son côté, Régine Robin, pense que le métissage et la transculture comme défis pour sortir de l'ethnicité ont poussé les écrivains installés dans une société pluriculturelle de trouver une autre voie que celle du clivage pathologique qui mène à l'exclusion, à la perte identitaire, au dédoublement ou à la schizophrénie. En refusant la voie de l'assimilation ou de la ghettoïsation, en acceptant que la langue d'écriture soit ouverte, plurielle, ces écrivains venus d'ailleurs peuvent :

> dessiner un espace nomade, espace d'une écriture migrante [...] qui ne soit ni celui de l'exil ni celui du déracinement. Espace ni majoritaire ni minoritaire, ni marginal, inscrivant la permanence de l'autre, de la perte, du manque, de la non-coïncidence, la castration symbolique au cœur même de l'écriture. Un espace où l'on est d'une certaine façon toujours à côté de la plaque, à côté de ses pompes, jamais tout à fait sur le trait sans pour autant être tout à fait en dehors du réel, un espace de jeu qui interroge et déplace. Il nous faut réinventer le pays d'ailleurs, qui creuse le probable, l'incertain, le tremblé de l'identité[52].

La présence de cette masse d'écrivains natifs d'autres pays est une illustration vivante de la diversité démographique, ethnique et culturelle du Québec comme du Canada entier. En fait, ces francophones venus d'ailleurs, apportant leur

---

[50] Lucie Lequin. « Quelques mouvements de la transculture », Winifried Siemerling (ed.). *Writing Ethnicity Cross-Cultural and Quebecois Literature*, Toronto, ECW, 1996, p. 129.
[51] Nepveu. *L'écologie du réel*, p. 202.
[52] Régine Robin. « Sortir de l'éthnicité », Jean-Michel Lacroix et Fulvio Caccia (dir). *Métamorphose d'une utopie*, Paris, Montréal, Presses de la Sorbonne Nouvelle/Éditions Triptyque, 1992, pp. 37-38.

conception, leur vision, leur créativité artistique et littéraire, leur dynamisme ont contribué au renforcement d'un devenir transculturel important qui a permis à la communauté humaine et littéraire du Québec de s'agrandir et de s'enrichir. Toutefois, tout en s'opposant à la marginalisation d'une partie de plus en plus importante de la littérature québécoise, Régine Robin note la difficulté d'éviter la ghettoïsation dans l'obsession des origines :

> Ne pas se constituer en ghetto, ne pas écrire de la littérature 'ethnique' précisément, mais comment ? Car il existe aujourd'hui deux courants dans la littérature québécoise : un courant que j'appellerai 'légitime' pour ne pas utiliser le mot si galvaudé et si plein de danger de 'souche' et celui de l'écriture migrante, la fameuse écriture ethnique dont La Québécoite a été en son temps une figure emblématique[53].

Il est important d'indiquer que la querelle qui opposait des « souches et des branches »[54], c'est-à-dire entre les partisans de la tradition nationale, voire nationaliste, de la littérature québécoise et les défenseurs d'un courant littéraire désigné [sous le nom] d'écritures migrantes »[55] semble céder la place à une cohabitation, voire une acceptation des deux tendances qui rendent la littérature québécoise riche de « flux de significations qui dissout les liens anciens pour en créer de nouveaux »[56]. Une

---

[53] Régine Robin. « Postface » - à la deuxième édition de *La Québécoite*, 1993, p. 211.
[54] Cette expression est avancée par l'écrivaine québécoise d'origine algérienne Nadia Ghalem, citée par Maïr Verthuy. « Pan Bouyoucas : le principe des vases communicants ou de la nécessité de sortir de "l'ethnicité" », Christ Verduyn (Editor). *Literary Pluralities*, Bradview Press 1999, 182, Note 4.
[55] Gilles Dupuis. « L'émergence des écritures transmigrantes au Québec », Klaus-Dieter Ertler et Martin Löschnigg (eds). *Canada in the Sign of Migration and Trans-Culturalism / Le Canada sous le signe de la migration et du transculturalisme. From Multi- to Trans-Culturalism/Du multiculturalisme au transculturalisme,* Peter Lang, 2005, p. 39.
[56] Moisan et Hildebrand. *Ces étrangers du dedans. Une histoire de l'écriture migrante au Québec...,* p. 333.

littérature hétérogène, multiple et transculturelle[57] à caractère pluriel qui considère les écritures migrantes et métisses, « ces écritures éclatées, écartelées, disant l'errance, l'errance en soi, l'exil et l'enracinement dans l'Ici »[58], comme partie intégrante de son développement et de son évolution, un « nouvel » élément, selon Moisan et Hildebrand, qui contribue indéniablement à la redéfinir :

> En effet, les données textuelles, formelles, génériques, historiques et thématiques, et toutes celles apportées par ces écritures « autres » (sociales, morales, politiques), changent le visage et le paysage de la littérature ainsi que champ propre et la structure de ce champ. Il s'établit donc un rapport de force entre les éléments ainsi identifiés qui fait ressortir les convergences et les divergences, fondamentalement de nature culturelle, et prend des formes diverses et successives que l'on a identifiées en termes d'*uniculturel*, de *pluriculturel*, d'*interculturel* et de *transculturel*, lesquels coiffent nos quatre périodes-chapitres[59].

La contribution des écrivains qu'on appelle communément « néo-québécois » ou « néo-canadiens » à la littérature québécoise est incontestablement visible à travers la diversité d'une production littéraire qui permet à des auteurs de revendiquer en même temps l'appartenance à la culture

---

[57] Voir Iris Gruber. La littérature québécoise est transculturelle – qu'est-ce que la littérature québécoise ? , Klaus-Dieter Ertler et Martin Löschnigg (eds). *Canada in the Sign of Migration and Trans-Culturalism / Le Canada sous le signe de la migration et du transculturalisme. From Multi- to Trans-Culturalism /Du multiculturalisme au transculturalisme*, Peter Lang, 2005, pp. 27-37.

[58] Berrouët-Oriel et Fournier. « L'émergence des écritures migrantes et métisses au Québec », *Litté Réalité*, p. 20.

[59] Moisan et Hildebrand. *Ces étrangers du dedans. Une histoire de l'écriture migrante au Québec...*, p. 14. Du vaste corpus retenu dans cet ouvrage, les auteurs ont dégagé une évolution dont les quatre périodes correspondent à des transformations successives : *L'uniculturel*. L'écriture moderne (1937-1959) ; *Le pluriculturel*. L'écriture postmoderne (1960-1974) ; *L'interculturel*. L'écriture immigrante (1975-1985) et *Le transculturel*. L'écriture migrante (1986-1997).

québécoise et l'appartenance à une culture autre, refusant tout étiquetage qui vise à les exclure au lieu de les inclure. Naïm Kattan, écrivain irakien, ne se définit pas comme un exilé, considérant que pour « tout immigrant, changer de lieu, ce n'est pas s'exiler, c'est renaître »[60]. Il soutient qu'il est toujours oriental, ce qui ne l'empêche pas d'être un écrivain québécois. « Québécois, je suis un écrivain de la francophonie »[61], précise-t-il. De son côté, Régine Robin affirme qu'elle ne se considère pas comme une écrivaine « ethnique » ou « néo ». Pour elle, « une néo [...] n'a guère de place au Québec si son écriture n'est pas de type 'best-seller' »[62]. Pour le poète haïtien Joël Des Rosiers, il réplique au sentiment d'exclusion en inventant une propre identité en parodiant l'expression de « pure laine ». Dans *Théories caraïbes - Poétique du déracinement*, il écrit :

> En 1986 je déclarais : « Nous sommes des Québécois pure laine crépue ». Ce qui signifie que le Québec est aussi notre pays. Nés ici ou arrivés à un âge précoce, nous avons vécu une expérience de la migration et de la société canadienne totalement différente de ceux qui immigrèrent adultes. Nous réclamons notre appartenance au Québec autant que nos racines dans la Caraïbe : nous sommes haïtiens québécois. Nous n'entendons pas être des citoyens de seconde classe de Québec[63].

Quant à l'autre écrivain haïtien Émile Ollivier qui a placé cette mouvance d'écrivains venus d'ailleurs dans la catégorie « archéo-Québécois »[64], il a posé cette question pertinente dans son essai *Repérages* :

---

[60] Marie Caron. « L'itinéraire d'un écrivain migrant », *Lettres Québécoises*, N° 110, 2003, p. 43.
[61] Cité par Laurent Mailhot. *La littérature québécoise depuis ses origines*, Montréal, Typo essais, 1997, p. 248.
[62] « Autoportraits », *Lettres Québécoises*, p. 12.
[63] Joël Des Rosiers. *Théories caraïbes – Poétique du déracinement*, Montréal, Triptyque, 1996, p. 182.
[64] Émile Ollivier. *Passages*, Montréal, Éditions de l'Hexagone, 1991, p. 31.

> Suis-je un écrivain haïtien ? Ou un écrivain de l'exil ? de la migration ? Un écrivain de nulle part, cherchant inlassablement à résoudre l'énigme de son identité. Il m'arrive de ressentir un certain désarroi du fait d'être en deux moitiés. Si je n'étais pas, je serai un Haïtien tout court et non un Haïtien de Montréal ou de l'émigration[65].

Ainsi, les interrogations soulevées par les écrivains migrants sont pour la littérature du Québec un défi et une dynamique souhaitable dans la mesure où elles contribuent à redéfinir le rapport à l'autre et à reposer autrement les problèmes de langue et d'identité. Peut-être, et c'est là leur enjeu, les écritures migrantes parviendront-elles à ne pas uniquement constituer des littératures minoritaires à l'intérieur d'une littérature dominante, qui serait la littérature québécoise, mais à devenir les sources d'enrichissement d'une québécité plurielle, riche, diversifiée et englobante.

En fait, animées par la quête d'une nouvelle vie et porteuses de blessures, déchirures, déceptions de leurs existences passées, ces voix littéraires multiples placent leurs rêves et désirs dans des démarches d'écriture diversifiées dans les genres incluant romans, récits, nouvelles, contes, poésie, et dramaturgies. Leurs productions littéraires permettent de relater la dimension de l'exil, l'histoire de leur quête d'intégration dans la nouvelle société d'accueil, leurs expériences de migration et leur rapport à l'Autre ainsi qu'à la culture nord-américaine. Elles affirment et confirment la mouvance d'une littérature à contre-courant qui existe, qui insiste, qui s'impose. La parole immigrante ne peut que désigner l'exil, le dehors, le migrant, elle devient parole qui fait abolir les frontières, force souterraine qui se manifeste mobilisant les énergies pour la création de son territoire et de ses attaches. Parole vivante qui indique le rôle de ces écrivains qui s'affirment en tant qu'acteurs du devenir et de l'histoire de leur nouvelle société, en présentant des expériences personnelles et collectives très spécifiques, celles de gens exilés qui s'éveillent à leur réalité socioculturelle, repèrent des

---

[65] Émile Ollivier. *Repérages*, Montréal, Leméac, 2001, p. 59.

aliénations de tous genres auxquels ils sont soumis pour les dépasser à travers une écriture réalisée dans la société d'accueil loin des pays d'origine. Celle-ci est marquée de « métissage identitaire »[66] et surtout de « métissage culturel [qui] s'inscrit dans la trame socio-politique québécoise[67], dont les dimensions originales ne manquent pas d'influencer l'évolution de la littérature québécoise en particulier et canadienne en général. À vrai dire, ces nouvelles voix qui ont enrichi le patrimoine québécois en prenant place au sein d'une production littéraire « plus que jamais éclatée, polyvocale et polyphonique »[68] ont permis de constater que les frontières de la littérature ne sont plus étroites et de découvrir de multiples identités des écritures migrantes et métisses :

> [Celles-ci] - portées par des sujets migrants - évoluent, [...], dans la mouvance même d'une double polarité, écartelées entre l'Ailleurs et l'Ici, le sédimentaire et le sédentaire. Il s'agit donc d'écritures de la perte, du deuil, nommant l'errance, le pays réel comme le pays fantasmé, qui donnent à la thématique de l'exil, dans [le] champ littéraire [québécois], un timbre nouveau[69].

Certains écrivains québécois, critiques et intellectuels qui occupent jalousement le terrain sous prétexte qu'ils sont de *souche* devaient affronter des dilemmes plus cruciaux pour ouvrir des frontières réelles ou fictives afin de circonscrire une place à d'autres écrivains de langue française venus d'ailleurs qui sont francophones. À vrai dire, certains d'entre eux ne

---

[66] Roger Bernard. « Du social à l'individu : naissance d'une identité bilingue », Jocelyn Létourneau (s. la dir. de) avec la collaboration de Roger Bernard. *La question identitaire au Canada francophone*, Saint-Foy, PUL, 1994, pp. 156-157.

[67] Pierre L'Hérault. « Pour une cartographie de l'hétérogène : Dérives identitaires des années 1980 », Sherry Simon, Pierre L'Hérault, Robert Schwartzwald et Alexis Nouss. *Fictions de l'identitaire au Québec*, Montréal, XYZ, 1991, p. 108.

[68] Berrouët-Oriel et Fournier. « L'émergence des écritures migrantes et métisses au Québec », p. 32.

[69] *Ibid.*, p. 23.

voient en la production de ces nouvelles voix qu'une écriture exotique, insensible, voire indifférente à leur histoire, à leur culture et à leurs droits ancestraux. Ces réactions hostiles s'accompagnent souvent de la négation d'autrui et de son apport considérable. Or, après des études menées par différents chercheurs, il s'est dégagé un consensus autour du fait que l'écriture migrante est variée, elle favorise la présence de l'autre dans le discours hégémonique dominant au Québec en tant qu'instance établissant des normes, une politique linguistique, une ethnographie et une littérature nationale. Ainsi, pour les faire sortir de l'ethnicité, certains écrivains ont bénéficié d'un large intérêt de la part des chercheurs et les diverses études sur eux ont apporté un éclairage sur leur présence en tant que catégorie à part entière de la littérature québécoise ou, devrait-on dire, post-québécoise.

À partir de ce changement de perspectives culturelle et littéraire, le processus d'hybridité et les stratégies qui en découlent sont pris en considération par certains critiques. D'autres tentent de démontrer à partir d'exemples tirés de différentes œuvres dans lesquelles des sphères d'interaction, de jonction entre l'écriture et l'histoire transparaissent avec l'influence langagière et les références culturelles propres au contexte québécois et canadien prouvent qu'il n'y a pas seulement le ton littéraire qui change, la sensibilité aussi puisque ces écrivains sont à la lisière de deux pays, de deux ou trois langues, de plusieurs traditions culturelles et même de pratiques religieuses différentes. La particularité de cette écriture atteint sa consécration en mettant fin au cloisonnement et surtout en permettant à tous les écrivains d'avoir leur place dans une société pluriculturelle favorisant une politique multiculturelle sans exclusion ni assimilation. En considérant leur nouveau lieu de résidence comme leur patrie, beaucoup d'écrivains venus d'espaces culturels variés ont manifesté leur désir de ne pas se trouver continuellement en proie à des sentiments de déchirement, d'écartèlement vis-à-vis des deux patries, mais d'évoluer dans l'une sans renier l'autre, adoptant une attitude de fusion en assumant leurs diverses appartenances au lieu de les confondre avec une seule, érigée en expression identitaire suprême, et en instrument d'exclusion, d'assimilation et de marginalisation.

Il y a lieu de souligner que de plus en plus certains chercheurs accordent une importance particulière à la problématique des transferts culturels [70] entre les écrivains « migrants » et les écrivains « de souche », aux nouveaux paradigmes de l'identité[71], aux effets de la migration comme fiction[72] ou encore à la transmigration littéraire qui apparaissent dans la mouvance des écritures migrantes. Ces dernières ont manifesté clairement leur refus de se soumettre aux pièges que semble offrir la société d'accueil en revendiquant la mémoire, en tant que sujet qui s'interroge et se (re)construit sans cesse et en avançant une identité globalisante qui transcende la nostalgie d'un passé idéalisé pour s'insérer dans la culture québécoise qui devient plus large, en ce sens qu'elle s'ouvre à une plus grande acceptation de l'Autre dans sa particularité et dans sa diversité.

L'écriture migrante se présente aujourd'hui comme un phénomène incontournable qui s'est imposé dans le champ littéraire francophone au Canada et ailleurs, en se construisant une identité propre par le biais de créations multiformes, novatrices, ancrées dans des contextes sociopolitiques et historiques bien spécifiques. Précisons d'emblée que, chez certains critiques le terme écriture migrante réfère à une littérature produite par des écrivains qui tendent à affirmer leur appartenance à une société tout en maintenant leur origine en même temps qu'à situer spatialement un lieu d'écriture. Or, il nous semble important de distinguer différemment les multiples

---

[70] Laurier Turgeon et Anne-Hélène Kerbiriou. « Métissage, de glissements en transferts de sens », Turgeon, Laurier (dir). *Regards croisés sur le métissage*, Québec, Presses de l'université Laval, 2002, pp. 1-20. Voir aussi Laurier Turgeon. « Les mots pour dire les métissages. Jeux et enjeux d'un lexique », Quellet, Pierre (dir). *Le soi et l'Autre. L'énonciation de l'identité dans les contextes interculturels*, Québec, Presses de l'Université Laval, 2003, pp. 383-402.

[71] Danielle Forget. « Les nouveaux paradigmes de l'identité et la littérature migrante au Québec », dans *Le Soi et l'autre. L'énonciation de l'identité dans les contextes interculturels*, sous la direction de Pierre Ouellet, Presses de L'Université Laval, 2003, pp. 35-50.

[72] Voir Robert Berrouët-Oriel. « L'errance en soi : de la migration comme fiction », *Moëbius* 31, 1987, pp. 143-148.

voix qui participent à l'essence et au développement de ce fait littéraire au Québec. Des écrivains venus d'ailleurs qui ne sont pas le produit d'une seule tradition, d'une seule culture ancestrale, mais qui s'inscrivent pleinement dans la modernité de l'écriture à partir d'un lieu géographique et non d'une origine ethnique ou d'un unique patrimoine identitaire. Des écrivains qui, engagés dans le jeu des langues, ont su créer leur propre langue d'écriture, et cela dans un contexte culturel québécois multilingue, souvent affecté des signes de la diglossie[73]. C'est dans cette perspective que cette mouvance apparaît comme un espace d'émergence où se développent ces « littératures de l'intranquillité »[74], qui s'inscrivent par le biais de réalisations intéressantes, voire originales dans cette problématique contemporaine de la mondialisation de l'écriture migrante. En fait, l'identité québécoise est devenue plus diffuse et éclatée, à un tel point qu'aujourd'hui, pour de nombreux critiques, l'idée même d'un Québec homogène a perdu tout son sens. De toute part, les constats s'additionnent à savoir que le Québec d'aujourd'hui ne ressemble en rien à cette belle province qui tenait à maintenir sa cohérence. Qu'on parle de diversification, de pluralisme, d'hétérogénéité, d'éclatement, de fragmentation, le point de vue est le même : celui d'une société qui n'a plus l'unité qui a longtemps fait sa force, mais crée une diversité, voire une pluralité qui fait sa richesse.

Depuis plusieurs années, des voix migrantes maghrébines investissent le champ littéraire francophone au Canada. Des écrivains issus des trois pays du Maghreb et de confession religieuse musulmane ou judaïque ont réalisé des œuvres romanesques, poétiques ou encore théâtrales qui relatent la dimension de l'exil, leur quête d'intégration dans la nouvelle société d'accueil, leurs expériences, leur rapport à l'Autre ainsi qu'à la culture nord-américaine.

---

[73] Lise Gauvin. « Écriture, surconscience et plurilinguisme : une poétique de l'errance », Christiane Albert (s. la dir. de). *Francophonie et identités culturelles*, Paris, Éditions Karthala, 1999, p. 13.
[74] Lise Gauvin « propose de substituer à l'expression « littératures mineures » celle, plus adéquate […], de *littératures de l'intranquillité*, empruntant à Pessoa ce mot aux résonances multiples », *Ibid.*, p. 16.

En effet, les écrivains maghrébins - au même titre que d'autres écrivains francophones, parmi eux, Gérard Étienne, Émile Ollivier, Dany Laferrière, Naïm Kattan, Abla Farhoud, Mona Latif-Ghattas, Nadine Ltaif, Marco Micone, Sergio Kokis, Régine Robin et Ying Chen pour ne citer que ceux-là, ont produit des textes qui réfléchissent non seulement l'un à l'autre dans l'interrogatoire, la modification et la négation de certains événements historiques, mais ils contribuent également à la construction d'une nouvelle conscience de faits historiques concernant leur intégration dans le Nouveau Monde. Ils partagent des souvenirs nostalgiques de leurs patries respectives aussi bien qu'ils s'appliquent à une stratégie de visibilité dans le courant dominant. En d'autres mots, ils ont réussi à rendre la littérature francophone au Canada plus diversifiée par le biais de leurs expériences personnelles et aussi par les techniques narratives novatrices. Cela s'est traduit aussi par l'élaboration d'une nouvelle conscience dans la construction d'une identité multiple en perpétuelle mouvance dans l'état contradictoire où ils se trouvent entre exil et enracinement.

Il faut noter que, même s'ils laissent subtilement deviner qu'ils ne proviennent pas originellement de cette province, ces écrivains maghrébins présentent des écrits de divers genres où se profilent pour certains une sorte d'adéquation avec les préoccupations et les thèmes abordés soit par les écrivains nés au Québec soit par ceux venus d'ailleurs. D'autres mettent en scène des sujets d'actualité reflétant leur inscription dans la réalité du Québec et leur volonté d'acquérir leur place au sein de la littérature québécoise. Et puis, il y a ceux et celles qui dépassent les frontières identitaires et les phénomènes d'exclusion, contribuant à rendre le fait littéraire plus diversifié.

En parcourant la production littéraire des écrivains maghrébins depuis ses débuts jusqu'aux œuvres les plus récentes, on constate une évolution dynamique d'une importance capitale qui s'inscrit dans une progression selon trois tendances à la fois synchronique et diachronique. Cette vision s'insère nécessairement dans l'histoire mouvementée des « espaces » ou des « champs » littéraires québécois dont les aspects à la fois complémentaires et antagonistes traduisent le clivage entre la littérature dominante et celle considérée

« mineure ». Or, cette écriture maghrébine migrante au Québec n'a pas joui d'un intérêt considérable de la part de la critique, contrairement aux écritures d'autres groupes minoritaires. Elle nous paraît avoir été négligée, écartée, voire oubliée, comme il transparaît à travers les propos de Louise Gauthier :

> Enfin, notre tour d'horizon littéraire serait incomplet sans un coup d'œil sur les écrivains en provenance du monde arabe : entendons par là le nord de l'Afrique, ou le Maghreb, et le Proche et le Moyen-Orient, ou le Machrek. Non pas qu'ils soient très nombreux, mais leur présence s'impose de plus en plus. Leur appartenance culturelle n'est pas toujours claire [...], en particulier chez les auteurs du Maghreb où la colonisation a amené une importante population française jusqu'à l'ère des indépendances des années 1960. Ainsi, plusieurs des écrivains qui ont œuvré ou œuvrent encore chez nous s'identifient comme Français bien que nés en Algérie : c'est le cas de Bernard Andrès ou Yves Arnau.
> Un trait spécifique de ces auteurs est le courant de culture arabo-musulmane qu'ils véhiculent. Avec eux, nous passons de la civilisation occidentale à la civilisation orientale. C'est un autre univers culturel qui s'ouvre par leur voix. Le Maghreb fournit au moins trois figures très actives actuellement. De Tunisie, Hédi Bouraoui navigue entre la littérature québécoise et franco-ontarienne ; spécialiste de la littérature maghrébine, il est enseignant, essayiste et critique littéraire ; il a publié en outre un roman et quinze recueils de poésie. Dominique Blondeau, par sa production importante de romans et nouvelles ainsi que pas ses activités critiques ou éditoriales, participe activement à l'établissement de liens entre les cultures arabes, françaises et québécoises ; son roman *Un homme foudroyé* (1986) a d'ailleurs obtenu le prix France-Québec/Jean Hamelin. Enfin, Nadia Ghalem, originaire d'Algérie, en plus d'être journaliste, recherchiste et auteure de textes dramatiques, se signale dans ses œuvres de fiction par une intense introspection au cœur de l'univers de la femme arabe. C'est le Machrek toutefois qui se

> démarque par le nombre de ses représentants. L'Égypte fournit quatre noms qui se sont imposés dans le monde des lettres québécoises : Nadine Ltaif, en poésie ; Anne-Marie Alonzo et Mona Latif-Ghattas, en poésie et en fiction ; et Andrée Dahan, en roman. Le Liban nous a donné Pan Bouyoucas au théâtre et Bernard Antoun en poésie. Enfin, nul ne peut ignorer Naïm Kattan, né en Irak, figure bien connue de la littérature québécoise [...][75].

On peut certes s'étonner que la production maghrébine ne fasse pas partie des œuvres retenues et étudiées. On peut aussi se demander pourquoi la critique continue à ignorer cette présence qui affirme sa participation active dans la constitution d'une littérature qui se développe et s'ajoute à la francophonie particulière du Canada. Cette reconnaissance de l'apport de l'écriture migrante maghrébine ne concerne qu'un nombre très restreint d'écrivains présentés dans quelques travaux de recherche. *Le Dictionnaire des écrivains émigrés au Québec* de Daniel Chartier couvre la période de 1800 à 1999 et propose le profil de vingt-neuf écrivains qu'il considère maghrébins[76]. Quant à Lilyane Rachédi, le corpus de son étude intitulée *L'écriture comme espace d'insertion et de citoyenneté pour les immigrants. Parcours migratoires et les stratégies identitaires d'écrivains Maghrébins au Québec*[77] se limite à six écrivains :

---

[75] Louise Gauthier. *La mémoire sans frontières. Émile Ollivier, Naïm Kattan et les écrivains migrants au Québec*, Québec, Les Presses de l'Université Laval, 1997, pp. 41-42.

[76] Il s'agit de seize Algériens : Bernard Andrés, Yves E. Arnau, Flora Balzano, Joseph-Pierre Barcelo, Salah El Khalfa Beddiari, Arav (s'écrit aussi Aarav) Ben Younès, Wahmed Ben-Younès, Djamel Benyekhlef, François-Laure Burlet, Marie Cardinal, Paule Courtois, Nadia Ghalem, Thomas Olivier Mazel, Claude-Gérard Sarrazin, Jean-Michel Schembré, Jean-Michel Wyl ; neuf Marocains : Georges Amsellem, Ghita Benesty-Sroka, Sophia Benyahia, Gérard Cuggia, Myriame El Yamani, Juan Garcia, Pierre Lasry, Serge Ouaknine, Abdelhak Serhane et quatre Tunisiens : Robert Malacci, Georges Robert, Michel Vaïs et Andrée Yanacopoulo.

[77] Lilyane Rachédi. *L'écriture comme espace d'insertion et de citoyenneté pour les immigrants. Parcours migratoires et les stratégies identitaires d'écrivains Maghrébins au Québec*, Québec, Presses de l'Université du Québec, 2000, 196 p.

cinq au Québec et un seul en Ontario[78]. Force est de préciser que l'étude de Mechtild Gilzmer est réservée exclusivement à la littérature migrante francophone d'origine marocaine au Québec [79] dans laquelle elle traite seulement de quelques écrivains juifs et musulmans qui, poussés à s'éloigner de leur terre natale, ont réussi à se faire, pour ainsi dire, adopter par un autre pays[80] et élaborer une nouvelle conscience collective et partagée, celle de la reconnaissance identitaire de leur « marocanité ». Aussi, la présentation de l'apport de cette production dans le champ littéraire québécois demeure-t-elle très minime, limitée à quelques écrivains mentionnés très brièvement[81] ou à des compte-rendus de romans publiés dans différents journaux du Québec.

C'est à la suite d'un constat que la production littéraire au Québec est oubliée par les critiques qui se sont intéressés à ce phénomène de l'écriture migrante qu'il nous a paru nécessaire de mieux faire connaître cette production littéraire qui existe et qui continue à se développer. Pour ce faire, nous avons réalisé des études sur les écrivaines suivantes Nadia Ghalem[82] et Mary Abécassis Obadia[83] ainsi que sur des écrivains sépharades au

---

[78] Les écrivains d'origine marocaine et algérienne au Québec sont Soraya Benhaddad, Wahmed Ben-Younes, Majid Blal, Salah El Khalfa Beddiari et Nadia Ghalem. Hédi Bouraoui est un écrivain d'origine tunisienne qui vit à Toronto, en Ontario.
[79] Mechtild Gilzmer. « La littérature migrante francophone d'origine marocaine au Québec », *Zeitschrift für Kanada-Studien*, 27.2, 2007, pp. 9-29.
[80] Ces Marocains sont : Solly Lévy, Serge Ouaknine, Georges Amsellem, Pierre Lasry, Mariam El Yamani et Ahmed Ghazali.
[81] Ces deux écrivaines Nadia Ghalem et Zehira Berfas Houfani sont citées dans l'ouvrage de Christiane Ndiaye (s. la dir. de). *Introduction aux littératures francophones Afrique, Caraïbe, Maghreb*, Montréal, Les Presses de l'Université de Montréal, 2004, pp. 247-249.
[82] Najib Redouane. « L'exil-métamorphose de l'être féminin dans *Les Jardins de cristal* de Nadia Ghalem », in *Mythe et mondialisation dans les littératures francophones*, E. Brandusa-Steiciuc, O. Gancevici and E. Oktapoda-Lu (Eds.), Editura Universităţii Suceava, Romania, 2006, pp. 273-284.
[83] Yvette Bénayoun-Szmidt. « Entre la mémoire et l'exil dans *Tanger, les miens et les autres* de Mary Abécassis Obadia », *Francofonia* (Espagne), N° 8, 1999, pp. 307-324 et « Évocation de Tanger revisitée par une écrivaine judéo-marocaine », *Poétique de la ville marocaine*, Actes du colloque du 20-21 juin 2006, Meknès, Publication de la Faculté des Lettres et des Sciences Humaines, Séries Actes du colloque N° 23/2009, pp. 104-112.

Québec[84]. Des communications sur ce sujet ont été également présentées dans différents colloques[85]. Notre simple visée est de sensibiliser les critiques à se pencher sur ce phénomène littéraire, de le mettre en pleine lumière en rendant compte du nombre croissant des écrivains maghrébins de la particularité ainsi que de la diversité de leur production, et de les intégrer dans cette écriture migrante québécoise de langue française. Ainsi, au fil du temps, ce qui était initialement un simple intérêt s'est transformé en un projet de recherche très exhaustif. La réalisation d'un ouvrage qui ferait le point sur cette présence ayant pour objet ces voix maghrébines migrantes au Québec et leur production littéraire depuis le début jusqu'à nos jours s'avère indispensable, voire utile. C'est dans cette perspective que, pendant plusieurs années, nous avons entamé la recherche pour ramasser un corpus disparate et difficile à trouver. Nous n'avons pas voulu nous contenter de quelques écrivain(e)s, mais viser à aborder la production des Maghrébins dans sa totalité conforme aux propos et à l'expressivité de chaque écrivain. En fait, les études présentées dans cet ouvrage, montrent que nombreux sont les écrivains maghrébins qui ont participé au développement de la littérature québécoise en particulier et canadienne francophone en général depuis plusieurs décennies.

Le projet central est d'exposer la diversité de la production maghrébine au Québec dans toute son envergure et dans toute sa richesse. À travers l'examen des écrits romanesques, poétiques et autres, nous tenterons de préciser les

---

[84] Najib Redouane. « L'aventure collective des voix littéraires sépharades au Canada », *International Journal of Francophone Studies*, University of Leeds, (England), 7-1 & 7-2, Fall 2004, pp. 51-65.

[85] Najib Redouane. « De la maghrébinité littéraire canadienne (Québec-Ontario) », at the *Indian Association For Canadian Studies – XII International Conference*, University of Calicut, Calicut, India, (January 3-6, 2001) ; « Des voix nouvelles en littérature québécoise », International conference of *l'ACQS (American Council For Québec Studies)*, Canada, (November 18-21, 2004) ; et « Voix maghrébines migrantes au Canada », Congrès Mondial du Conseil International des Études Francophones (*CIEF*), La Nouvelle Orléans, USA, (Juin 21-28, 2009). Yvette Bénayoun-Szmidt. « Évocation de Tanger revisitée par une écrivaine judéo-marocaine », *Poétique de la ville marocaine*, colloque à Meknès (Maroc), 20-21 juin 2006.

caractéristiques spécifiques de l'écriture de ces Maghrébins qui ont trouvé au Québec en particulier et au Canada en général, une terre d'accueil et un lieu propice d'expression littéraire. Le but de ce projet est conçu pour analyser des productions selon trois tendances générales qui semblent retracer les étapes du fait littéraire maghrébin dans le contexte québécois. Chacune de ces tendances à savoir l'émergence d'une écriture migrante maghrébine, la littérature maghrébine sépharade et la nouvelle vague maghrébine participe à sa manière à l'évolution du phénomène de l'écriture migrante dans le champ littéraire québécois. Les auteurs qui constituent le corpus des trois ouvrages sont présentés par ordre chronologique de la parution des œuvres. Ce premier ouvrage traite le premier volet de cette trilogie.

Pour parler de l'émergence d'une écriture migrante maghrébine au Québec, il serait utile d'exposer les particularités de cette production, étayée par des exemples qui indiquent des individualités littéraires de voix nouvelles issues du Maghreb, voix qui ont déplacé leur territoire de création avec elles dans un nouveau pays qu'elles cherchent à apprivoiser. C'est que dans ses premiers développements, cette pratique d'écriture du lointain chez soi est le fait de quelques écrivains provenant du Maghreb, majoritairement de l'Algérie, qui affirment dès le début leur volonté de s'insérer ou de faire partie du champ littéraire dominant, rejetant toute catégorisation réductrice ou toute visée de marginalisation, voire d'exclusion.

Il y a lieu de noter que la production des écrivains maghrébins de la première génération qu'on peut nommer, celle des pionniers, est variée aussi bien au niveau du fond que de la forme. À l'exception de Mélikah Abdelmoumen, née en 1972 à Chicoutimi de père tunisien et de mère québécoise et du dramaturge Ahmed Ghazali, d'origine marocaine, tous ces écrivains sont Algériens : Djamel Benyekhlef, Soraya Benhaddad, Wahmed Ben Younès, Taoufik El Hadj-Moussa, Nadia Ghalem, Yamina Mouhoub et Rachid Tridi. En fait, installés au Québec depuis quelques années ou parfois même quelques décennies, ils ont choisi de joindre ceux qui tirent avantage de leur déracinement et de mettre à profit leur condition d'exilé en exploitant l'ambivalence de leur situation réalisant des œuvres qui restent plus ou moins trempées dans des expressions poétiques et romanesques. Par cette résolution, ils ont contribué à l'essor et au déploiement d'une littérature nouvelle et originale, une littérature à laquelle l'appareil critique a, tour à tour, attribué différentes dénominations dans une société québécoise qui, de par sa forte concentration multiethnique [86], devient particulièrement un lieu propice à l'éclosion d'expériences transculturelles.

Qu'ils soient à la recherche d'une vie plus libre ou pour améliorer leur condition de vie, ces écrivains venus du Maghreb et également d'Europe principalement de France, dès les années soixante, étaient porteurs d'expériences tricontinentales. Ce qui leur a permis de prendre part directement à cette philosophie généreuse et inventive de la transculturalité pour faire de leur écriture littéraire un lieu riche de significations dans lequel le dilemme linguistique, jadis douloureux, s'est résorbé dans le moule d'une intégration désirée ou obligée. Ces écrivains se serviront du pouvoir du langage pour exprimer leur solitude et partager leurs expériences, présentant la réalité d'autres gens exilés munis de leur propre différence [87]. Chose certaine, par leurs diverses réalisations, ces auteurs appartenant à une communauté culturelle bien spécifique ont su, à leur manière, ébranler les frontières de l'espace culturel québécois, contribuant au même titre que les autres écrivains migrants à élargir le concept même de québécitude qui souligne que l'homogénéité sécurisante de cette province a cédé la place à une hétérogénéité large et que le Québec ne se définit plus par le maintien de son identité nationale, mais par l'acceptation de la différence qui enrichit la société en pleine effervescence humainement, socialement et culturellement.

Pour ces écrivains maghrébins, le fait d'exprimer leur appartenance, leur origine ainsi que leurs particularités à l'intérieur du contexte québécois, marqué par le métissage tend

---

[86] Voir Pierre Bertrand « Le Québec multiethnique », *Possible*, 12/3, été 1988, pp. 67-74.
[87] Sherry Simon « Écrire la différence. La perspective minoritaire », *Recherches sociographiques*, 2 5, N° 3, sept.-déc. 1984, pp. 457-458.

à transformer leur écriture en un signifiant puissant. L'intégration de la langue maternelle dans une activité littéraire qui comporte des possibilités régénératrices et thématiques indique clairement qu'ils tiennent à avancer leur propre discours identitaire et culturel. Ce faisant, ils évoquent dans des œuvres authentiques le pays perdu ou fantasmé, mettent en scène une vocation créatrice qui insiste sur une perpétuelle quête identitaire et un désir permanent de s'intégrer d'une façon saisissante au sein de l'institution littéraire québécoise. Leur écriture présente en réalité plus d'une similitude avec l'écriture migrante en empruntant les mêmes thèmes, ceux des notions d'exil et d'altérité, la dépossession et parfois même de la désillusion, le processus d'acculturation où interviennent essentiellement le rapport avec le pays d'origine et des interactions avec le pays d'accueil, l'insertion dans l'Histoire ou encore l'attention portée au transculturel. Elle participe de la sorte à la perpétuation de cette écriture migrante au Québec qui connaît un regain d'intérêt tout en diversifiant les approches de son analyse.

Ces écrivains demeurent les précurseurs d'une écriture maghrébine qui s'attache aux valeurs ancestrales ainsi qu'aux traditions de la culture arabo-musulmane et berbère, tout en s'inscrivant dans ce projet littéraire et sociétal qui domine les transformations profondes de la société québécoise au cours des soixante dernières années. Ils présentent un autre point de vue et participent à l'activité littéraire en pleine expansion.

Alors que les autres écrivains migrants (italiens, haïtiens, arabes, etc.) ont vu leur place dans l'histoire, dans l'évolution du temps, la production maghrébine continue à se préoccuper de son statut, cherchant non seulement à créer un espace qui soit le sien, mais aussi s'appliquant à se définir par rapport à ces écritures. En effet, cette production littéraire mérite d'être prise en considération pour accéder à une certaine reconnaissance du fait que ces voix littéraires ont en masse contribué à la diversité dans le champ littéraire francophone au Canada et leur réalisation grandissante ne peut plus demeurer frappée de silence et de négligence cantonnée dans cette littérature de l'oubli. Aussi, leur présence visible et manifeste accentue-t-elle la nécessité pressante pour aller au-delà de la catégorie du migrant pour que les questions de différence culturelle pénètrent toutes les considérations futures de la littérature nationale.

Le projet que nous caressions depuis plusieurs années a fini par prendre corps et voir le jour : *Voix migrantes maghrébines au Québec* regroupe trois volets comportant des écrivains actifs sur le plan littéraire, établis principalement dans cette province canadienne par naissance ou par choix d'immigration. Ces écrivains qui ont choisi d'y vivre se considèrent citoyens à part entière de la société québécoise et désirent y apporter leur contribution et leur dynamisme. Ils veulent s'épanouir dans la langue d'écriture, tout en gardant vivace leur héritage linguistique et culturel. C'est ce vouloir-vivre en *français*, malgré leur statut de migrant ou de minoritaire, qui forge une identité culturelle propre et donne naissance à des manifestations artistiques et littéraires originales qui ne peuvent qu'enrichir la littérature québécoise ainsi que les littératures francophones.

Notre but vise justement à jeter un éclairage particulier sur l'intensité, la profondeur et la diversité de ces voix/voies qui ne sont pas conditionnées par le seul fait d'être issues d'une seule culture. La présentation de cette production littéraire qui tout en entrecroisant les frontières ethniques et culturelles fait émerger une identité créatrice pleine de promesses en quête de reconnaissance et d'affirmation dans le champ de l'écriture canadienne d'expression française. En fait, cette production en genres divers, en nombre riche de thèmes, d'inspirations, de perceptions, de styles, est en réalité le reflet de la diversité des origines et des horizons culturels des Maghrébins au Québec majoritairement Algériens et Marocains porteurs de promesses pour qu'on parle de marocanité ou d'algérianité littéraires. Mais, nous avons préféré les rassembler et les désigner sous l'expression de « maghrébinité » littéraire distincte des autres littératures migrantes au Québec par la création d'œuvres littéraires qui, bien que conçues en terre québécoise, circonscrivent un espace littéraire francophone inspiré d'horizons multiculturels et d'expériences humaines aux racines flottantes.

Dans ce premier ouvrage, nous avons tenté de présenter ces écrivains et leurs œuvres pour démontrer que leur activité d'écriture contribue non seulement à un désir de participation à la société d'accueil, mais également à un renouveau de la littérature francophone au Canada. Leurs écrits romanesques, poétiques et autres, indiquent une forme motrice de réaffirmation de leur propre ethnicité conjuguée à leur *québécité*, voire à leur *canadianité*. Ils inscrivent leur influence sur l'évolution de la littérature québécoise au sein de cette écriture migrante qui fonde son esthétique sur une hybridité conçue comme une forme littéraire inhérente à tout phénomène migratoire.

Il faut dire que ces écrivains maghrébins jugent que leur présence au Québec est légitimée. Certes, ils vivent entre deux cultures et ils expriment leur désir d'intégration dans une société pluriethnique participant à cette prise de conscience littéraire qui va au-delà d'un nationalisme étroit et fait éclater toutes les frontières. Leur plume maghrébine trempée dans une nouvelle réalité québécoise d'aujourd'hui donne naissance et essence à une écriture vive, passionnée, conjuguant passé et présent. Beaucoup d'écrivains accordent une grande importance à leur expérience personnelle ou à celle de leur collectivité, relatent le vécu de leur exil d'immigrants d'Afrique du Nord juif ou musulman en terre canadienne, réalisent un dialogue interculturel entre le pays d'origine et la terre d'accueil. À travers leurs textes, on rencontre des solitudes qui parfois s'illuminent par le pays d'adoption et le libéralisme canadien, ou s'enlisent dans des souvenances nostalgiques voilées par le temps et par l'âge. Leurs divers écrits portent les traces de leurs parcours et de leurs mouvements physiques, psychologiques et émotionnels entre des espaces non seulement géographiques, culturels, linguistiques, historiques, mais également marqués par des souvenirs lointains et particuliers. L'appartenance à une communauté spécifique, minoritaire suscite, selon Paré, « un tiraillement idéologique »[88] puisque ces écrivains ne peuvent pas se détacher de leurs milieux originels et en même temps doivent s'inscrire dans la société qui les accueille.

Il nous faudra insister sur cette différence de la production littéraire maghrébine, car elle est singulièrement importante

---

[88] Paré. *Les Littératures de l'exiguïté*, p. 125.

révélant la présence d'un corpus considérable d'œuvres, écrites et publiées par des auteurs venus d'ailleurs qui persistent et signent malgré leur méconnaissance par la critique littéraire aussi bien au niveau national qu'international[89]. À vrai dire, ce corpus mériterait que la critique s'y attarde, car il entretient avec l'écriture migrante et la littérature québécoise, des liens organiques. On ne peut donc continuer à faire abstraction de l'effet maghrébin dans le développement de l'écriture migrante au Québec parce que les écrivains maghrébins se projettent dans l'avenir et ont des horizons d'attente dans la revendication littéraire et la construction de leur promotion sociale et culturelle. Leur présence « permet de prévoir un état à venir, une évolution »[90] qui constitue un phénomène incontournable va élargir les aires de la francophonie au Canada. La prendre en considération est susceptible d'élargir le champ de la littérature québécoise et de son institution allant même jusqu'à penser différemment et exhaustivement le concept même d'écriture migrante au Québec.

Nous espérons que ce premier ouvrage soit un moyen indispensable à qui désire connaître la production de ces écritures migrantes maghrébines au Québec dans le champ littéraire québécois et son apport à l'ensemble de la littérature d'expression française. Puisse sa réalisation contribuer à faire découvrir de nouvelles perspectives et encourager les chercheurs à considérer cette présence maghrébine et lui donner voix au chapitre.

---

[89] À titre d'exemple, l'étude réalisée en Pologne par Tina Mouneimné-Wojtas. « D'un lieu à l'autre. La circulation mémorielle chez les écrivains migrants au Québec », ne mentionne aucun écrivain maghrébin, dans Magdalena Paluszkiewicz-Misiaczek, Anna Reczyńska, Anna Spiewak. *Lieu et mémoire au Canada : perspectives globales*, Polska Akademia Umiejetności, 2005, pp. 331-341.
[90] Moisan et Hildebrand. *Ces étrangers du dedans. Une histoire de l'écriture migrante au Québec...*, p. 229.

# ÉTUDES

# Djamel BENYEKHLEF

Né en 1940 en Algérie, Djamel Benyekhlef, vit à Montréal depuis quarante-deux ans où il a enseigné le français. En 1974, il publie un roman intitulé *À cause du parfum des oranges*[1], et poursuit son itinéraire d'écriture au Québec par un recueil de poésie en 1976, *Poèmes incendiaires*[2]. On lui doit également un *guide pratique des Jeux olympiques*[3].

*Poèmes incendiaires* comporte deux parties dans lesquelles, à côté de la recherche de plus d'authenticité avec soi-même et dans ses contacts avec les autres, domine l'esprit poétique. En fait, Benyekhlef inscrit dans ce recueil un cheminement personnel, dans le cadre plus vaste de la communauté humaine.

Dans la première partie, *Misères du temps*, le poète évoque avec tendresse, nostalgie et même une touche d'ironie trois univers : l'algérien, le français et le québécois qui se juxtaposent, se superposent et se confrontent. Sa démarche et son écriture se résument en une évocation et une rencontre des lieux et des cultures qui fondent de nouvelles habitudes et inspirent d'autres manières de penser et d'agir. En évoquant le pays natal, il rappelle sans nulle surenchère de mots ou de descriptions, ce fait historique marquant et, à jamais gravé dans la mémoire collective, du 12 juillet 1830 :

> *Sous un chaud soleil de juillet,*
> *Ils posèrent les pieds dans le pays*
> *Et comme des sauterelles, ils l'ont envahi*
> *Apportant avec eux richesse et misère.*
> *Ils ont envahi le pays des Berbères*

---

[1] Djamel Benyekhlef. *À cause du parfum des oranges*, Paris, La pensée universelle, 1974, 127 p.
[2] _____. *Poèmes incendiaires*, Sherbrooke, Éditions Naaman, 1976, 111 p.
[3] _____. *Guide pratique des jeux olympiques* ; couverture et illustrations, Christiane Frenay-Malé, Montréal, Lidec, 1975, 111 p.

*Après cent trente ans, ils s'en allèrent.* (26)

La parole poétique n'est pas cantonnée uniquement dans un passé lointain, elle s'arrête presque volontairement sur le présent, n'hésitant pas à accuser la volonté divine de la gravité des maux qui rongent le pays natal :

> *Dieu ! Tu t'acharnes sur mon pays.*
> *Pourquoi faut-il que la pluie*
> *Déserte ce désert ?*
> *Pourquoi la nature met tant d'ardeur*
> *À nous étouffer de chaleur ?* (33)

De sa relation avec la France, le poète fait émerger la force du mensonge instaurée par le colonisateur pour imposer au peuple algérien une nouvelle identité par la connaissance de son histoire. Sous le filtre d'une simple confidence, le poète révèle sa profonde douleur et lève le voile sur le désarroi qui l'habite malgré le passage du temps. Son expérience à l'école demeure traumatisante. C'est un univers dur, inquiétant qui étouffe l'expression individuelle, en favorisant l'assimilation et l'aliénation :

> *L'école, c'est une caserne,*
> *C'est une tôle.*
> *On y raconte des balivernes*
> *Dans cette geôle.* (17)

Avec une lucidité déroutante, il dénonce la formation reçue au fil du temps du savoir et de la connaissance. Celle-ci reste gorgée de sensations d'angoisse, de déceptions et de mensonges :

> *Deux fois deux*
> *C'est un vilain jeu.*
> *Nos ancêtres les Gaulois,*
> *On me l'a répété trente-six fois.*
> *Et ce cycle infernal,*
> *Je le vivrai tous les jours*
> *Jusqu'à ce qu'une pierre tombale*

> *Mettre un terme à mes jours.*
> *On nous a menti.*
> *On nous a roulés.* (19)

Exerçant le métier de professeur pendant plusieurs années, Benyekhlef observe avec une franchise désarmante le rôle d'éducateur qu'il était appelé à jouer auprès de ses élèves. Porté sur l'autodérision, il se présente comme un désillusionné, résigné, un peu dépassé par l'inutilité de ce qu'on continue à enseigner, à imposer dans le système scolaire. Aussi, inspiré de sa propre expérience, aborde-t-il des choses graves pour lancer une charge mordante contre le pouvoir pédagogique qui prône le respect total des trajectoires dessinées, ne tolérant aucun esprit innovateur, revendicateur, ni ouverture d'esprit et de liberté dans d'acquisition du savoir :

> *Je suis le pédago*
> *D'une bande d'idiots*
> *Qui seront plus tard*
> *Pères d'un tas de bâtards.*
> *Après avoir absorbé pendant toute une vie*
> *Leur dose quotidienne*
> *De programmes quétaines*
> *Ni Platon, ni Horace, ni Marx, ni Jésus*
> *Ne pourront avoir le dessus.* (23-24)

En fait, la poésie de Benyekhlef traduit une violente protestation contre un système donné et apparaît également comme un cri intérieur qui s'adresse avant tout à la conscience pensante dans le but de l'exhorter à ne pas accepter le *statu quo* et de réagir pour aboutir à un changement :

> *Dans cette grande salle*
> *Propre, mais sale*
> *D'ennui, je pense sans cesse*
> *À la bêtise qui plane*
> *Dans l'air et nous tanne.*
> *Je pense aux pauvres enfants*
> *Qui nous écoutent sans broncher*
> *Nous écoutent rabâcher*
> *Des conneries vieilles de cent ans.* (22)

Mais parfois le poète cède au découragement et au désespoir. Une certaine forme de doute et d'incertitude s'empare de lui :

> *Le discours est mort.*
> *Lire, écrire*
> *C'est avoir tort.*
> *Alors, taisons-nous et attendons*
> *La fin de l'image*
> *Pour tourner les pages*
> *De la vie qui est là à nous attendre*
> *Mais les hommes ne sont pas tendres.* (15-16)

En décrivant le destin de Vladimir qui quitte la Russie pour l'Amérique, le poète vise à avancer un témoignage lucide où pointe une réalité amère et désespérante pour tout damné de la terre qui rêve de vie meilleure dans un pays réputé comme celui de toutes les opportunités possibles. Peu importe où il se trouve, il demeure enchaîné à sa misère ambiante :

> *Je ne suis ni marxiste*
> *Ni capitaliste.*
> *Je n'appartiens à aucune idéologie.*
> *Je ne suis pas révolutionnaire*
> *Et pourtant j'aime la vie*
> *Mais j'aimerais tout ficher en l'air.*
> *J'étais tourneur à Moscou*
> *Et j'ai travaillé comme un fou.*
> *J'ai pris le train pour Détroit*
> *Et j'ai abouti*
> *Je m'en souviens*
> *Dans un taudis*
> *Où nous étions trois.* (12-13)

Le départ vers un ailleurs plus clément et plus riche, une société capitaliste, n'apporte en soi que souffrance, endurance et permanence dans la misère, l'exploitation et l'impuissance. Le désespoir semble plus fort que tout ce que la société semble pouvoir offrir. L'univers où vit Vladimir est le même : sombre parcouru d'absurdités, de privations, de routine et de lassitude :

> *Je visse toujours à Détroit*
> *Et je vis toujours à l'étroit.*
> *Et les gars qui traînent longtemps*
> *Rendent le contremaître mécontent.*
> *Et pourtant ça fait vingt ans*
> *Qu'ils se donnent à fond*
> *À faire ce métier de con.*
> *J'étais tourneur à Moscou,*
> *Je faisais de trous*
> *Ici, je visse*
> *Comme un fou.* (14)

Le poète propose une délicate exploration de la fragilité humaine, de l'exclusion, cherchant à repérer les zones de densité qui font sens pour les individus plongés dans un monde fragmenté, confus, plein de béances et d'incertitudes. C'est pour cette raison qu'il signale dans l'espace poétique de son recueil, sa volonté de créer une poésie vivante qui embellit les personnes et échappe à l'immobilité, voire la morosité du temps :

> *Je voudrais dire de belles choses*
> *Dans ce monde de peu de choses*
> *Où peu de choses sont belles.* (17)

D'ailleurs, dès le début de son recueil, Benyekhlef précise un état de conscience de son rôle d'émetteur qu'il désire maintenir, déterminé à ne plus demeurer passif, et se résout à poursuivre la même voie. Il veut inscrire sa voix afin de trouver les signes d'un espoir encore possible :

> *L'émetteur*
> *J'ai toujours transmis aux autres*
> *Ce qui n'était pas le mien.*
> *J'en ai marre de faire le lien,*
> *La courroie qui va et vient.*
> *Je veux être émetteur, une fois,*
> *Le moteur même froid*

> *De mes idées sans loi.*
> *Jusqu'à maintenant,*
> *J'ai toujours digéré*
> *Puis recraché.*
> *Aujourd'hui, je veux chanter*
> *Même mal, s'il le faut.*
> *Je veux dire tout haut*
> *Faire sourire*
> *Les hommes*
> *Et les tirer de leur somme.* (9)

Il reste qu'en tentant de concilier le non-sens du monde avec quelque chose semblable à l'espoir, le poète termine la première partie de son recueil par une interrogation surprenante :

> *Ont-ils eu un impact*
> *Sur l'inconsciente conscience ?*
> *Ils ne sont que remède*
> *À notre vieille impuissance.*
> *Quant aux jours alignés,*
> *Ils ne m'ont qu'éloigné*
> *Des rivages de rêves.*
> *Les phrases s'arriment*
> *Aux mots, pour la rime.*
> *Les heures s'abîment*
> *Dans un profond abîme*
> *C'est là ma seule dîme.* (36)

En recourant à la parole poétique qu'il saisit comme une façon de dire et se dire, il se questionne sur la nécessité de l'écriture et interroge le pouvoir des mots qu'il aligne pour parler de la palpitation du monde dans l'ivresse du poème.

Intitulée *Cris d'espoir et de désespoir*, la deuxième partie du recueil, se présente comme une sorte de désir de vouloir témoigner de la dureté de l'exil, du passage du temps, des sentiments, de la nostalgie, des pensées obsédantes et des failles humaines. Benyekhlef mêle l'imaginaire à la réalité pour révéler des blessures jamais guéries et l'immense solitude à laquelle il tente d'échapper dans sa recherche du bonheur et sa quête d'espoir. Il offre un texte dense où le thème de l'exil se ramifie dans toute sa complexité. Avec un ton, un rythme haché, il cristallise la problématique dans une écriture plurielle pour dire son mal d'être dans les moindres plis de l'existence :

> *L'exil du pays*
> *L'exil du cœur*
> *L'exil du bonheur*
> *L'exil de la vie*
> *Brusque déchirement*
> *Vaste exposition*
> *Nulle solution*
> *À tous ces tourments*
> *Verbes inutiles*
> *Raisons trop faciles*
> *Sourds gémissements*
> *Sombres moments*
> *Voix sans écho*
> *Malheur hors cachot*
> *Des mots, tristes mots*
> *Voilà tout mon lot.* (106)

Le poète se considère d'emblée comme un désemparé qui se consume dans l'angoisse et le désarroi en se heurtant à un monde sans passion et sans compassion. Il est submergé d'une profonde tristesse qui envahit son « *cœur en détresse/ C'est l'horizon barré/ Par des larmes versées* ». Il ajoute pour renforcer la profondeur de sa douleur que « *C'est l'exil/ Dans une île de solitude/ De lassitude* » (103). Ce vide du cœur et cette vague de l'âme l'habitent profondément. Il ne fait aucun doute qu'il souffre transportant au fil du temps une peine aiguë qui devient une étendue désolée et désolante. Il cherche désespérément un salut qui se transforme en une phase de lucidité effrayante :

> *Ce soir, je voudrais étouffer ma peine.*
> *En me soûlant, en inondant mes veines*
> *D'alcool, d'images et de mots de haine*
> *Mais ces mots ne viennent pas*
> *Car mon esprit est las.*

> *Le verre se remplit*
> *Et ma tête aussi*
> *De noirceur et d'aigreur.* (98)

Contraint à l'exil, Benyakhlef détermine un ancrage géographique spécifique sans toutefois oublier sa terre algérienne dont les souvenirs lointains demeurent vivaces. Il les évoque avec nostalgie et mélancolie :

> *Où êtes-vous amis d'enfance ?*
> *Que l'on se remémore*
> *Ces heures d'inconscience !*
> *Vous êtes peut-être morts.* (65)

En fait, dans son pays natal, la réalité socio-politique pousse à la désolation vécue de l'intérieur comme de l'extérieur, comme une inconsolable douleur : « *De retour au pays/ Tous mes amis avaient fui/ Las d'attendre la démocratie* » (47).

Entre mémoire et nostalgie, le poète entame un retour sur lui-même et sur son enfance. Il affiche sa résignation mélancolique en marchant sur les traces du temps perdu. Il décrit avec simplicité sa désolation de la perte des souvenirs :

> *Je ferme les yeux*
> *Pour masquer le présent*
> *Et plonger dans*
> *Mes quinze ans.*
> *Je sais maintenant que*
> *Je ne reverrai plus*
> *Ces moments perdus.* (66)

Il est intéressant de remarquer que le poète ne tente pas seulement d'explorer ses souvenirs personnels, mais opère en parallèle une quête identitaire par le rappel de ses racines et de ses ancêtres arabes. Par une association d'idées et de lieux, il évoque leur présence en Espagne soulignant ainsi leur rapport à la civilisation humaine :

> *La roue tourne*
> *Quand vêtus de peaux d'animaux,*
> *Ils couraient dans les forêts,*
> *À la recherche d'un quelconque sanglier*
> *Mes ancêtres se paradaient*
> *Dans les palais encensés.*
> *Les parfums de musc et de jasmin*
> *Les accompagnaient du soir au matin.*
> *Dans l'Alhambra plein de raffinements*
> *Arrivaient des messagers des quatre coins*
> *Annonçant les victoires au loin*
> *Sur les Barbares et le sous-développement.* (50)

Dès lors, il n'est pas étonnant de voir surgir le passé glorieux des ancêtres et surtout la déclaration d'une vérité historique trop souvent oubliée. Par cette volonté d'affirmation de son appartenance à une communauté bien spécifique, il convie le lecteur à revisiter un temps lointain qui n'est pas un mythe, mais bel et bien une évidence réelle. Celle-ci demeure un creuset de civilisation, une rencontre de cultures et de religions diverses à un moment où ceux qui se considèrent actuellement comme civilisés étaient plongés dans l'ignorance, voire une barbarie totale :

> *À Cordoue,*
> *Il faisait doux.*
> *Et les poètes chantaient l'amour*
> *Pendant qu'à Soissons,*
> *Les hordes aux cheveux blonds*
> *Vivaient comme des cochons.* (50)

En fait, ce rappel d'un temps immémorial dont il est forcément, d'une manière ou d'une autre, l'héritier, permet au poète de se situer comme un révolté contre l'ordre établi et la puissance des humains au temps présent qu'il juge éphémère. En cherchant à minimiser leur pouvoir du fait qu'ils ne sont pas éternels, il lance en plein fouet par ses vers vifs, une vérité d'une intensité foudroyante pour rappeler que d'autres civilisations plus prestigieuses, avaient fini par tomber dans l'oubli. Il surprend par une extrême lucidité en avançant autant d'évidences acquises qui renforcent l'idée de la fragilité humaine devant le passage du temps :

> *Messieurs ! je me fiche de vos paroles*
> *De vos lois, de vos conseils, de votre drôle*
> *De morale, de vos histoires et bagatelles*
> *Parce que vous n'êtes pas immortels*
> *Et que d'autres viendront effacer vos pages*
> *Comme la vague sur la plage*
> *Qui emmène dans l'océan*
> *Tous les mots d'amour et serments*
> *Qu'ont écrits et jurés les amants*
> *Aux premiers jours du printemps.*
> *La marée emporte les grains de sable*
> *Mortels ! vous n'êtes pas immuables*
> *Le temps dispersera vos restes aux quatre vents*
> *Et de vos lois, il ne restera que du vent*
> *Alors soyez raisonnables.* » (91)

S'il donne à inscrire dans la trame poétique sa révolte, Benyekhlef précise sa position face à la réalité du monde « *rempli de luttes et de divisions de toutes les sortes/ C'est la lutte entre milieux/ Et moi au milieu/ De toutes ces luttes, je dis/ Je dis parfois flûte* » (53). Choisissant de rester à l'écart, refusant de prendre part à ce vain combat, il repousse toute catégorie sociale et humaine, et, de fait, projette une vision futuriste pour justifier son intention et sa réaction. Car, pour lui, le monde présent est dominé par la survie matérielle qui rend les individus qui y vivent

> *tous des minables*
> *Parce qu'incapables*
> *De raisonner.*
> *Et la raison loge dans les cerveaux*
> *Et non pas dans le porte-monnaie.*
> *Dans deux cents ans, on dira de nous :*
> *Pauvres fous !*
> *Comment avez-vous pu survivre*
> *Dans un monde si ivre ?* (62)

L'éloignement dans le temps et dans l'espace réactualise la singulière réalité de l'exil où le poids du quotidien efface le rêve de vivre sous d'autres cieux plus cléments et plus fortunés qui semblent offrir des opportunités de succès et d'épanouissement. C'est ainsi que l'expression d'une réalité dure et amère surgit dans un flot d'images, de paroles et de sensations qui évoque la rude vie de tout exilé :

> *Depuis trente ans*
> *Que je me lève à six heures du matin*
> *Pour avoir bon teint.*
> *Je cours après le train,*
> *Pour arriver à neuf heures,*
> *Nageant dans la sueur,*
> *Dans une belle cage en verre.*
> *J'avale du café et des pilules*
> *Je sors boire un verre*
> *Dans les rues, ça pullule*
> *Et je reprends le train*
> *Qui m'emmène chez moi.* (55)

Il est certain que le poète souffre et il le crie haut et fort :

> *J'ai le cœur plein d'amertume*
> *Et de haine*
> *Contre cette vie de chienne*
> *Qui me mène*
> *Je ne sais où.* (74)

Pour lui, la terre d'accueil ne présente pas un refuge sécurisant, car, déraciné, il est plongé dans un chaos total habité continuellement de vide et de désarroi :

> *Je me regarde chaque matin*
> *Dans ce grand miroir sans tain*
> *Et au fond, je vois*
> *Dans le tréfonds de moi*
> *Un gouffre géant,*
> *Le néant.* (96)

Le poète espère vivre dans un pays où la vie semble plus prometteuse, mais se rend tristement compte qu'il n'est qu'une ombre perdue au sein d'une masse humaine qui court après le temps : « *Je suis un numéro/ Au milieu de ce flot/ De gens qui dansent/ Et qui avancent en cadence* » (74). Il souffre des tourments de tout exilé, notamment la solitude plus pesante à la tombée du jour quand il se trouve face à lui-même : « *Quand vient le soir/ Et que tout est noir/ J'ai alors le cafard* » (79). Ce qui est remarquable chez le poète, c'est sa capacité à créer des ambiances et de nous faire voir et sentir son désarroi et sa peine :

> *La douleur étreint*
> *Mes entrailles*
> *Et je me plains*
> *Jusqu'au matin.*
> *Entre quatre murailles,*
> *J'entends le grillon chanter,*
> *Je sens mon cœur pleurer,*
> *Déverser son amertume.* (79)

Il profère une parole bouleversante, un cri de douleur et de souffrance tentant de transcender le vide de la solitude dans l'écriture, espérant trouver refuge dans les mots et guérir d'un incurable mal d'être :

> *Quand le soir venu*
> *Et que ma peine n'a pas disparu,*
> *J'essaye de faire des vers*
> *En écoutant battre mon cœur.* (80)

Il souligne que ce « *n'est que l'imagination/ Qui dérive vers nulle destination* » (110) parce que désirant calmer cet effroi qui le torture et le perturbe, il laisse saigner son esprit pour extraire du plus profond de son être des vers poétiques qui offrent une parole vive, inventive et audacieuse explorant les mille et une facettes de son réel personnel :

> *Au gré des lignes qui avancent péniblement.*
> *Mon cœur bat doucement*

> *Et la nuit avance rapidement.*
> *Le temps s'enfuit*
> *Lamartine l'a déjà dit.*
> *Je me lève pour regarder la télévision*
> *Toujours ces fichues informations.*
> *Je reviens à ma place*
> *Et toujours les mêmes images qui passent.* (80-81)

En fait, concerné par la prise en charge de sa destinée, le poète finit son cri poétique sur la quête d'une lueur d'espoir qui reste dérisoire parce que le désespoir semble plus fort que tout ce que la nouvelle société s'apprête à lui offrir :

> *J'aimerais encore croire en quelque lumière*
> *Qui ranimerait ma pâle flamme.*
> *Mais plus les jours se lèvent.*
> *Et plus s'enfuient mes rêves.* (105)

Il y a incontestablement un ton, un style, un rythme dans ce recueil. À vrai dire, la recherche de plus d'authenticité avec soi-même et dans ses contacts avec les autres domine l'esprit poétique qui inscrit une mise en chemin personnelle, dans le cadre plus vaste de la communauté humaine. Autour d'une mémoire vivace, le poète traduit une sorte de révolte dans la douleur des mots pour rappeler le parcours que tout exilé est appelé à faire pour se réaliser, dans son entièreté au sein d'une société d'accueil qui tout à la fois, l'intègre et le repousse en même temps. C'est tout cela qui, d'une manière sensible et consciente, s'exprime dans l'espace poétique de ce recueil à travers une voix chaude munie d'une puissance émotionnelle capable d'enflammer toute parole égarée au sillage du temps. Benyekhlef offre des poèmes nostalgiques qui masquent la révolte par l'ironie, la mélancolie par la gaieté et les pleurs sous le rire : doux mélange amer d'un Méditerranéen dénonçant les misères du temps en des cris d'espoir et de désespoir.

# Taoufik EL HADJ-MOUSSA

Taoufik El Hadj-Moussa vient également de l'Algérie où il est né à Constantine en 1948. Sa formation primaire est dans les études classiques puis d'architecture. Il a publié des nouvelles dans des périodiques, crée la revue satirique *Kamikaze*, puis voyage trois ans à travers l'Europe et le Moyen-Orient avant de choisir Montréal où il se livre au travail de graphiste. Privilégiant le conte et la nouvelle, cet écrivain réalise en 1980 un livre qui contient ces deux genres : un conte intitulé *Le passage* suivi de nouvelles portant le titre de *Errances*[1]. Puis, en 1981, il publie *Les collines de l'épouvante*[2], un recueil qui rassemble treize récits fixés dans une société industrialisée moderne.

Il faut d'emblée signaler une particularité du premier écrit d'El Hadj-Moussa que nous examinons dans la présente étude. *Le passage* est un conte qui relate une histoire allégorique et philosophique. Quant à la partie *Errances*, les trois nouvelles qui la composent renvoient à des textes qui traitent du singulier et du fantastique traditionnel.

Tout le récit de *Le passage* se donne à lire dans cette démarche hautement symbolique du conte. Dès la première page, on pénètre le monde de Max Barney, un écrivain qui vit dans une singulière solitude, pris dans la fièvre de l'écriture :

> Barney se redressa sur le tabouret bancal qui lui meurtrissait les fesses et soupira. L'obscurité avait peu à peu envahi les recoins de la cabane, mais il ne s'en était guère rendu compte, se contentant de se pencher un peu plus vers la page sur laquelle il alignait ses phrases. De l'unique fenêtre aux vitres poussiéreuses, il contempla l'horizon rougissant au-dessus des grues du chantier immobile. (9)

---

[1] Taoufik El Hadj-Moussa. *Le passage* (conte) suivi de *Errances* (nouvelles), Sherbrooke, Éds Naaman, 1980, 74 p.
[2] Taoufik El Hadj-Moussa. *Les collines de l'épouvante* (nouvelles), Westmount, Québec, Desclez, Coll. Nuits d'encre n° 2, 1981, 118 p.

Il partage son quotidien avec Guamra dans une cabane, isolée, située en dehors de la ville. Sa compagne est Américaine, fille d'un ambassadeur, qui a voyagé avec son père dans différents pays. Elle le dérange souvent dans sa sérénité et dans sa concentration, ce qui l'irrite constamment et lui fait perdre le fil de sa pensée. Il ne supporte plus ces perturbations fréquentes qui dérangent son inspiration d'écrivain. Pour avoir du calme, il agit violemment contre elle pour arrêter sa suite de plaintes et de complaintes sur son sort répétant inlassablement l'aisance de sa vie passée comparée à son destin raté en cohabitant avec lui. Elle le responsabilise de sa chute ainsi que de son mal d'être de patauger dans la pauvreté, les privations et les frustrations. La violence de ses propos et de son attitude le perturbe profondément. Il désire qu'elle s'habitue une fois pour toutes à ce qu'il lui offre et manifester sa gratitude au lieu de l'écœurer continuellement du manque qui marque sa vie avec lui.

> Au bout d'un moment, un ronflement régulier lui parvint du fond de la cabane. Guamra dormait. Elle dormait tout le temps, à n'importe quelle heure. Couchée, assise et même debout. Une façon comme une autre d'échapper à sa vie. Vie médiocre, il est vrai. Vie qui avait été autrement, lui répétait-elle jusqu'au jour où, exaspéré par sa litanie, il lui avait lancé le tabouret à la tête. (11)

Max rencontre Monsieur Orioly qu'il l'informe que son manuscrit a suscité un intérêt au plus haut niveau, mais que selon la politique de la maison d'édition, tout écrivain doit produire plus qu'un ouvrage. Ainsi, il lui demande de soumettre un second ouvrage. Excité par cette nouvelle, Max accepte la proposition sans mesurer tout de suite les conséquences de cette confiance et décide de prendre la plume. Et s'il veut le faire, ce n'est pas pour s'apitoyer sur lui-même, mais pour montrer sa capacité de pouvoir écrire et de créer. En fait, son désir de vouloir voir son écrit publié le pousse à ne pas laisser passer cette occasion et saisit cette offre, déterminé à se mettre tout de suite à l'écriture. Mais, avant de se lancer dans ce projet, il éprouve le besoin de quitter sa cabane et de se rendre en ville. Lors de cette visite, il désire revoir son lieu de domicile. Mais une voisine l'informe que son épouse Mme Barney s'est mariée et a déménagé durant l'été. Il est stupéfait d'apprendre l'histoire racontée sur sa disparition :

> Juste après son mariage. Je crois qu'elle s'est installée à la capitale. C'est de là que vient son mari. Enfin son second. Parce que le premier, il paraît qu'il s'est jeté dans la rivière. On n'a retrouvé que son chapeau et sa serviette de professeur, car il était professeur de je ne sais quoi à l'université. (17)

À l'intérieur du conte, le cheminement de la narration apporte une information judicieuse et qui en fait pousse le lecteur à se demander si le personnage, professeur d'université, n'avait pas simulé sa propre mort. Sur sa vie, sa propre histoire, rien n'est dit. L'écrivain ne s'étale pas sur cette révélation laissant croire que Max porte certainement un secret pour cacher sa disparition. Toutefois, il insiste sur le fait qu'il est tiraillé entre sa situation réelle et ses ambitions, révélant un personnage habité par l'aventure des mots qui considère la création comme une tentative pour aboutir au succès, voire à la reconnaissance. Pour écrire, il se rend au chantier, animé par une volonté remarquable pour aboutir à la réalisation de ce projet d'écriture. C'est un événement profondément stimulant dans sa vie qui lui ouvre la voie à la création vive et accaparante à telle enseigne qu'il oublie tout autour de lui allant même jusqu'à s'oublier lui-même :

> [...] il s'en allait, son cahier roulé dans une poche de son imperméable, une poignée de tabac dans l'autre. Il prenait la direction du chantier et, dès qu'elle le perdait de vue, faisait un grand détour, dévalait et escaladait les collines de déchets jusqu'à aboutir à sa cachette et se mettait à écrire, lentement au début, mot après mot, phrase après phrase puis telle une machine s'échauffant, l'imagination en extase, il se cramponnait à son stylo et les pages défilaient. Il

perdit alors la notion du temps et de l'endroit où il se trouvait, oubliait l'odeur nauséabonde qui stagnait les jours d'été, où venait à lui par bouffées les jours de vent. (20)

Le lecteur ne tardera pas à apprendre que cet homme a beau être motivé et a de bonnes intentions, tout basculera en un instant. Il est agressé par trois adolescents et il est frappé par une pierre au crâne. Le choc est brutal et l'anéantissement de son être sera suivi d'une réaction excessive. Il déchire son cahier jetant les feuilles dans la boue. Il est totalement perdu, livré à lui-même avec ses blessures. Du coup, il perd tous ses repères et se trouve plongé dans un chaos total. Cependant, c'est une fillette qui l'aide et le ramène à la vie :

> Une douce chaleur pénétrait peu à peu son corps alors qu'il n'osait bouger face à cette longue respiration, ce long lèchement qui lui faisait face à cette caresse sur sa peau mouillée. Lentement, il ôta les mains de devant ses yeux et écarta les paupières de plus en plus, écarquillant les yeux sur le spectacle qui s'offrait à sa surprise. Il croyait rêver devant cette plage de sable blanc qui s'étalait au loin bordant une mer bleue où des reflets de soleil s'accrochaient et jouaient avec les flots. (25)

Avant de basculer dans une autre dimension, l'auteur nous présente le processus de transformation que vit Max à partir de sa rencontre avec cette fillette qui l'emmène dans un monde alternatif de liberté et d'innocence. Il l'accompagne et un personnage nommé 'le siffloteux' à un restaurant chez Croûton. Sur son chemin, il croise d'autres personnes. Il fait également la connaissance d'une dame qui se présente comme une comtesse et sa fille avec qui il s'engage dans une discussion chaleureuse. Ce cadre narratif permet au lecteur d'adhérer à l'histoire dont il ne saisit pas tout de suite l'enjeu. Mais ce processus de communication et d'interaction plein de découvertes intéressantes s'interrompt soudainement dans la trame narrative.

Le récit emprunte une nouvelle voie et se poursuit de façon significativement singulière. Quand Max ouvre les yeux, il se trouve à l'hôpital allongé sur un lit. Il apprend que l'infirmière aux yeux bleus qui s'occupe de lui et le soigne s'appelle Marina. Elle est aussi tchèque, belle, gentille et chaleureuse. Apprenant qu'il aime la lecture, elle lui apporte trois livres.

> Il feuilleta le premier. Un roman policier. Le deuxième était un roman dit d'amour. La couverture du troisième était plus engageante. Elle représentait un vieil homme debout sur un rocher face à la mer, le bras tendu vers un navire qui s'éloignait dans le ciel toutes voiles ouvertes à ras de nuages. (47)

Durant le temps de sa convalescence, il se donne au plaisir de la lecture saisissant la chance d'un contact qui suscite en lui de forts sentiments qui font son bonheur. Jusqu'au jour où il fait une découverte déstabilisante à laquelle il ne s'attendait pas.

> Il tourna les pages, lut quelques lignes. Au fur et à mesure qu'il avançait dans sa lecture, ses yeux s'écarquillaient et sa bouche s'ouvrait. Sans quitter la page des yeux, il se redressait lentement sur son lit. (47)

À son grand étonnement, il constate que le livre qui s'appelle *La malédiction* de l'auteur Daneman Soumat qui a gagné le prix Neptune, ressemble à son manuscrit *Le prophète de Soumatra*. Incroyable, mais vrai, son œuvre a été accaparée par un autre. S'agit-il probablement d'une erreur parce qu'il se rappelle que c'était M. Orioly qui l'avait encouragé à écrire un deuxième roman ? Le manuscrit de son premier roman n'a-t-il pas suscité un grand intérêt confirmant son statut d'écrivain ? On l'avait simplement et facilement spolié son travail d'écriture. Il s'avoue dépassé par ce vol flagrant qui le trouble profondément. Comment expliquer ce détournement de sa réalisation littéraire ? Que lui est-il arrivé au juste ? Ceci dit, il est à la quête de la vérité et décide de se rendre à la maison des éditions des Tropiques pour avoir des explications. Il estime qu'il est de son droit d'avoir la bonne version des faits.

Il est reçu par Monsieur Orioly qui affiche sa joie de le revoir vivant et se presse de le rassurer qu'il s'agit d'une initiative avancée de bonne foi. Au lieu de l'aliéner, sachant que la moindre réaction de sa part pourrait non seulement les exposer, mais aussi détruire leur réputation, M. Orioly cherche à le calmer et lui propose de ne pas réagir. Il lui révèle qu'ils pensaient qu'il était mort, après des recherches qui n'ont rien donné puisque la femme Guamra à la vieille cabane ne pouvait pas les renseigner. Il ne savait où il était pendant le temps de son absence. M. Orioly reconnaît l'erreur lui promettant qu'il va recevoir sa part et qu'il sera reçu par Monsieur Loisel, le directeur. Tout sera corrigé et il reprendra ses droits. Cette réponse tend à atténuer les ennuis qui lui ont été causés et à avancer une sorte de pardon pour leur action. La supercherie saute aux yeux, mais Max n'en prend pas conscience. Au lieu de se sentir abusé et dupé, il éprouve une certaine confiance dans la parole donnée par le responsable éditorial lui promettant qu'il va attendre leur décision sans rien dire ou faire.

Or, un renversement de la situation se produit qui repose sur le fait que du jour au lendemain, tout bascule dans une absurdité totale. Max retourne à l'hôpital pour revoir Marina qui vient de finir son service. Il lui demande son numéro parce qu'il compte la contacter pour passer un temps ensemble en vue de mieux se connaître. Le soir, il l'appelle d'une cabine téléphonique pour l'inviter au restaurant. Elle accepte et ils se donnent un rendez-vous chez elle avant de rejoindre le restaurant. En sortant de la cabine, il est abattu par un homme « en imperméable et chapeau rabattu sur le front » (52). Il tombe par terre et glisse vers le sol.

> Un voile rouge passa devant ses yeux et il n'eut plus la force de bouger ni même de penser. Il se sentait couler à pic dans un trou obscur, sans fond.
> Max n'était plus qu'une masse inerte, affaissée sur le trottoir sale ruisselant d'eau sous la pluie fraîche d'un soir d'automne. (53)

La fin du conte révèle que l'élan de l'écrivain s'achève avec une conclusion qui lui permet de transcender les frontières entre réalité et fiction. Il introduit le thème du changement et de la transformation qui justifie sa démarche poursuivie dès le début du conte où dans sa narration il a cherché à brouiller les pistes pour garder vivace l'intérêt, voire la curiosité du lecteur.

> - Enfin, vous êtes revenu.
> Max ouvrit les yeux et les referma aussitôt, ébloui par le soleil éclatant sur la mer. Il était étendu sur le sale d'une plage et la vague écumeuse venait l'écher ses pieds. Peu à peu, il s'habitua à l'astre et leva les yeux vers la fillette qui se tenait à genoux à son côté, un air de reproche sur le visage.
> - Et mon clown qu'en avez-vous fait ? (53)

Étrange voyage qu'effectue dans ce conte Max Barney, trouvant malgré lui le passage qui mène vers une vérité absurde, la sienne. Même les détails, qui semblent superflus parfois, qui nous égarent dans le coup, finissent par trouver un sens dans ce texte qui avance par petites touches concentriques. L'auteur a trouvé le ton juste pour réaliser un écrit qui partage les caractéristiques des contes folkloriques et traditionnels, mais se distingue par sa visée volontairement philosophique. En effet, *Le passage* est un récit qui intègre souvent des éléments merveilleux ou extraordinaires, dont le but premier est d'enseigner une morale tout en distrayant le lecteur. En insérant des événements ou thèmes contemporains, ce conte philosophique passe de l'historique au merveilleux, pour offrir une histoire inventée dont le but est de susciter la réflexion sur de grandes questions humaines. Sa portée est symbolique. Sous les apparences d'une histoire simple, il nous livre un message profond dans un récit troublant qui présente le drame de cet écrivain face à l'ampleur de la malhonnêteté et du vol aussi bien intellectuel que littéraire.

Écrit de l'intérieur à partir du lieu de la terre d'accueil avec un rappel constant des images et des réalités du pays d'origine, *Errances* s'inscrit dans une démarche de médiation de la transmission de l'histoire et, par conséquent, des cultures variées et plurielles. L'écrivain y met en scène trois nouvelles : *Mon ami Tahar, l'obsédé, l'asile de nuit.* La vitalité s'affirme justement dans l'imprégnation d'intrigues très variées par les éléments constitutifs de chaque histoire, mais qui tendent toutes les trois à redonner un sens particulier à la dimension de l'errance, qui peut contenir dans des diverses expressions, l'élément essentiel de voyage, de changement, de découverte ou encore d'aventure.

Il convient de préciser que dès que le pied apprend le pas, l'écrivain commence à créer ses propres errances. Errances de l'amitié, errances des obsessions, errances des rencontres. En trois nouvelles, l'auteur essaye de les fixer pour cesser de les poursuivre, apportant une nouvelle dimension à son expérience de l'exil. À cet égard, Jean Sgard souligne que

> [L'expérience de l'exil] entretient un va-et-vient entre l'ici et l'ailleurs, entre le passé et le futur, entre la nostalgie et l'espérance, entre l'exclusion et l'inclusion... De là vient son malheur, mais aussi sa richesse ; de là aussi son rôle dans la création littéraire[3].

La première nouvelle s'ouvre par la voix d'un narrateur qui relate la complexité psychologique, sociale et humaine de son ami, nommé Tahar. Celui-ci ne veut pas se sacrifier pour sa famille en exerçant un métier éreintant. Il ambitionne une condition qui lui convient mieux que celle que vivent ses parents. Le besoin de se détacher de ses origines et le désir d'être quelqu'un d'autre est manifeste. Le narrateur rapporte que son ami éprouve un malaise identitaire. Il a honte d'appartenir à une classe sociale inférieure.

> Il m'avait assuré que son frère était ingénieur des Ponts et Chaussées. Je sus plus tard qu'il n'était que chef de

---

[3] Jean Sgard. « Conclusions », Jacques Mounier (eds). *Exil et littérature*, Grenoble, Ellug, 1986, p. 293.

chantier et, comme il n'y avait pas de chantier en cours, qu'il faisait le cantonnier. (57)

Rattaché à son milieu familial qu'il supporte difficilement, tellement animé du désir de s'élever socialement, Tahar aspire à une autre vie plus valorisante que celle de son père.

> Leur père tenait une épicerie dans les rues tortueuses et pavées de la vieille ville, à quelques coins de rue des bordels. Tahar n'aimait pas en parler. Sans doute considérait-il que, lorsqu'on voulait devenir médecin riche et respecté, on n'avouait pas facilement que l'on avait un père inculte et épicier qui gagnait obscurément sa vie au fond d'une boutique parmi les boîtes de conserve et les sacs ventrus en jute plein à ras bords de cacahouètes et de café vert. (57-58)

Afin de se retrouver avec son véritable moi, Tahar est obligé de se détacher de sa famille. C'est seulement dans la détermination d'une nouvelle identité qu'il pense être capable de se saisir. Il revendique ainsi un statut personnel qui répond à ses ambitions. Habité par une grande lassitude, il sort errer dans les lieux publics en vue, fait la cour aux femmes qu'il croise sur son chemin. Il se promène un pied dans la vie, l'autre dans l'artifice, à la limite du possible et du tolérable. Son errance n'est pas pour lui une notion abstraite, mais une réalité.

> Il suit une fille voilée et celle-ci finit par ouvrir sa bouche pour lui jeter en pleine face qu'elle n'était pas le genre de fille qu'il croyait, qu'il n'était qu'un sale animal lubrique, sans éducation, sans respect pour la création de Dieu, mais que, néanmoins, elle consentait à discuter avec lui dans un coin tranquille. À discuter sans plus. (63)

Il a dû recevoir de telles réactions de rejet plusieurs fois. Mais ce qui le surprend, c'est exactement le changement inattendu dans le comportement de la jeune fille. Il aurait souhaité vivre une rencontre envoûtante et ne s'imagine pas la rapidité avec laquelle ses vœux seront exaucés.

> Tahar n'attendait que ça, mais ne voyait, de par toute la ville, pas un lit de libre, vu qu'il habitait encore chez ses parents. Il finit par la convaincre d'aller tout d'abord se promener du côté du Monument aux morts d'où il y avait une belle vue sur la ville, le Rhumel et la campagne environnante. (63)

La jeune fille se transforme alors en une personne consciente de ses désirs prête à assumer ses gestes et ses actions. Quant à lui, il tire habilement parti du consentement de cette femme qui brave les interdits pour atteindre son but. Elle devient actrice dans la sphère du plaisir et inverse ainsi les rapports de force. C'est elle qui lui cède quand elle décide de le faire, selon sa volonté et ses désirs, pour accomplir l'acte, accepte et jouit de cette rencontre inattendue.

> Et ces pensées se déroulaient devant les yeux de Tahar tandis qu'il relevait voile et jupe à la fille et la faisait jouir debout, adossée à la plaque en bronze où s'inscrivaient en relief les noms de ceux qui ont crevé, la bouche bourrée de terre humide et les yeux exorbités d'horreur. (64)

Tahar qui aspire à une sexualité intense et libre est réduit à la passivité et à la sensation passagère. Il perçoit son expérience érotique comme une offrande féminine qui se manifeste dans son désir. Il prend ce qu'on lui donne et ce qu'on lui offre. C'est que l'initiative sexuelle paraît être le fait de la femme plutôt que la sienne. Quand l'acte s'achève, elle le laisse dans un véritable désarroi. Elle est loin de correspondre à l'image qu'elle a projetée de la femme, pure, voilée et chaste. En dépit des apparentes, la réaction de la fille voilée brouille les limites et bouscule les conventions établies dans les rapports entre les deux sexes. La nouvelle suggère que les apparences peuvent être trompeuses.

*L'obsédé*, la deuxième nouvelle, livre une écriture qui se charge d'apporter le récit de Habib, un Libanais, pris dans son propre piège d'une sexualité angoissée. C'est un solitaire qui se consume avant tout lui-même luttant contre les désirs irrépressibles de la chair. La description de la fille qui l'accompagne dans la chambre d'hôtel montre clairement son attirance envers les jeunettes qui réveillent en lui l'étincelle de la séduction malgré le grand écart de l'âge :

> Une adolescente au visage lisse et rond apparut. Une blouse blanche d'écolière lui arrivait à mi-cuisse et l'enveloppait jusqu'au ras du cou. Les manches repliées découvraient des bras frêles jusqu'au-dessus du coude. (67)

Le contact avec cette jeune écolière réifie de fortes sensations en lui. Son imaginaire est hanté par de profonds fantasmes. Au lieu d'avoir un rapport intime, c'est la manifestation d'un désir refoulé qui détermine sa relation avec elle. Il réprime sa pulsion pour ne pas céder à la tentation sexuelle. Il s'éloigne d'elle dans un geste lucide, comme s'il y a en lui une sorte de tendance vers quelque chose de différent que de satisfaire son appétit.

> La main relâcha son étreinte et caressa la chevelure blonde, puis Habib recula d'un pas, et, sans quitter la fille des yeux, alla s'asseoir sur la chaise, le corps droit, un coude posé sur la table et l'autre soutenu par le montant du dossier. (69)

Habib lui demande de lui donner le dos et de regarder ce qui se passe dans la rue en se penchant par la fenêtre. Ce désir de la voir dans cette position, qui donne lieu à des émotions troublantes, est un signe d'une entrave dans son comportement. En effet, il conçoit dans cette interaction passive un impulsif besoin d'échapper à ses obsessions, une envie soudaine de laisser triompher ses instincts qui continuent à l'habiter au plus profond de son être et de le ronger n'attendant que l'occasion propice pour se manifester. Il choisit de rester passif pris dans le vertige du voyeurisme.

> Elle posa son ventre entre ses mains agrippées au bois et se souleva sur la pointe des pieds joints, basculant son torse vers l'avant. Le tablier ainsi remonté découvrait au regard le slip au coton rose serré sur les fesses rondes et fermes. L'entre-deux était moulé sur une forme ovale qui se devinait molle. De là partait un écartement gracieux entre les cuisses qui se rejoignaient au-dessus des genoux. Les élastiques du slip marquaient un enfoncement délicat dans la chair tendre. Elle le regarda par-dessus son épaule et soupira, indécise. (70)

Il se dégage de cette scène une expression saturée d'orgasme parce qu'il ne bouge pas de sa place. Il reste obstinément fixé sur elle admirant la grâce et la volupté de son corps. Ses yeux embrassent la silhouette qui se tient devant lui dans une gracieuse posture. Troublé, il se contente d'observer la beauté juvénile n'adressant aucune parole et ne réagissant pas, trouvant une satisfaction ambiguë des plaisirs des sens.

> Il avait des yeux fixes dans lesquels se lisait un remous où il se noyait, la bouche étouffée de scories et d'algue, sans pouvoir émettre un cri. Une cloche en verre l'isolait de la terre ferme. (70)

Dérangé dans son absorption par quelque chose qui le trouble, Habib détourne soudainement le regard. Il bannit son attraction physique à l'écolière qui réveille la partie animale en lui qui est celle de la chair et s'enfuit dehors pour calmer ses obsessions et ses démons intérieurs.

> Il claqua la porte derrière elle et alla s'accouder à la fenêtre. Il passa une main tremblante sur son front en sueur et se mit à sangloter. Comme un enfant seul dans son lit, un soir d'orage. (70)

Dans cette nouvelle, le sexe apparaît à travers une présence continue de l'obsession un véritable tourment psychique. En l'occurrence, le fait de ne pas dépasser les limites du regard et de s'enfuir dehors est une preuve de son profond malaise. Il est certain que son désir de regarder les jeunes écolières a des sources profondes qui remontent loin à son temps de l'enfance. Comme s'il n'avait pas grandi manifestant le besoin de se réfugier au sein de la réalité démesurée de ses tourments. Toutefois, sa fuite vers l'extérieur pour trouver son apaisement dans cette fuite vers l'extérieur. Il apparaît significatif que pour calmer son obsession, Habib se complaît dans la passivité et le refoulement de ses désirs.

*L'asile de nuit*, la troisième nouvelle, commence par une vision noble humanitaire sous sous le signe de l'entraide envers les pauvres des démunis. À l'origine de cette errance, un homme sans aucune ressource, abandonné à lui-même sans abri à la recherche d'un endroit pour passer la nuit. C'est un drame humain qui existe partout, un phénomène inquiétant qui ne cesse de se développer révélant la croissance du malaise sociétal. Nul n'ignore que les méfaits de cette amère réalité accroissent les sentiments d'insécurité, de souffrance, de fragilité de ces sans-travail, sans-domicile, sans-droits et sans-papiers qui vivent dans la précarité totale. Ainsi, si le problème des sans-abris se présente comme l'une des pires crises humanitaires à laquelle sont confrontées toutes les sociétés, l'auteur rapporte l'existence d'un endroit dans la ville qui se charge d'offrir aux itinérants un accueil convivial, de la chaleur et un hébergement. Et chanceux sont ceux qui y sont admis parce que la demande dépasse les possibilités de la domiciliation nocturne. Une fois à l'intérieur, le personnage de cette nouvelle, sans nom et sans identité, constate que nombreux sont comme lui des exclus à la recherche d'une place dans ce foyer d'accueil, de façon temporaire.

> Il se retrouva dans une large salle au profond haut ou une foule hétéroclite était assise le long des murs, à même le sol, ou sur quelques bancs. Les uns discutaient bruyamment, d'autres étaient silencieux, le regard vide. (73)

Il fait la queue devant un guichet et il reçoit une carte rouge sur laquelle était imprimée en caractères épais le mot Soupe. Mais avant de se rendre dans la salle à manger, il doit comme les autres, passer par les douches :

> L'employé lui dit de se déshabiller afin de voir s'il n'avait pas de petites bêtes. Il fit ce qu'on lui ordonnait. Ses vêtements furent examinés sous toutes les coutures. Bon, ça va. Entrez sous la douche, fit l'employé en lui tendant un morceau de savon et une serviette. L'eau était froide. L'homme s'empressa de se savonner puis de s'essuyer. Il se rhabilla puis, toujours suivant les autres, il atteignit un réfectoire au premier étage. De longues tables et des bancs occupaient toute la surface de l'immense salle. (73)

Avec le ticket rouge qu'il reçoit, « il a le droit à une tranche de pain, une barre de chocolat et un bol en plastique rempli d'une épaisse soupe de pomme de terre » (73). L'attention et les soins accordés à ces démunis qui sont pris en charge par cet organisme sont touchants. Ils introduisent même dans l'espace de l'écriture la nécessité de la solidarité humaine qui peut affecter positivement la vie de ceux dans le besoin par le biais de petites actions qui font toute la différence.

La fin de la nouvelle surprend en indiquant que ce lieu ordinaire, ou encore extraordinaire, se transforme soudainement en une atmosphère pesante et terrifiante. Il y a une vérité amère qui se cache derrière cette générosité et cette assistance offertes au plus démunis.

> Une sirène gémit, le silence se fit dans la salle, puis, mécaniquement, tous se levèrent avec des raclements de bancs et allèrent se mettre en ligne contre le mur. L'homme les suivit. La porte du fond du réfectoire s'ouvrit et un vieil homme en blouse blanche entra, suivi par six autres vêtus de la même façon, mais beaucoup plus jeunes. Trois d'entre eux avaient un stéthoscope pendu au cou. Ils se défilèrent à petits pas le long des rangs et, chaque

> fois que le chef de file désignait quelqu'un, celui-ci était tiré de sa place et enfermé au centre du groupe. Ils arrivèrent à la hauteur de l'homme qui garda les yeux baissés. Le groupe ralentit puis le doigt du vieil homme à lunettes se tendit et désigna son voisin. L'homme poussa un long soupir de soulagement. Il avait échappé encore une fois à la dissection que chacun risquait quand il s'adressait aux asiles de nuit gérés par des hôpitaux spécialisés dans les greffes d'organes. (74)

Certes, le dénouement final n'est pas positif. Cette révélation est un dévoilement que l'euphorie entourant la réception et l'accueil semble artificielle, puisque c'est pour une autre raison que ce bon traitement est réservé aux exclus qui savent eux ce qui les attend en entrant dans ce lieu. Alors la nouvelle qui paraît tendre, lumineuse, humaine devient sombre, cynique et terrifiante. En fait, c'est dans l'acte d'écriture d'une dure réalité de la vie qui relève d'une originalité, laquelle participe à une prise de position de dénonciation sur l'exploitation humaine que l'effet narratif provoque chez le lecteur un espace de réflexion. Le style alerte de l'écrivain permet de découvrir cette tragédie qui se cache dans un monde livré à un processus d'absurdité infinie, étant constitué d'êtres qui saisissent à leur avantage la fragilité humaine en l'exploitant sans remords et sans scrupules.

L'écrivain exprime la particularité de son style de ces trois nouvelles par les métamorphoses des situations et des images qui projettent des descriptions aussi dans les intimes détails que dans les grandes lignes de la narration. Racontées à la troisième du singulier par un narrateur extradiégétique selon le procédé traditionnel, ces trois nouvelles opèrent la fusion complète du merveilleux et du réel. Si comme le dit Roland Barthes, « le texte a besoin de son ombre »[4], le lecteur de ce livre semble en effet rechercher la sienne dans l'intéressante découverte de sa propre lecture.

Par une écriture vive allant à l'essentiel, chaque image, chaque mot, chaque phrase ont été soigneusement choisis, El

---

[4] Roland Barthes. *Le plaisir du texte*, Paris, Éditions du Seuil, 1973, p. 46.

Hadj Moussa appelle à un dépassement de ce perpétuel combat avec l'autre, avec l'adversité, avec l'environnement et même avec soi. Dans l'acte créatif, le passage rejoint les multiples facettes de l'errance pour avancer une motrice permettant à tout être une seconde naissance, peu importe son point d'origine et son point d'arrivée.

Le moins qu'on puisse dire, c'est que la lecture de ce livre nous permet de découvrir un écrivain singulier. Faut-il seulement s'étonner qu'il n'a pas écrit d'autres livres, tant son écriture est savoureuse réussit d'introduire des éléments de la réalité immédiate de la vie des autres, tout en leur conférant une signification universelle.

# Nadia GHALEM

Nadia Ghalem[1] est née à Oran, en Algérie, mais elle a voyagé dans de nombreux pays d'Afrique et d'Europe avant de s'établir à Montréal, au Québec, en 1965. Lilyane Rachédi relate son arrivée dans la province francophone du Canada :

> Le 31 décembre 1965, en plein hiver, Nadia Ghalem, âgée de 24 ans, atterrit dans un Montréal complètement enneigé. Le paysage lui paraît étrangement blanc, elle parle « d'alunir » à Montréal. Elle est accueillie par des amis québécois rencontrés au Niger. Ces Québécois sont comme des parents pour elle et elle reste profondément reconnaissante de leur aide. L'arrivée à Montréal est comparée à une chance pour elle de « repartir à zéro ». Montréal est comme sa « ville de naissance ». Elle adore « vagabonder dans les rues de cette ville entre le fleuve et la montagne ». Elle a vu Montréal passer quasiment « du statut de ville à métropole avec le

---

[1] Comme auteure, Nadia Ghalem a exploré de nombreux genres de création : romans, nouvelles, scénarios pour la télévision, littérature jeunesse, théâtre, poèmes et essais. Elle a également participé à de nombreuses publications nationales et internationales. Elle a été conférencière invitée en Louisiane, Tunisie, Belgique et dans plusieurs universités et institutions francophones. Elle a aussi donné des récitals de poésie dans les Maisons de la culture et au Festival international de poésie à Trois-Rivières. Elle anime des ateliers littéraires dans les écoles et bibliothèques du Québec. Son œuvre est variée et occupe une place considérable dans l'espace de l'écriture migrante au Québec.
Elle a déjà publié : *Exil*, **(poésie), Montréal, N. Ghalem, 1980, 33 p.** ; *Les Jardins de cristal*, Québec, Hurtubise, 1981 (finaliste pour le Prix des écrivains francophones), 139 p. ; *L'oiseau de fer*, Sherbrooke, Naaman, 1980, 104 p. *La Villa désir*, Montréal, Guérin Littérature, 1988, 104 p. ; *La Nuit bleue*, Montréal, VLB éditeur, 1991, 136 p. ; *La Rose des sables*, Montréal, Hurtubise, 1993, 32 p. ; *Le Huron et le huard*, Montréal, Éditions du TRÉCARRÉ, 1995, 80 p. ; *Le trésor de Tipaza*, Paris, L'Harmattan, 2006, 72 p. ; *Un jardin dans la guerre*, Paris, L'Harmattan, 2009, 53 p. ; *L'amour au temps des mimosas*, Montréal, Mémoire d'encrier, 2010, 119 p. ; *Mamadou et le fantôme de Drummondville*, Paris, L'Harmattan, 2012, 52 p. et *Les Chevaux Sauvages*, (poésie bilingue français-anglais), Paris, L'Harmattan, 2014, 82 p.

développement des infrastructures, au milieu des affaires et le déploiement des universités ». Dans un contexte de révolution tranquille, Nadia Ghalem est époustouflée par ce « peuple pacifique », qui vit de profondes mutations, et ce sans aucune « guerre civile »[2].

Journaliste, animatrice et scénariste de courts métrages, Nadia Ghalem a écrit plusieurs recueils de nouvelles pour les adultes et des dramatiques pour la radio. Sa première publication poétique date de 1980 avec son recueil *Exil*. Mais, c'est l'année suivante qu'elle fait son entrée dans le domaine littéraire avec l'apparition de son roman *Les Jardins du cristal* et un recueil de nouvelles *L'oiseau de fer* qui vont lui permettre d'être reconnue par le public québécois. Durant les années quatre-vingt, elle réalise *La villa Désir*, roman qu'elle affectionne plus particulièrement et qu'elle a écrit à la suite d'un voyage à Rome. Cependant, son œuvre majeure reste désormais *Les Jardins du cristal*. Rachédi souligne à cet égard :

> C'est particulièrement *Les Jardins du cristal* qui l'ont fait entrer dans « le cénacle des écrivains québécois ». Ce roman raconte l'histoire d'une femme atteinte de schizophrénie et qui se débat avec cette maladie. Certains critiques y ont vu un véritable « travail de catharsis » pour Nadia Ghalem. Elle reconnaît que ce récit devait raconter « des résidus de guerre, ce qui est sûr comme [elle] a passé toute [sa] jeunesse dans un environnement de guerre et de violence ». Aujourd'hui, l'auteur se surprend « à la noirceur de ce roman » et ne veut « plus en parler ». De plus, elle sait profondément que quoi qu'il lui arrive dans la vie, elle « retombe toujours sur [ses] pattes, comme un chat »[3].

---

[2] Rachédi. *L'écriture comme espace d'insertion et de citoyenneté pour les immigrants*, p. 45.
[3] *Ibid.*, p. 47.

En effet, ce premier roman de Ghalem relate « l'histoire d'une lutte pour la vie, une lutte contre la mort et la folie »[4]. Il s'agit du récit pathétique de Chafia, une jeune femme recrue de détresse qui cherche son chemin à travers les écueils à la fois fascinants et effrayants de la folie. Cette lutte démesurée qu'elle livre est relatée dans une longue lettre destinée à sa mère avec qui elle tente de rétablir le dialogue par-delà les distances et le temps.

> Je t'en ai longtemps voulu de ne pas me venir en aide [précise-t-elle], de me tenir rigueur de ce que je ne partageais pas tes idées. Je ne t'ai vraiment comprise que du jour où je suis devenue une femme comme tu l'avais été, placée devant la nécessité d'inventer pour ses enfants des gestes doux et enveloppants avec des mains abîmés par le quotidien. C'est peut-être à ce moment-là que j'ai commencé à vouloir me réconcilier avec moi-même. Et avec toi. Je me souviens que j'ai été effrayée de te retrouver en moi, car d'aussi loin que je puise dans mes souvenirs une des images que j'avais de toi était celle d'une femme terrible que l'amour maternel rendait autoritaire, une mère qui ne s'imaginait pas que l'on pût exister en dehors d'elle. (7)

À travers les mots et entre les lignes de cette recherche de conciliation avec la mère se manifestent les soubresauts de la conscience qui prennent, de manière récurrente, une forme de récit de vie et de témoignages. Au fur et à mesure qu'elle écrit, la narratrice se remémore, en profondeur et de façon éclairée, la douleur d'une vie saccagée dès l'enfance, la descente aux enfers de la folie, la force nécessaire pour gravir les échelons de la guérison, la détermination difficile de la survie ou plutôt de la victoire sur la dérive et la déchéance d'une âme écorchée.

Ainsi, revendiquant le droit à la vie, elle prend la parole, utilise l'écriture pour raconter son passé, son autre vie, celle

---

[4] Esma Lamia Azzouz. *Écritures féminines algériennes de langue française (1980-1997). Mémoire, voix, resurgies, narrations spécifiques*, Thèse de doctorat, Université de Nice-Sophia Antipolis, Faculté des Lettres, Arts et Sciences humaines, septembre 1998, p. 27. Consulté le 15 septembre 2016 : htpp://écrivains maghrébins.blogspot.com/

d'avant la lumière. L'incursion dans la boîte à souvenirs livre un poignant témoignage en mots de son traumatisme béant et incommensurable causé par les horreurs de la guerre[5] qui a rongé son pays natal :

> Et d'abord, mon pays. Quand je pense à lui, je le revois coincé entre la terre rouge et ocre de la vieille Afrique et le ciel si profondément bleu, avec ses nuages si sûrement blancs que l'âme y respire les vapeurs grisantes de ce doux mensonge qui dissimulait la triste mouvance des hommes pris dans l'inévitable et sanglante toile de la guerre. La guerre, cette araignée gluante qui traque la moindre trace de joie et en suce la substance dans le cœur des hommes au point qu'ils conservent le regard immensément triste d'une enfance nostalgique. (18)

Mêlant souvenirs du passé et réalités du présent - sa pensée toujours soucieuse de comprendre le malaise de son être, cherchant même souvent à l'estropier - devint du coup particulièrement révélatrice de la complexité de l'éloignement du pays natal et de la nécessité de revendication de ses racines. En fait, le regard qu'elle pose sur son peuple traduit ce besoin d'attachement à son lieu d'origine et d'appartenance à une communauté bien spécifique :

> Peuple de colère et de joie. Peuple des mélopées enivrantes de la musique orientale qui porte sur ses ailes les paroles indéfiniment répétées des douceurs poivrées d'une poésie qui n'en finit pas de se saouler. Peuple d'hommes durs et musclés, de femme « maternantes » et de ces vieilles qui berçaient nos enfances angoissées sur leurs seins ridés, en murmurant des mots aux résonances rauques et tendres. (18)

---

[5] Les atrocités et les horreurs de la guerre demeurent ancrées dans sa mémoire : « Je me souviens des nuits d'insomnie et des soldats qui fracassaient les portes à coups de crosse de fusil, de ce contact de métal froid dans le dos, pendant que nous marchons dans l'obscurité » (39).

Il convient de noter que dans ce récit pathétique, l'univers enfantin est un pôle important qui permet à la narratrice de plonger dans les abîmes du temps. En jetant un regard lucide sur son enfance, Chafia cherche à retracer ses émotions, ses déceptions et ses souffrances premières dans les méandres de la mémoire. L'évocation de ce fragment de son passé relève de cette profondeur psychologique qui se veut avant tout un dépassement des limites du temps dans une mise à nu troublante de son âme. Par le refus de voir ce temps de l'enfance saccagé et perdu dans des peines inconsolables, des souffrances inoubliables et des douleurs ineffaçables, elle manifeste son désir d'épargner aux enfants du monde la cruauté de la vie et de les éloigner des horreurs de la barbarie humaine. Elle exhorte chaque femme d'agir et de réagir pour empêcher la multiplication des drames et l'accroissement des désespoirs. Ce n'est que par une action commune sincère et généreuse que les femmes arrivent à redonner vie à ces êtres dont l'existence a été reniée et qui, pour la plupart, sont confrontés à la désillusion, au désenchantement et à la solitude :

> Nous nous approchons du jour où nous pourrons exiger que soient respectés les droits des enfants qui, puisqu'ils ne font pas la guerre, ne devraient pas avoir à la subir. Faire respecter sérieusement les droits des enfants, ce serait changer la face du monde. Tout cela est utopique, je sais, mais comment autrement nous justifier de les avoir mis au monde ? Nous sommes bien obligées, nous les femmes, de travailler à ce que ce monde-là devienne meilleur, si nous voulons être conséquentes avec nous-mêmes, si nous voulons que nos accouchements et notre travail aient un sens. (79)

Le récit de Chafia constitue également une confession qui raconte, tout en détours, l'histoire d'une maladie, d'une terreur considérable, d'un accord avec soi-même fondateur et subversif. En effet, aux prises avec son état de folie, la narratrice n'a plus que le délire absolu dans ce jardin de cristal pour fuir la douleur et l'impuissance. Découvrant que les plaies anciennes ne se guérissent jamais, elle s'élance dans une révolte pour dire ses émotions et faire revivre des réalités qui ont pris naissance dans son enfance. Cependant, il est difficile pour elle de se tenir à telles hauteurs puisqu'elle se trouve prisonnière d'une société où l'on considère toute révolte du sexe féminin comme un acte de pure folie et que les femmes traitées de folles sont condamnées au silence et à la honte. C'est ainsi que refusant énergiquement la marginalisation, elle prend possession d'elle-même cherchant à faire entendre sa voix et exigeant le respect de son droit à l'existence, à la dignité et à la compassion. Il saisit la problématique de la maladie, la tournant à son avantage pour tenter de franchir le mur du silence.

> J'ai une dignité à sauvegarder [avance-t-elle]. Il faut que je m'enferme solidement dans cette attitude rigide et tranquille qui m'aide à tenir mes pensées bien cachées. Si jamais cela s'exprimait, on dirait que c'est de la folie. Seule, je ne pourrais jamais tout assumer tandis que la folie, sans être une excuse, peut devenir mon alliée. Elle est ma protection contre moi-même et les autres. C'est un passeport aussi, très spécial. Quand les gens savent cela, je peux enfin être un peu plus naturelle et c'est vraiment là que se produit un phénomène que je ne comprends pas. Au lieu de dire et faire des bêtises, je deviens drôle et gentille comme lorsque j'étais petite, c'est-à-dire tout à fait moi-même. Il faut donc que je sois folle aux yeux des autres pour pouvoir enfin devenir tout à fait moi-même, et cette étrange libération agit comme une guérison temporaire. (106)

En relatant les ravages de son corps, des délires de son esprit, de sa lutte, de son désespoir, de ses solitudes aux portes du monde, cette tension entre la folie et la raison devient un refuge possible face à l'agonie du présent. Alors, le psyché qui soutient la trame narrative du récit ne représente plus un lieu mis en accusation faisant fusionner d'une manière vertigineuse l'abstrait et le concret, l'absence et la présence, mais un espace réel capable d'être à la fois intériorisé et extériorisé, réinventant le moindre signe de vie qui pourrait aider la narratrice à remonter à la surface. De sorte que la folie en tant que telle se constitue de manière instantanée miroir du sujet de l'écriture et point d'écho pour communiquer sa propre expérience. N'affirme-t-elle pas sans ambiguïté le sens de subjectivité qu'elle accorde à sa maladie en déclarant :

> J'adore cette folie si ténue qui m'enchaîne aux autres, les proches et les lointains, les vivants et les morts. J'ai à la fois l'impudence et l'humilité de dessiner mes mots comme des signes tracés dans l'espace des grandes solitudes, dans l'espoir que quelqu'un captera le message. (138)

Tout cela autorise à dire que dans le parcours dramatique de Chafia allant de son enfance jusqu'à son âge adulte, la notion de la métamorphose tisse le récit et se glisse à l'intérieur de ses expériences douloureuses à l'hôpital au sein d'un espace clos dans lequel elle lutte pour ne pas s'identifier aux autres malades ou s'avouer perdue et anéantie. En fait, au cœur de cette existence vouée à la métamorphose, elle exprime le passage d'une introjection à une vision externe qui anime ses dires et où se succèdent les cris de désespoir, les questions existentielles, les drames de la vie quotidienne, le désir de changement, car le thème du mouvement est lui aussi très présent dans son récit émouvant.

> Pauvre mère... J'ai couru le monde, j'aurais voulu te dire comment on nous voit, comment ILS nous voient, les étrangers, ceux qui ne savent rien de nous. Ils savent que nous parlons leur langue, ils ne voient pas que nos pensées sont abîmées, tronquées, lourdes de mots inutiles. Et seules. Nous sommes seules. (20)

Il n'échappera à personne que le récit de Chafia est un cri de douleur, de lutte et de libération. Dans ce labyrinthe de sa propre expérience et de celui de son malaise, l'horreur et la déchéance se percutent au fil des mots. Et malgré l'obscurité, l'espoir est là du fait de l'existence même de cette prise de parole et la métamorphose de l'être avec sa forte charge émotionnelle, dans l'enchevêtrement de la pensée et des sensations. Mais le plus remarquable du parcours de cette femme qui n'a pas peur d'aller au fond des choses, c'est son retour à la vie après le tumulte de la folie. De cette aventure, elle sort vivante loin des couloirs de l'hôpital qui lui renvoyaient « l'écho de [sa] défaite continuellement répétée » (39), loin de la pression médicale et de l'incompréhension des docteurs aussi. La revendication de son espace de dérision et dénonciation afin de briser le poids des chaînes et des frustrations qui ont dérouté son existence a conduit non seulement à une reconnaissance et à une affirmation de son être, à un dégagement de cette chimie qui lui faisait une guerre intérieure, mais elle l'a également aidé à désamorcer cette bombe qui a failli éclater en elle.

> Au bout de toutes ces années de labeur et de dépression [affirme-t-elle], je me récupère, toute surprise d'être encore valable. Je n'ai plus honte de mon narcissisme, j'ai fait ce qu'il fallait pour avoir enfin le droit de dire moi sans penser à mes parents, mon milieu, ou à tous ces liens qui me sécurisaient parfois et d'autres fois m'entravaient. Je suis sortie de la domesticité. Me voilà libre. Peureuse, mais libre. (103)

Pour se sentir exister réellement et échapper à ce terrible piège qui risque de se fermer sur elle, Chafia apprivoise la déchirure et l'éloignement. Son récit pathétique est générateur de libération qui lui permet de passer d'une vie silencieuse, marginalisée à l'affranchissement, voire à l'affirmation de son moi. L'exploration de son identité féminine qui se veut lucide et profonde révèle la portée de sa souffrance singulière à savoir son incapacité de se détacher de ce lien exceptionnel qui la rattache à sa mère et à sa « féminité-victime » (21). De plus, ce constat affectif la ramène à déterminer son vrai problème qui dure jusqu'au seuil de l'âge adulte. Celui-ci est posé de façon explicite puisqu'elle refuse de continuer dans cette vie qui ressemble au destin de sa mère, une vie de femme sans rime ni raison qu'elle rejette catégoriquement. Sachant que son bonheur n'existe qu'au prix d'une révolte[6], elle affiche une volonté de distanciation par rapport à cette notion d'« éternel féminin » qui perpétue l'oppression de la femme. Dans cette perspective, il n'est pas étonnant de constater que la narratrice aboutit à une nouvelle conscience qui opère un changement, voire une transformation dans sa condition féminine.

> Je me repose, c'est-à-dire que je ne bouge plus. Mais je pense à toi, ma mère, et j'essaie de comprendre pourquoi tu ne t'es jamais révoltée. Tu vois, moi, je l'ai fait, j'ai sauté la clôture, j'ai couru pieds nus sur l'asphalte et j'ai frappé aux portes, à des portes qui restaient fermées. Puis on m'a ouvert, on avait peur, la mort rôdait autour de nous. Une femme ne se révolte pas. (59)

Cette révolte contre l'ordre autoritaire masculin et l'effacement de la gent féminine se concrétise de manière évidente dans le Nouveau Monde. Au demeurant, la référence au Québec est brève, mais revêt une signification particulière dans le déroulement narratif du récit. Pour Chafia, son expérience du déracinement est vécue non pas comme un deuil, mais comme une régénération et son exil devient alors un sauvetage personnel au sens même de l'humain. Si bien que son installation au Québec sert surtout à illustrer l'idéal de liberté qu'elle poursuit au-delà les frontières et les différences des cultures. Son accomplissement ultime renaît au gré des saisons et s'impose, impérieux, s'émerveillant sur la particularité de la nature et les changements manifestes du temps dans ce pays :

> Il y a des moments dans l'existence où il faut se laisser porter par des océans de glace et garder le souvenir d'une rive enchantée. Il me faudra traverser mon hiver sans céder à la tentation de croire qu'il est la mort et attendre que revienne le printemps et aussi les étés illuminés par les feux de la Saint-Jean. (97)

---

[6] Voir Julia Kristeva. *Sens et non sens de la révolte. 2/ Pouvoirs et limites de la psychanalyse*, Paris, Fayard, 1996, 550 p.

Plus parlante et plus expressive, la mention à Montréal dans l'économie du récit est étroitement liée à l'état d'âme de la narratrice et véhicule une sensation de désolation, de déréliction et de silence en invoquant le manque de tendresse et d'affection, à la douleur de l'absence et à l'angoisse de l'attente de l'être aimé et tant désiré : « Montréal s'est vidée d'un grand rêve, elle est redevenue une ville comme toutes les villes sans cet homme qui attend quelque part et qui, pour moi, ressemble à une nuit de Noël » (113-114).

Ainsi, se présentant à visage découvert et cherchant des significations, une cohérence dans laquelle elle pourrait se reconnaître, Chafia tente pour assurer son intégration dans son pays d'accueil de faire fi de sa terre natale. Mais à défaut de son corps, son esprit et son cœur sont restés là-bas dans le pays de son enfance. C'est ce qui ressort du passage suivant dans lequel la narratrice avoue que les couleurs, les odeurs, les éclats de lumières et de paysages de son Algérie ambivalente, source de bonheur, mais aussi de douleur, demeurent inoubliables :

> La guerre est finie, la vie est recommencée depuis longtemps, mais je ne m'en étais pas rendu compte. Je me suis exilée moi-même dans cette Amérique de béton et d'acier avec la nostalgie toujours présente des harmonies ocre et bleues de l'Algérie, de l'accent aussi et des mélanges de langues que nous faisions sans nous en rendre compte. On ne s'éloigne pas du pays de son enfance sans mourir un peu. Et que dire des chants du soir que nous nous amusons maintenant à répéter en souvenir du pays lointain avec les amis qui viennent se réchauffer et qui peuplent ma maison de leur présence rassurante. Nous faisons des réunions d'Algériens, d'Américains, d'Orientaux et d'un peu n'importe qui, du moment qu'il s'agit de gens qui goûtent la cuisine méditerranéenne et que les mélopées langoureuses de la musique arabe ne dépaysent pas trop. Nous nous sommes fait une petite armée qui lutte contre la tristesse et la solitude. Nous avons peur aussi. (118-119)

On se doit de préciser que ce récit d'une dérive se termine bien donnant lieu à un triomphe de la narratrice sur les forces de la déprime, de la maladie et de la violence. En lançant des pans de réalité, Chafia inscrit sa voix tantôt agacée tantôt émue en raclant les coins de la mémoire n'omettant aucune des horreurs qui ont marqué sa vie. À travers son courage lucide, on découvre chez elle ce besoin de surmonter toute forme de peur ou de contrainte face à l'anéantissement total de son être. À vrai dire, étant sortie des noirceurs de la folie, encore frêle et fragile, la tête lourde de ce qu'elle a vécu, elle demeure amère, mais réussit à gérer son retour à la vie. En fait, ne voulant plus perdre son temps en récriminations contre les ravages de son passé, elle décide pour taire ses angoisses de sortir, d'oublier et de tourner la page d'une enfance à jamais saccagée et déchirée. À ce titre, elle espère retrouver une vie meilleure prenant le dessus sur l'amertume du temps, et avance sa position en soulignant ceci : « Peut-être faudrait-il s'occuper de nos vies dans leur déroulement quotidien plutôt que de pleurer sur les souvenirs de guerre qui ont abîmé nos enfances » (23). Ce qui importe pour elle, c'est l'état d'esprit, le degré de conscience et l'émergence de la priorité dans sa vie nouvelle dans son pays d'accueil :

> Il faut profiter. Je veux manger, boire, faire l'amour, me rouler dans la mer et la neige, m'enterrer dans le sable, je veux me faire mal pour sentir que je vis toujours. Tant pis pour ceux qui sont morts, que puis-je faire pour eux ? Tant pis pour moi, j'ai le cœur cicatrisé, j'en suis sûre. J'ai oublié les visages et les odeurs. J'ai oublié malgré cette maudite folie qui me fait vivre des cauchemars et qui m'empêche de goûter à la vie. Je me veux égoïste... égoïste à en mourir. Rien que moi, moi sans pitié, sans amour, sans souffrance. Je veux un coin de ciel clair pour ce qui me reste de vie sur cette terre. (44)

L'énonciation de ce projet de vie évoque la détermination existentielle de la narratrice et sa volonté de changement pour contrecarrer le poids de souffrance, de la déchéance et du désespoir. Cependant, c'est le rapport avec sa mère qui apparaît fondamentalement essentiel à son cheminement personnel dans le sens où il lui permet de retrouver enfin et l'identité et la parole. D'ailleurs, au terme de son récit, elle retourne à l'image maternelle, la plus prégnante de toutes :

> Quand je suis trop perdue dans ma vie de femme, elle reste encore mon critère de référence et elle résume à elle seule tous les messages de femme que j'ignore, parce qu'ils se sont évanouis dans l'indifférence et dans l'oubli. Il y a aussi mon identité, mon appartenance consciente à la féminité sont deux choses bien neuves pour moi. Le chemin aura été terrible. Il aura d'abord fallu nous renier toutes deux avant de nous retrouver. (136)

En somme, écrire ce roman a transformé la femme blessée et traumatisée, en un être humain qui s'assume, transcende sa douleur et pourra, de ce fait, aller vers l'Autre. D'après Esma Lamia Azzouz,

> Ce roman est un plongeon dans les sinuosités de l'esprit et de l'âme. Une introspection douloureuse à la recherche de soi. La narratrice fait plus qu'analyser, elle la dissèque au bistouri, elle la sonde jusqu'au fin fond de ses mystères et veut en faire resurgir les cris de vérité[7].

En terminant, on peut dire que l'écriture dans *Les jardins du cristal* est d'une grande qualité, qui se déploie dans la richesse des images pour capter les moments d'émotion qui font la valeur d'une existence. Son originalité n'a pas fait que distinguer cette écrivaine, la placer dans le champ littéraire québécois et canadien, elle a permis à l'être féminin d'agir et d'acquérir cette capacité à écrire pour dire, et à dire pour exister. En fait, l'écriture romanesque est devenue un salut à l'esprit.

---

[7] Azzouz. *Écritures féminines algériennes de langue française (1980-1997)*, p. 26.

# Rachid TRIDI

Né le 20 février 1950 à Alger, Rachid Tridi vit au Québec. Titulaire d'une Maîtrise de l'environnement, il est ingénieur montréalais, spécialisé dans le traitement des eaux. Écrivain reconnu, son œuvre comprend cinq ouvrages déjà publiés : un essai *L'Algérie en quelques mots, autopsie d'une anomie*[1], un recueil de nouvelles intitulé *Le doigt dans l'engrenage*[2] et trois romans : *À l'ouest d'Alger*[3], *Du soleil sur Montréal*[4] et *Opération Salomon*[5]. Engagé dans des causes humaines issues

---

[1] Rachid Tridi. *L'Algérie en quelques maux. Autopsie d'une anomie*, Paris, L'Harmattan, 1992, 280 p.
[2] Rachid Tridi. *Le doigt dans l'engrenage*, Montréal, Éd. Les Intouchables, 1995, 178 p.
[3] Rachid Tridi. *À l'ouest d'Alger*, Shawinigan, (Québec), Éditions Les Glanures, 1999, 340 p. Après son recueil, l'idée de son premier roman est née pour concentrer son regard sur la dérive de la société algérienne lors d'un moment de crise. L'action se situe l'été 1988, date charnière pour l'histoire de l'Algérie, à la veille des émeutes d'octobre. Il illustre les paradoxes et les aberrations qui n'ont pas fini de miner le pays. Sur toile de fond d'une privatisation menée à la hussarde, l'auteur nous fait découvrir, à travers les péripéties tragi-comiques vécues dans un complexe touristique balnéaire, les mécanismes véreux qui ont mené à la faillite du pays, et tout ceci au nom d'une révolution sans cesse avancée par le pouvoir en place pour cacher une réalité décevante marquée d'une isotopie de bureaucratie, d'abus, de duplicité, de trahison, de malaise, de déception et de désœuvrement.
[4] Rachid Tridi. *Du soleil sur Montréal*, Casbah Éditions, Alger 2004, 398 p. Tridi consacre une partie de son temps libre à écrire sur son pays d'origine, l'Algérie. En fait, il n'écrit que sous l'impulsion d'idées qui lui tiennent à cœur, et en s'inspirant largement de ce qu'il voit et entend dans son vécu. Ainsi, toute la substance de son deuxième roman trouve sa source dans la dizaine d'années qu'il a passées à Montréal. Il aborde le thème de l'immigration à travers l'amour impossible et interdit entre Karima immigrante, algérienne et musulmane pratiquante et Michel, un Québécois « pure laine ». Un coup de foudre déclenchera une liaison mouvementée que Mohammed, le père de la jeune fille tentera vainement d'empêcher. L'hiver montréalais et la difficulté d'intégration de la communauté musulmane à la société canadienne composent la toile de fond de ce roman au dénouement duquel l'amour triomphera au prix d'une déchirure familiale.
[5] Rachid Tridi. *Opération Salomon*, Paris, Les Éditions du Polar, 2012, 220 p. Quant à son troisième et son cinquième livre, c'est un autre genre qu'il tente.

de l'actualité contemporaine, il se bat pour la Paix au Moyen-Orient et a participé à l'ouvrage collectif, « Québécois et Musulmans la main dans la main pour la paix »[6].

Ce sont ses deux premiers livres qui l'on fait connaître à des lecteurs de la Belle Province et à des milieux intellectuels francophones. En effet, publié et composé avant son arrivée au Québec, son essai dresse la liste des plaies considérées, selon lui, comme « les plus graves et les plus destructrices » (9) ayant pour conséquence la paralysie totale de la société algérienne. Dédié aux jeunes morts en 1988 « pour que [...] renaisse l'Algérie de ses cendres », l'auteur avance que ces maux qui ont affligé son pays le plongeant dans le chaos absolu sont de la responsabilité du pouvoir politique qui a fini par reconnaître en 1991 la faillite absolue de trois décennies gouvernées par le F.L.N. Il les classe en deux catégories :

> Les talents et les manifestes. Les premiers sont difficilement perceptibles ; il en est ainsi de la fuite des cerveaux, du *malenseignement* et de la « chéria » par exemple. Leurs effets sont souterrains et pernicieux, donc ignorés du grand public et donc plus nocifs. Les seconds crèvent les yeux de l'observateur le moins averti ; citons entre autres : la clochardisation, les hôpitaux ou l'incivisme. (12)

En parcourant ce livre, on peut recenser différents maux qui émaillent le texte de bout en bout. La présentation des aspects de la vie quotidienne en Algérie oriente son écriture

---

*Opération Salomon* est roman policier. Trois crimes commis sur des Juifs new-yorkais au parcours professionnel brillant font d'abord penser à un tueur en série, avant qu'on ne découvre l'identité de l'assassin : un professeur d'université chiite libanais. Les trois victimes et leur meurtrier ont en commun d'avoir eu des rêves étranges au contenu biblique. Par ce roman policier inédit, Rachid Tridi contribue à une meilleure appréhension des aspects particulièrement glauques d'un monde secret et sans pitié, habité par la haine séculaire de l'autre.

[6] Marie-Ève Martel (s. la dir. de). *Québécois et Musulmans la main dans la main pour la paix*, Montréal, Les éditions Lanctôt, 2006, 212 p.

vers une action de dénonciation et de dévoilement. À cet égard, Maïr Verthuy souligne :

> La présentation du livre rappelle celle de l'encyclopédie médicale à usage familial que l'on feuillette à la recherche d'un nom de maladie à imposer aux symptômes que l'on constate chez un être aimé ou encore comme une liste de symptômes (quarante-six) classés dans l'ordre alphabétique que l'on pourrait dresser en préparation d'une consultation chez le médecin, chacun d'entre eux (autogestion, fatalisme, fuite des cerveaux, etc., etc.) comportant un développement ou une explication. L'Algérie n'a certes pas le monopole de certains maux décrits ici (incivisme, *malenseignement,* etc.). Il n'en demeure pas moins cependant que l'effet provoqué par tant de maux conjugués ne peut manquer d'effrayer. L'auteur conclut en donnant quelques pistes à suivre : renouveau économique ; instauration d'un système réellement démocratique ; ouverture culturelle, sans toutefois préciser, tel n'est pas son propos, comment s'y prendre[7].

En effet, agissant en tant que pur témoin, Tridi ne conçoit l'importance, voire l'utilité de son engagement qu'en remettant en question tout, absolument tout l'édifice social du pays. Il donne des explications de chacun des maux présentés dans son livre et fournit des exemples tirés de la réalité algérienne. Il définit entre autres le vocable du dialecte algérien la « chéria » par l'ensemble des actions « par le biais desquelles on nuit délibérément à quelqu'un en vue de le sanctionner ou de l'éliminer » (55). Quant à l'incivisme, il est l'un des traits de caractère les plus dominants chez le citoyen algérien d'aujourd'hui qui réside dans « la tendance à bafouer les règles les plus élémentaires qui régissent la vie communautaire et à nuire délibérément à tout ce qui représente, de près ou de loin, l'intérêt public. L'incivisme de l'Algérien apparaît comme l'une des tares les plus sournoises qui minent le pays » (137).

---

[7] Maïr Verthuy. « Complainte algérienne. Rachid Tridi : un survol », *LittéRéalité*, Vol. 12, N° 2, 2000, p. 64.

Tridi présente plusieurs tares : la malnutrition, la crise du logement, les coupures d'eau, les hôpitaux, etc. Ces diverses manifestations semblent générer dans le contexte algérien une désagrégation sociale généralisée, nuisible et malsaine. L'ampleur des dégâts peut dérouter plus qu'un lecteur qui n'est pas habitué à cette réalité douloureusement vécue par la majorité écrasante de la population en quête d'un quotidien plus équilibré, plus stable et moins opprimant, moins aliénant. Car durant les dernières décennies, les citoyens algériens n'ont vécu que dans le désenchantement et la désillusion, en espérant l'amélioration éventuelle de leurs conditions sociales. À ce titre, Verthuy avance sa réaction face à la lecture de ce livre :

> L'on comprend bien en le refermant la nature et l'étendue de la tragédie algérienne, que l'on accepte ou que l'on rejette le portrait qu'il en brosse, mais c'est un bilan que l'auteur nous propose et, comme tel, il donne des arguments ou une confirmation plutôt qu'il n'engage l'indignation ou les sentiments de la personne qui lit. Sans doute faut-il être soi-même Algérien-ne pour dans ce contexte vivre le drame avec la même intensité que Tridi[8].

Rachid Tridi a la passion d'écrire. Et c'est en vivant dans un endroit isolé en Algérie qu'il a commencé à mettre ses mots sur papier. Les personnages qu'il créait lui donnaient beaucoup de plaisir. Sa principale inspiration demeure toujours sa terre natale. Ainsi, trois années après la publication de son essai, il réalise un deuxième livre qui se présente comme une peinture sociale et politique d'Alger sous ses pires maux. Pour Patrick Bergeron,

> Les onze nouvelles que regroupe *Le doigt dans l'engrenage* lèvent le voile sur une « algérianité forte » de tricheries et de magouillages, une société plongée

---

[8] *Ibid.*, p. 64.

dans un état avancé de dégradation des valeurs[9].

De son côté, Claudine Potvin souligne,

> Les onze nouvelles contenues dans ce recueil se situent toutes, avec la France en toile de fond, dans l'Algérie postrévolutionnaire dont l'auteur est originaire : elles constituent un commentaire sur l'injustice, la corruption, l'abus, la pauvreté, la misère sociale et psychologique d'un peuple victime d'une bureaucratie étouffante et d'un régime politique aliénant[10].

Quant à Sandrine Gris, elle considère qu'en réalisant ce recueil de nouvelles Tridi détourne la vie quotidienne en Algérie. Pour elle, il s'agit d'une

> vie quotidienne en mouvement où les héros sont de cette foule anonyme : le petit employé, le petit fonctionnaire, l'instituteur, le petit bureaucrate et le petit marchand. Rachid Tridi décrit, avec des mots simples et des phrases courtes, ces situations quotidiennes du petit peuple algérien ; il analyse la distorsion du discours et des faits, la fameuse réalité quotidienne. Celle justement qui ne peut être réductible à un état de guerre civile et aux manchettes des quotidiens. Cette analyse rebondit évidemment sur la déliquescence d'un État, et surtout sur l'état d'une corruption généralisée[11].

Dans son étude sur cet écrivain, Verthuy s'est aussi intéressée à ce recueil en avançant que

> Ces onze récits mettent en scène des destins individuels, des destins qui auraient dû pour la plupart connaître un dénouement heureux, mais qui ont été, à cause des magouilles trop fréquentes, de l'incurie des hauts

---

[9] Patrick Bergeron. « Le doigt dans l'engrenage. Rachid TRIDI », *Québec Français*, Printemps 1996, Numéro 101, pp. 9-10.
[10] Claudine Potvin. « Invitation au voyage », *Lettres québécoises*, n° 81, 1996, p. 34.
[11] Sandrine Gris. « KIOSQUE. Les paradoxes algériens », *http://wwwmaghreb-observateur.qc.ca/archives98/février99*, p. 1.

responsables, de l'hypocrisie régnante [...], détournés de leur cours normal pour se transformer en amertume, en défaite ou en tragédie[12].

Dédié à Mohamed Boudiaf[13], ce recueil, essentiellement anecdotique, offre à Tridi l'opportunité d'explorer « à nouveau les maux algériens sous le mode de la tragédie grecque, quoique dans ces tableaux de condamnation et de fatalité humaines le chœur et les dieux soient absents. Seule subsiste une sourde plainte laissée tout entière au lecteur. Ces drames s'avèrent tous plus touchants les uns que les autres »[14]. En fait, il brosse dans cet écrit le portrait d'un pays en proie non pas à l'anarchie, mais à un système des plus mafieux doublé d'une ignorance imposée. D'un texte à l'autre aussi, il a su nous engager plus avant dans la tragédie qu'il évoque.

En plus de lever le voile sur la dérive sociétale et politique que connaît l'Algérie depuis son indépendance, il met l'accent sur la présentation de plusieurs thèmes comme l'exploitation, la tromperie, l'hypocrisie, la tricherie, la duplicité humaine, la folie, le racisme. Chaque nouvelle semble trouver sa contrepartie dans un texte où les personnages pourtant similaires se trouvent dans des situations différentes.

La première nouvelle « L'arrêt municipal » qui donne le ton au recueil dénonce l'abus du pouvoir du maire Kaddour Labadi, qui utilise à son avantage pour s'enrichir, la perpétuité des travaux de sa commune qui ne connaît pas de fin. L'incipit présente cet état de fait :

> Le chef-lieu de la commune de Diali, situé à une dizaine de kilomètres à l'est d'Alger, est réputé pour être une agglomération en chantier permanent aux yeux des automobilistes qui empruntent fréquemment la route nationale qui le traverse de bout en bout. (9)

---

[12] Verthuy. « Complainte algérienne. Rachid Tridi : un survol », pp. 64-65.
[13] « À Mohamed Boudiaf, victime de la dérive mafieuse de la Révolution algérienne, à laquelle il avait pourtant tout donné ! ».
[14] Potvin. « Invitation au voyage », p. 34.

Devant cette situation, les habitants savent à qui profitent tous ces travaux qui perturbent leur vie quotidienne et les agressent constamment. Leur attitude passive montre leur écœurement d'être prisonniers d'une exploitation permanente et aussi leur incapacité d'arrêter la flagrante corruption qui se déroule devant leurs yeux.

> Les gens ont du moins en moins confiance en ce maire qui les déçoit chaque jour un peu plus et qui, surtout, les intrigue. Comment diable s'y est-il pris pour ramener d'Allemagne sa luxueuse Mercedes ? D'où lui vient l'argent de sa superbe villa en construction à l'entrée ouest de Diali ? Leur curiosité est d'autant plus attisée que ce quinquagénaire n'était qu'un simple instituteur à l'école primaire du village avant d'être élu maire de la commune de Diali. Beaucoup le soupçonnent de recevoir des pots-de-vin des nombreux entrepreneurs qui travaillent dans la région. (10)

Et c'est justement ce qu'il fait quand Brahim Saragh, un entrepreneur malhonnête l'approche pour qu'il l'aide à liquider un stock de faïence vert foncé. Il lui suffit simplement de proposer un arrêt municipal et de le faire accepter par les membres de la commission. Lors d'une réunion d'urgence qu'il convoque, ces derniers acquiescent à l'unanimité à sa judicieuse proposition et le tour est joué. Saragh se présente « chez les commerçants pour offrir ses services à des prix exorbitants » (14). Et lui, il reçoit sa récompense en milliers de dinars dans un compte en France.

L'histoire que raconte « Le voyage interrompu » nous plonge dans le monde de la tromperie où le rêve d'Aboukir Chougali, de sa femme, son fils et sa fille de voyager en France est anéanti par la crapulerie d'un préposé aux réservations qui ferme les yeux sur une combine d'importation frauduleuse. La famille voyage d'Ouaragla dans un autocar, faisant sept cent quatre-vingt-quatre kilomètres, pour se rendre à Alger qui ne « sera qu'une brève escale, l'objectif final étant Paris » (17). Durant ce trajet et dans la quiétude des passagers endormis en pleine nuit, Aboukir et sa femme, chacun de son côté, est emporté par la magie de rêves dorés à la découverte de la Ville lumière qui habite leur imaginaire. Ils ont hâte d'arriver à l'aéroport international Houari Boumediene pour s'envoler vers la France. Cette visite revêt un caractère spécial pour eux qu'ils avaient réservé leurs billets trois mois à l'avance.

Or, à l'agence Audrin d'Air Sahara, Mouloud Aït Kalbi qui décide de se rendre à Paris tout de suite réussit à obtenir à la dernière minute deux places, une pour lui et l'autre pour son frère, en glissant un billet de cinq cents francs entre les pages du passeport qu'il tend à l'agent. Celui-ci « rougit puis lève les yeux sur Mouloud, qui sourit en branlant la tête de haut en bas » (22). Le préposé tape sur son clavier et d'un trait enlève les quatre Chougali, Aboukir, le père, Yamina, la mère et leurs deux enfants, Fatma et Yaha en les remplaçant par Aït Kalbi Mohand et Aït Kalbi Mouloud qui s'inscrivent sur l'écran.

Après une épouvante mêlée dans le hall de l'aéroport en total désordre[15], engagé pour se frayer un passage Aboukir parvient au comptoir d'enregistrement. À sa grande surprise, l'agent l'informe qu'ils ne sont pas inscrits sur la liste. Complètement dérouté, étant donné qu'il a fait sa réservation depuis des mois et qu'il l'a même confirmé hier matin avant de quitter sa ville, il supplie l'agent de vérifier encore une fois. Celui-ci « l'air las et désabusé qu'il a coutume d'afficher en de pareilles occasions » (25), lui confirme ses dires. Prenant conscience de la gravité de la situation, Aboukir reste paralysé jusqu'à ce que Mouloud le bouscule pour se présenter fièrement au comptoir muni de deux billes et plaisantant que leurs noms sont bien inscrits sur la liste. Il lui conseille d'aller réclamer auprès de la direction des vols. Aboukir se décide de s'adresser à ce bureau et on lui répond froidement qu'il n'y a rien à faire pour lui. Il ne lui reste donc qu'attendre puisque tous les vols sont complets jusqu'au vingt-cinq août.

---

[15] « L'ambiance de l'aéroport international Houari Boumediene ressemble effectivement à celle d'un souk el fellah : on y observe la même masse grouillante, les mêmes longues files désordonnées aux comptoirs d'enregistrement, et l'on y sent les mêmes miasmes humains dégagés par des corps en sueur et piégés dans une atmosphère non ventilée » (24).

Dans « La prière », Tridi aborde un thème grave, celui de l'hypocrisie religieuse. Il vise en particulier cette frange d'individus « qui ne répondent pas à leurs devoirs de musulman, ceux qui prennent prétexte de ce mois sacré du ramadan pour faillir à leurs obligations de citoyens, de travailleurs ou de commerçants » (40). À travers le comportement de quatre personnages, un commerçant, un professeur, un ouvrier spécialisé et un employé à l'hôpital, il montre clairement qu'ils ne sont que de faux dévots parce que, durant la journée, ils agissent différemment dans leurs rapports humains et dans l'accomplissement de leurs responsabilités de ceux ils prétendent être le soir après la rupture du jeûne en fréquentant fidèlement la mosquée :

> Bouzid Khélifou, Abdelkader Abnèche, Farid Kassel et Mohamed Ferhoun logent le même immeuble, sur la rue Hassiba Ben Bouali. Chaque soir que Dieu fait, après le repas de rupture de jeûne, ils se retrouvent aux environs de vingt heures, à l'entrée de l'immeuble, pour se rendre ensemble à la mosquée prier puis participer à la séance de lecture coranique des *taraouih*. Comme chaque soir, ils se sont bien gavés, jusqu'à n'en plus finir de roter, en invoquant la générosité divine. Après s'être renvoyé les salutations rituelles, ils se hâtent en direction de la mosquée Sidna Nouh. Arrivés là, les quatre bonshommes rejoignent leur emplacement habituel au tout premier rang, face à une estrade en bois d'un demi-mètre de haut à partir de laquelle l'imam dirige la prière et dit ses prières. (38)

Les quatre hommes conversent entre eux sur les problèmes qu'ils affrontent pendant le mois du ramadan. À l'arrivée de l'imam, ils arrêtent de parler pour l'écouter. Ce qui est troublant, c'est que dans son prêche, l'imam entretient les fidèles « de ceux, ô combien nombreux ! qui transgressent quotidiennement les règles de l'Islam dans [leur] communauté » (40). Il dénonce ceux qui dorment dans leurs bureaux ou leurs ateliers, les commerçants qui augmentent délibérément leurs prix pour assouvir leur satanique soif de profit, la corruption, le comportement égoïste et individualiste : « Je vous le dis, mes frères : l'essentiel n'est pas dans la barbe, ni dans le kamis, ni dans la prière ; l'important est l'action quotidienne » (43). Pour la séance de la lecture coranique, il leur propose la sourate *Les Hypocrites*. En écoutant les versets coraniques, « le commerçant, le professeur, l'ouvrier et l'ambulancier boivent les paroles divines dans un silence religieux » (44).

L'action de « L'examen » se passe le lundi 9 juin 1986, qui coïncide avec la fête de l'Aïd el Fitr, où deux garçons Hamid Belarba et Omar Belarbi se préparent pour passer le baccalauréat dont les épreuves commencent le lendemain. Hamid est fier de lui parce qu'il « a travaillé sans répit tout le long de l'année scolaire, aussi bien en classe qu'à la maison ». Chez lui, « son engouement pour le travail a quelque peu perturbé le train-train familial » (45). Ses trois frères et deux sœurs ont été privés par leur père de leurs programmes favoris à la télévision afin de l'aider à préparer son examen dans les meilleures conditions possibles. Fils d'un « planton modèle, qui assume ses fonctions à la perfection » à la Direction des contrôles des examens, Karim également se fait aider par son père. Cependant, cette aide se fait différemment, car ce dernier reçoit à chaque fois, à la veille de chaque examen scolaire de l'un de ses enfants, de la part de son directeur qui l'aime beaucoup, « des copies des épreuves corrigées » (46). Ainsi, comme d'habitude, son directeur passe le voir pour « lui remettre, un jeu complet des épreuves avec leurs solutions » (46), ce qui permettra à son fils de copier les réponses comme l'avaient déjà fait ses aînés.

Le jour de l'examen, les deux garçons se trouvent dans la même salle. Hamid se bat péniblement contre le trac et se heurte à des difficultés imprévues dans la résolution des épreuves. Quant à Karim, il est à l'aise se baignant dans une béatitude et une certitude de trouver les solutions à tous les problèmes. Une fois l'opération de recopiage achevée, il se lève et dépose sa copie sur le bureau, sortant la tête haute satisfait de son accomplissement. Ce qui lui suscite de l'admiration de la part de Hamid qui le considère comme un génie d'avoir réussi à tout terminer avant le temps alloué à l'examen. Pris de colère, il se reproche « de ne pas avoir géré son temps, ce qui lui a valu de laisser trois questions sans réponse » (50). Alors, si à la fin de l'histoire, Karim jubile, sûr de sa réussite grâce à cette tricherie, Hamid, quant à lui, malgré son honnêteté et son travail sérieux, il ne peut s'empêcher d'être en proie au malaise et au doute.

L'histoire tragique de Houria Nekkachedans « Le pacte », qui relate le drame de cette jeune fille, sacrifiée à la fleur de l'âge par son père à un haut cadre du parti, révèle la gravité de la duplicité humaine et de l'ampleur de la malhonnêteté qui domine entre deux personnages qui contribuent à cette troublante tragédie. En effet, Ahmed Nekkache « traîne, comme un lourd boulet, un passé de collaborateur » (164). Il est prêt à tout faire en vue de blanchir son passé de traître à la révolution. Il s'adresse à Nasr Eddine Zekkouk, un haut cadre dans le parti qui le surprend d'accepter sa demande. Toutefois, il lui rappelle cette zone noire dans sa vie qui continue à le déranger et à le bloquer dans ses ambitions professionnelles :

> -Vous saisissez très bien, monsieur Nekkache... J'ai eu votre dossier sous les yeux. Vous avez collaboré avec l'ennemi pendant la guerre de libération, vous avez servi d'indicateur au profit de l'occupant alors que vous étiez censé le faire pour le Front... (168)

Il l'informe que grâce à des amis de confiance, il a pu faire supprimer toute trace de son passé de collaborateur par la destruction des pièces d'archives. Monsieur Nekkache est soulagé et déclare qu'il est à tout jamais redevable à ce qu'il a fait pour lui, prêt à lui offrir n'importe ce qu'il demande. Comment un ancien *moujahid*, personnalité influent au parti, se rallie-t-il avec ce traître ? Il révèle la raison de cette alliance malsaine à son ami Hamid Bounouf. En fait, Nasr Eddine Zekkouk a déjà deux femmes et une dizaine d'enfants. Il se contente ainsi de justifier son désir d'avoir une troisième épouse :

> Celle-là est différente, elle est plus jeune et plus belle, et puis, à vrai dire, je suis fatigué des deux autres... Lorsque Nekkache m'a sollicité pour lui blanchir son

> dossier, je lui ai promis de faire quelque chose sans vraiment y croire et puis, lorsque j'ai consulté son dossier, j'ai décidé de laisser tomber parce qu'il était vraiment trop chargé. C'est un salaud de la pire espèce ! Et puis, un jour, par hasard, je l'ai croisé sans qu'il me voie, il était avec sa fille. Je la voulais, cette fille ! Dès que je l'ai vue, je l'ai désirée ! Voilà pourquoi j'ai changé d'avis et me suis décidé à lui régler son problème. (170)

Ce qui est troublant dans cette nouvelle, en plus de la malhonnêteté de ces deux personnages, c'est l'attitude de la mère qui appuie la décision de son mari pour forcer sa fille à accepter ce pacte malsain. Elle a brisé les rêves de Houria, qui se préparait pour son examen du baccalauréat, amoureuse d'un jeune homme qui fait des étudiants de médecine, avec lequel elle désire se marier. Malheureusement, elle est sacrifiée par son père qui l'offre en mariage à un homme riche, bien placé, bigame, vicieux et un pervers qui s'adonne à l'alcool et regarde avec son ami des films pornographiques. Pour lui, avoir cette jeune et belle fille, répond à un caprice qu'il désire satisfaire. La nuit des noces est un viol féroce parce qu'elle refuse de lui céder. Pour ne pas perdre sa fierté d'homme de ne pas avoir réussi à la dépuceler, il recourt à ce moyen :

> Il s'introduit à son tour dans les draps, ramasse les doigts de sa main droite en fuseau et les enfonce traîtreusement dans l'intimité de la pucelle, un déchirant cri transperce le silence de la chambre : Houria vient de perdre sa virginité. Nasr Eddine retire sa main ensanglantée et s'esquive.

Ainsi la pureté de Houria est confirmée et le sang de l'honneur qui se perd dans des larmes de souffrance et de tristesse de la mariée conforte aussi bien sa mère que sa belle-mère qui jubile de la force masculine incontestable de son fils malgré son âge avancé.

La thématique dominante dans « L'étau » est l'échec du retour au pays natal et la folie qui en résulte. C'est l'histoire d'Arezki Aït Ouali, Kabyle, qui travaille à la Régie Renault. Après un mariage avec Catherine qui s'est soldé par un divorce quand leur seul garçon avait dix-huit mois, il constate que « le mariage d'un Kabyle avec une Française est une erreur » (119). Il accepte la proposition de sa famille de lui trouver épouse du bled. Il se marie avec Tassadit qu'il lui donne deux enfants, une fille Kahina et un fils Farid.

Dans les années quatre-vingt, la crise économique touche Renault qui voit chuter ses ventes partout. Ce qui l'oblige de réduire plus de la moitié de son effectif en proposant aux licenciés deux choix : « licenciement avec indemnités réglementaires et inscription au chômage, ou licenciement avec indemnités exceptionnelles et retour définitif au pays d'origine » (123). Au début, il tente de retrouver un autre travail, mais l'idée de rester lui paraît de moins en moins attrayante devant l'ampleur d'obstacles insurmontables et surtout à cause de la montée du racisme qui se manifeste de plus en plus partout. Ainsi, à quarante ans, il décide de quitter la France pour rentrer définitivement au pays. Il compte s'installer dans son village natal et de monter son atelier de soudure. Il rêve de travailler à son compte et de construire sa propre maison « sur la part de terrain qui lui revient en héritage » (124-125).

Déterminé à entamer ce voyage du retour, « décisif pour son destin » (117), il achète une voiture Peugeot 504 bleu métallisé et un camion Dyna qu'il charge avec une panoplie d'équipements domestiques. Le camion surchargé représente avec la voiture toute la richesse de la famille. Pour le ramener, il sollicite l'aide « de son cousin Nourrédine, un chauffeur de poids lourd ayant obtenu tout récemment son permis de concours au terme de son service militaire » (127). Il lui confie la conduite du véhicule malgré la mise en garde de Mohand, son oncle qui l'avertit que son fils Nourrédine n'est pas sérieux et ne l'a jamais été. En fait, « il ne conduit que depuis peu. À l'armée, on leur apprend juste à freiner et à accélérer ! » (127). Il ignore cet avertissement et après une traversée par mer, le bateau arrive au port d'Alger. L'attente est trop longue, mais ils finissent par arriver au poste de contrôle. Le policier qui examine ses papiers est surpris de le voir revenir et lui dit d'un ton paternaliste :

> -Tu verras, mon frère ! Au bout de quelques mois, tu envisageras de retourner, c'est moi qui te le dis... Tu veux que je dise ? Si demain quelqu'un me dégotait un permis de séjour pour la France, je laisserai tout tomber... Nous vivons dans un pays de *Mickeys*. Rien n'est pris au sérieux, tout le monde s'en fiche, pas moyen d'avoir un logement, impossible d'acheter une petite voiture. Pour y arriver, il faut être riche ou spécialiste de la combine... Ce n'est pas pour te décourager, mais... Tu verras par toi même... Allez, mon frère, bonne chance quand même ! (130)

En glissant plusieurs billets en francs français aux inspecteurs de la douane, il réussit à tout récupérer. Après, ils prennent la route en direction de leur direction finale. À Tizi-Ouzou, il gare la voiture pour une pause attendant l'arrivée du camion. Mais après un certain moment, il commence à s'inquiéter redoutant une catastrophe se souvenant ce que ce que son oncle lui avait dit. Il rebrousse chemin en direction d'Alger. La nuit arrive doucement et en remontant le premier virage à la sortie de la ville, il voit un « attroupement [qui] encercle la source de fumée » (134). Le cœur battant, il se fraie un passage et reste pétrifié devant le spectacle. La Dyna est en train de brûler et toute la cargaison est passée en feu. Il demande à la foule à propos du chauffeur et on lui indique un cadavre étendu à sol recouvert d'un voile blanc.

> Arczki émet un hurlement inhumain ; dans un mouvement démentiel, il se jette sur la dépouille et se met à sangloter comme un enfant. Il pleure, il pleure la disparition de son cousin, mais il pleure aussi la fin de ses illusions, il pleure la mort de son atelier de soudure, il pleure la fin du rêve de sa propre maison. Il pleure, il pleure jusqu'à en perdre la raison. (135)

Il se lance dans un délire total réclamant à l'adjudant sa carte de résidence, pointant en direction de trois hommes les accusant de l'avoir volé. Agacé, le gendarme réagit en avançant sur ton froid qu'il a perdu la raison avant d'ordonner à son subordonné d'appeler les ambulanciers pour le faire hospitaliser.

Si certains Algériens décident de quitter la France pour revenir dans leur terre natale, d'autres, par contre, choisissent de rester dans un pays qui affiche de plus en plus de l'hostilité, du rejet et du racisme à leur égard. L'intrigue dans « Le Harki *junior* et la fièvre du samedi soir » se déroule à Paris, où Mohamed Boukazdira, fils de harki, né en 1959 à Khenchla, dans l'Est algérien, veut tout faire pour s'intégrer dans la société française. Il est tout ce qu'il y a de plus français sur les papiers, mais il accepte difficilement son non qu'il décide de le changer en se prénommant Michael Lamontagne. C'est dans ces propos qu'il justifie sa décision :

> J'en ai ma claque de ce nom et prénom qui me collent à la peau comme une malédiction. Mohamed Boukazdira ! Franchement non... Après tout, je n'ai rien d'un misérable immigré maghrébin, je dois absolument me démarquer de ces gens avec lesquels je n'ai aucune affinité. Je suis Français et je dois donc porter un nom français. N'ai-je pas fait mon service militaire dans l'armée française ? Bien sûr, c'est dur, même très dur, de s'entendre traiter parfois de raton ou de bougnoule par des énergumènes mal élevés... Mais que faire ? Il faut bien vivre avec. (84)

Il refuse d'être à la marge, réclamant son droit de faire partie du pays qu'il considère le sien. Pour assurer l'intégration des enfants de harkis, il songe même à la création d'une association pour tous ceux comme lui qui, à défaut d'être Français par le sang, le sont grâce aux sacrifices consentis par leurs parents. Il se voit déjà parler à la télévision. Il imagine qu'il s'adresse au public pour les informer de ses intentions. Et voilà ce qu'il dirait :

> « Nous sommes des Français avant tout... Nous aimons notre pays, la France... Nous n'avons rien de commun avec les immigrés maghrébins... Notre combat est

> d'expliquer au valeureux peuple français que notre destin et le sien sont confondus... Nous tenons à nous démarquer de la campagne : "Touche pas à mon pote", dont le but est de défendre les immigrés, qui, eux, sont bien des étrangers... Nous porterons désormais un badge "Non immigré" afin qu'on ne nous confond plus... Nous porterons ce badge jusqu'au départ définitif de tous les travailleurs maghrébins... Vive l'Association des enfants de harkis ! Vive la France ! ». (87-88)

Tout cela est la résultante de sa détermination d'être Français et de refuser de suivre les conseils de son père qui ne cesse de lui rappeler l'amère réalité entourant leur désir d'intégration dans une société qui ne les accepte pas à l'infini du temps qui passe.

> Tu sais, fils, nous ne devons pas entretenir d'illusions sur notre acceptation comme Français à part entière ; quoi que nous fassions, nous demeurerons toujours des bougnoules, pour eux. Il nous faut nous préparer à des temps très durs. Avec les difficultés économiques à venir, les Français établiront de moins en moins de distinctions entre nous et les immigrés. Pour eux, nous sommes tous des bicots, des ratons et des melons, et le comble c'est que certains vont jusqu'à nous préférer les immigrés... Je me demande où on s'en va ainsi. (85)

Un samedi soir, il a rendez-vous avec son amie Lucienne qu'il est censé rejoindre dans un restaurant où elle travaille. Mais, on lui refuse l'entrée. Et c'est à Lucienne d'intervenir auprès de Monsieur Charron afin d'éviter tout malentendu. Pour le calmer, il l'informe que le serveur est nouveau, il « n'aime pas les Noirs ni les Arabes... Il vote Le Pen » (89). Dorénavant, sachant qu'il est Français, il va le laisser entrer quand il vient la chercher. Après, ils décident de se rendre au « Disco-Eden, une boîte cotée et très fréquentée par la *night-society* parisienne, gérée par un pied-noir natif de Mascara, dans l'Ouest algérien, ancien fanatique de l'Algérie française, et de cette catégorie d'anciens colons qui n'ont jamais digéré la perte de l'Algérie »

(90). Encore une fois, on lui interdit l'accès à cette discothèque, ne le laissant entrer qu'une fois qu'il a montré sa carte d'identité pour prouver qu'il est Français. À l'intérieur, il ne veut que profiter d'une ambiance surchauffée. Mais ayant appris par un serveur sa présence, le propriétaire, demande au videur des explications d'avoir laissé un Nord-Africain pénétré dans son club. Philippe lui répond que ce n'est pas un immigré, c'est un Français. Furieux, Monsieur Castelli lui ordonne de le faire évacuer des lieux, précisant ainsi la profondeur de sa pensée :

> -Mais qu'est-ce qu'elle peut changer sa carte à sa tête de bougnoule ? Avec ou sans carte d'identité française, un raton est un raton ! Tu n'as pas encore compris qu'un bicot, c'est à sa tête qu'on le reconnaît ? Les clients, lorsqu'ils sont en face d'un individu de type maghrébin, ne se posent pas la question de savoir s'il est français ou pas sur les papiers, ils s'en fichent éperdument, l'important n'est pas dans les papiers, mais dans la mine du gars. Un melon reste un melon, avec ou sans carte d'identité française !... Alors, s'il te plaît, tu vas me vider ce soi-disant Français ! Avec le gouvernement actuel, n'importe quel crasseux de nègre ou de bicot peut obtenir la nationalité française. Je veux que ce sale melon comprenne qu'il ne doit plus mettre les pieds chez moi ! Alors, débrouille-toi... Gérard et Alain savent résoudre ce type de situation... Arrange-toi avec eux, mais attendez qu'il y ait moins de monde, servez-le normalement pour l'instant. (92)

Mohamed remarque qu'il n'y a pas de trace de Noirs ni de Maghrébins dans ce lieu et il en ressent un certain malaise. Mais il ne veut qu'apprécier un moment de danse et de musique avec sa compagne. Malheureusement, trois jeunes vont l'agresser verbalement et physiquement. Il se défend. Le videur le pousse vers la porte de sortie et lui donne une « cinglante paire de gifles ». Il se défend farouchement et sous l'emprise d'une folie furieuse, il se met à crier :

> -Je suis Algérien et je suis fier de l'être ! Je m'appelle Mohamed Boukazdira ! Je vous déteste tous ! Vive

> l'Algérie ! Nous avons battu l'Allemagne en coupe du monde ! Nous avons remporté la Palme d'or du Festival de Cannes ! Nous vous avons sorti de chez nous, espèces de chiens que vous êtes ! Vous voulez notre pétrole pour rien ! Tenez ! voilà ! (96)

Il joint à ses paroles dans un geste violent, un bras d'honneur qui surprend ses assaillants qui se ruent sur lui déversant sur son corps une avalanche de coups de pieds et de poings, jusqu'à l'assommer complètement. Après, ils le jettent dehors comme un linge sale. Quand il ouvre les yeux, il se trouve dans une cellule de commissariat, la « tête lourde, le visage tuméfié, les vêtements froissés et tachés de sang » (97). Il ne comprend pas ce qui lui arrive et comment tous ses rêves se sont soudainement détruits. Apprenant son algérianité, Lucienne le quitte et l'abandonne définitivement, le policier lui reproche d'être un Français qui n'aime pas les Français et lui conseille, si c'est ce sentiment qui l'anime, il n'a qu'à fréquenter son propre monde.

> Mais ne t'amuse plus à aller dans cet endroit ! sermonne-t-il en ouvrant la grille. Ce n'est pas pour toi, on n'y aime pas les Nords-Africains. De toutes les façons, tu n'es pas le premier à qui ça arrive ; le patron Castelli a horreur des Arabes, et des Algériens surtout... Tu devais te limiter aux boîtes arabes de Barbès. (98)

Quant au commissaire, il est dur avec lui. Avant de le laisser partir, il tape sur le bureau lui demandant s'il traite les Français de chiens, pourquoi alors ne retourne-t-il pas dans son pays d'origine. Il l'informe qu'il n'a pas terminé avec cette mésaventure, puisqu'il sera convoqué au tribunal pour s'expliquer sur sa réaction. Mohamed est totalement désemparé. En quittant le commissariat, il se rend compte qu'il est victime d'un racisme manifeste et il « ne peut réprimer le jaillissement de quelques larmes qui viennent sillonner ses joues marquées de bleus » (99).

Il est certain que Tridi touche ici à différents maux qui frappent la société algérienne elle-même. Mais ce qui rend son recueil intéressant, c'est sans doute le fait de réaliser une illustration plus vivante de certaines tares dénoncées dans le livre précédent. C'est effectivement dans cet ouvrage que la transposition littéraire d'un certain nombre de sujets pertinents prennent corps, réussissant véritablement à accrocher le lecteur. Les quatre nouvelles suivantes abordent ces thèmes : l'hospitalisation, la malnutrition, la crise de logement, la pénurie de l'eau, le détournement des fonds, la malhonnêteté, le mensonge, la fraude électorale et la dictature politique.

Il convient de préciser que la politique sanitaire en Algérie a fait l'objet d'une orientation inscrite « dans tous les textes doctrinaux de la Révolution algérienne, du Programme de Tripoli à la Charte Nationale »[16]. Si au niveau du discours et des textes officiels, il y a une nécessité de mettre en vigueur la gratuité des soins et d'assurer aux citoyens des conditions d'hygiène favorables à leur épanouissement, la réalité sociale est fort différente. En effet, Tridi s'est intéressé au système de santé algérien en mettant en évidence la flagrante contradiction entre l'énoncé et le réalisé. Dans « L'hospitalisation », il raconte le drame qui frappe la famille Harchi un soir de ramadan après la rupture du jeûne où le père Ahmed et ses quatre enfants : deux garçons et des deux filles regardent le match de la finale de la coupe d'Europe de football entre Liverpool et Juventus de Turin, « à l'exception de la mère et de sa fille Rachida, occupées à laver la vaisselle dans la cuisine » (69). En entendant soudainement un grand bruit, ils bondissent tous ensemble pour trouver la maîtresse de la maison étalée par terre. Ahmed ne tarde pas de la transporter au centre hospitalo-universitaire Ben Boulaïd. Il court un gros risque en l'emmenant à cet hôpital qui reflète l'immensité de la dégradation et de la déréliction physique et morale qui domine partout, rendant l'hôpital, un lieu de phobie profonde, de peur constante et de stress continu :

> L'insalubrité des locaux et de la literie, l'indigence de la nourriture, l'incompétence criante de certains médecins,

---

[16] Miloud Kaddar. « Le système de santé en Algérie : aspects économiques », *Aspects de la société algérienne*, Paris, Centre Culturel Algérien, 1987, p. 78.

> la négligence du personnel paramédical, les erreurs de diagnostic, les opérations ratées, les interminables attentes aux consultations, l'inefficacité du service de nuit, la pénurie de médicaments, etc. (73)

L'écrivain relève le manque de conscience professionnelle du personnel hospitalier. C'est une atmosphère de désordre qui règne dans ce monde où les médecins, les infirmières, les femmes de salle, les employés vont et viennent dans les couloirs remplis de malades, sans pour autant leur prêter attention, les ignorant comme s'ils faisaient partie du décor. Le calvaire des patients ne se limite pas à subir de déplorables conditions sanitaires. Ce qui les angoisse le plus, ce sont les obstacles qu'ils doivent surmonter avant d'obtenir une consultation ou encore une admission à l'hôpital. Ahmed et sa femme attendent plusieurs heures pour obtenir le précieux bout de papier qui leur permet de voir un docteur. Après une longue attente, un infirmier s'installe derrière le guichet pour les recevoir et leur délivre un numéro pour rencontrer la docteure Malika Khalfa. Quand celle-ci fait son apparition, il est alors un peu plus de vingt-trois heures trente. Arrogante et indifférente au désarroi d'Ahmed qui la supplie d'accorder quelques minutes à sa femme, elle « prend la mine d'une personne outragée, referme la portière derrière elle, baisse la vitre et fusille Ahmed d'un regard furibond » (77).

Dans la salle d'attente surchauffée, Ahmed, sa femme et d'autres patients attendent l'arrivée du docteur Bouradi. Ce dernier, après avoir sondé le cœur de son épouse au stéthoscope, puis prendre sa tension et la température, il l'informe de son état de santé :

> -Votre femme est très fatiguée, son rythme cardiaque est normalement faible, sa tension est trop basse et elle fait de la fièvre, constate le médecin, qui palpe ensuite la région du foie en appuyant fortement dessus, ce qui fait sursauter Assia, qui laisse échapper un cri de douleur. Je soupçonne une hépatite aiguë, nous devons procéder à des tests sanguins pour le confirmer, et cela ne sera

possible que demain matin. En attendant, nous allons la soulager avec des analgésiques et des antibiotiques. Toutefois, nous devons la garder jusqu'à demain au moins. (78)

On conseille à Ahmed de rentrer chez lui et de revenir le lendemain chercher sa femme. Mais, l'admission d'Assia pour juste une nuit lui sera fatale. Le lendemain matin quand Ahmed se présente aux urgences, il est reçu par le docteur Kamel Becharre qui lui annonce une nouvelle pénible que sa femme a été victime d'une crise cardiaque. Ahmed est effondré et « l'expression de ses yeux reflète à la fois l'effroi et le désarroi qui se sont emparés de lui » (81). La mort inutile de sa femme est due à l'incompétence et à l'irresponsabilité des médecins. C'est ce que pense le docteur en le voyant abattu par le chagrin : « Pauvre homme, on lui a tué sa femme et brisé sa vie gratuitement, cette inconscience collective nous mènera au chaos » (81). Au lieu d'agir pour redresser la situation, il préfère se taire comme les autres, ainsi qu'il l'indique à son collègue, le docteur Rabah Karakou :

> Il a perdu sa femme par la faute de certains. Le docteur Bouradi a fait hospitaliser madame Harchi, la femme de ce monsieur, hier, en urgence, soupçonnant une hépatite aiguë. On devait confirmer le diagnostic par des analyses de sang ce matin. C'est le nouvel infirmier, Mohamed, une nullité comme il y en a tellement dans cet hôpital, qui l'a prise en charge. N'ayant pas trouvé la Rovamycine orale prescrite par Bouradi, il lui a injecté à la place de la pénicilline, sans prendre la précaution de faire le test de tolérance… Manque de pot, la malheureuse était allergique… Tu devines la suite… La pauvre femme est tombée dans le coma. Ils ont alors tenté de la réanimer, mais il était déjà trop tard, la dose était trop forte. À cinq heures dix, elle a rendu l'âme. Une femme encore jeune, et si belle ! Le directeur, mis au courant, a insisté pour qu'on camoufle l'affaire. (82)

Tridi est concerné par la dégradation qui marque le système de santé en Algérie. Au pays de la « médecine gratuite », tout malade, quel qu'il soit vit son malaise dans l'insécurité et l'angoisse. Comme il le dit dans son essai, aux conditions lamentables des lieux conjuguées à la médiocrité des soins « induite à la fois par une patente incompétence et par une scandaleuse inconscience professionnelle » (133) s'ajoutent les pénuries de médicaments. La gravité de ces problèmes est vécue par les Algériens comme un véritable drame.

Cet état de fait témoigne de la difficulté du quotidien de plus en plus agressant, voire étouffant, dans une société algérienne en déroute. Parmi les tares qui causent un ravage systémique, il y a le problème de la malnutrition. Pour l'auteur, en parlant de la gravité de cette situation, c'est évoquer un cauchemar social qui concerne la population algérienne dans sa grande majorité. Une liste exhaustive ne renseignerait que partiellement sur l'ampleur de la pénurie qui joue un rôle prépondérant dans la dégradation socio-économique du pays. À vrai dire, tout fait défaut et les rares produits qui se trouvent sur le marché sont vendus à un prix trop élevé pour l'ensemble des bourses. Cette réalité désastreuse est à la fois l'effet et la cause d'un long processus de mauvaise gestion imposé par le despotisme du parti unique. Dans son essai, Tridi souligne que :

> Les raisons objectives de cette alarmante situation nutritionnelle sont essentiellement politiques et doivent être recherchées dans les orientations tracées par le FLN après l'indépendance et dans sa gestion catastrophique du pays pendant ses trois décennies de règne sans partage. La réforme agraire, prétentieusement étiquetée de révolution, qui a transformé le monde paysan en une armée de fonctionnaires salariés et paresseux, est à l'origine de la débâcle de l'agriculture, débâcle qui s'est traduite sur le terrain par une insignifiante productivité elle-même illustrée par de prohibitifs prix à la vente. (162)

Ainsi, devant une situation économique qui ne cesse d'empirer d'année en année, que peut faire en effet le citoyen ? N'ayant aucun pouvoir pour remédier à sa misérable condition, du fond de son désespoir une longue plainte dit sa détresse. En réalité, préoccupé par l'assurance minimale de sa survie, il n'accorde aucune importance à la notion de qualité ni au respect des normes, même si l'absence de certaines matières dans des produits consommables rejaillit d'une manière négative sur lui. Tridi résume bien cet état de fait qui sévit de plus en plus dans la mentalité de la majorité de la population.

> Ainsi, certains savons dégagent de curieuses odeurs, des dentifrices laissent sur la langue un goût fade, des boissons gazeuses n'ont de gazeux que le nom, et ainsi de suite. Le plus étrange est que ces produits sont quand même écoulés sans problèmes, les clients n'ayant souvent pas le choix et devant se contenter de ce qui se présente. Entre ne pas se laver les dents avec du dentifrice ou accepter un arrière-goût de terre sur la langue... (187)

Il est certain que les séquelles de la pénurie sont grandes dans la vie quotidienne des citoyens algériens, à telle enseigne que beaucoup ont développé une philosophie du contentement. En fait, subissant à outrance la politique du manque et affrontant quotidiennement la disparition de certains aliments, les Algériens ont fatalement appris et à apprécier le disponible immédiat sachant que leur vie est remplie d'aléatoire et que de jour en jour de nombreux obstacles se dressent devant eux.

Dans « L'infanticide involontaire à la tomate », il montre comment la cruauté du sort devient une absurdité sans espoir où, dans un contexte de pénurie alimentaire, une mère tue, par mégarde, son gamin en lui assénant un coup fatal. C'est le drame de Zohra, épouse de Saïd Khentiche, placée entre le marteau et l'enclume pour subvenir aux besoins de sa famille. Son mari râle de manger des pâtes qui n'ont aucun goût et la responsabilise d'être incapable de lui préparer des repas mangeables comme s'il ignore que « la vie en Algérie n'est pas un cadeau ... » (103). Elle ne cesse de lui répéter une constante complainte :

> Ce n'est pas de ma faute s'il n'y a rien sur le marché, nous sommes dans la même galère que presque tous les

> Algériens, et nous devons nous contenter de ce qu'il y a... Nous vivons au jour le jour, comme la plupart des gens. (104)

Et pourtant, chaque matin, elle prend son panier et s'en va faire le tour des magasins dans l'espoir de trouver quelque produit devenu rare, huile, beurre, sucre, café, concentré de tomate et même des pommes de terre. Elle répète au quotidien des scènes qui constituent l'agression permanente que subissent les maîtresses de maison qui doivent se débrouiller avec ce qui se trouve sur le marché pour assurer à leurs familles une quelconque ration quotidienne. C'est pour cela que beaucoup d'entre elles se résignent à prendre place dans des queues interminables, persuadées que tôt ou tard elles seront servies. Mais leurs peines ne sont jamais soulagées ni leurs désirs réalisés, car une fois qu'elles réussissent de frayer un passage pour arriver devant les rayons, elles les trouvent vides.

Apprenant par une voisine l'arrivage des produits de première nécessité, elle se dépêche de se rendre au souk el fellah où elle aime s'approvisionner, accompagnée de son fils Yassine qui vient de boucler ses six ans.

> Tenant son petit par la main, elle tente de s'insérer dans la marée humaine, côté femmes. Bien que l'ouverture ne soit prévue qu'à neuf heures, c'est-à-dire dans une demi-heure, on se bouscule à qui mieux mieux pour se rapprocher des grilles d'accès. À neuf heures, celles-ci ne libérant toujours pas le passage, la foule s'impatiente, ceux de derrière pressant ceux de devant contre les grilles. La pression est accentuée par les nouveaux arrivants. Des mouvements en accordéon s'enclenchent alors, la vague de conduite par ceux de l'arrière étant contrée par la réaction des premiers rangs, tandis que des cris et des injures viennent égayer ces ballottements rythmés. Des écoliers et des badauds se régalent du spectacle pendant que les automobilistes de passage dans la ruelle limitrophe au magasin lancent des plaisanteries. (105)

Après une longue attente, elle ne réussit à obtenir que deux bidons d'huile. Son panier est encore vide et il « lui faudra au moins deux heures pour obtenir du café si elle doit reprendre la queue. Cette perspective la terrorise, et elle bouillonne de rage à l'idée qu'il lui sera impossible de mijoter le repas qu'elle a promis à son mari la veille » (111). Elle reprend la file et arrive à obtenir après deux heures d'attente une livre de café. Il lui manque encore du concentré de tomate et décide de tenter encore sa chance. Elle charge Yassine de garder le café et de surveiller les deux bidons. Mais le gamin, absorbé à regarder la pagaille qui se déroule devant lui, ne fait pas attention au malfaisant Nadir qui s'empare d'un bidon et s'éclipse.

Après une négociation exaspérante avec un caissier, elle se contente, malgré elle, d'accepter ce qu'il lui propose. En s'éloignant de la caisse, « complètement les nerfs à bout » (115), elle trouve son fils les larmes aux yeux. En sanglotant, il lui explique sa mésaventure.

> Pour Zohra, c'en est trop. C'est la goutte. Elle assène une violente gifle à son fils. Yassine esquisse un mouvement de recul. Elle reçoit la boîte de concentré de tomate plein dans la nuque. La frustration et la colère, accumulées depuis la veille et exacerbées par les déboires d'une matinée particulièrement stressante, ont fait perdre la tête à madame Zohra Khentiche, qui a oublié qu'elle tenait une boîte du précieux concentré de tomate dans chaque main à l'instant où elle a frappé son benjamin. Yassine tombe raide mort. (116)

Il est utile de souligner que la gravité de la situation alimentaire qui ronge la société algérienne n'agresse que le citoyen algérien ordinaire. En fait, dans ce pays, une extrême minorité est épargnée du mal de la privation et ne connaît point de frustration ou de calvaire quotidien. Ce sont les familles aisées et les bureaucrates-rentiers qui se nourrissent bien quantitativement et qualitativement. Cette vérité crève les yeux puisqu'il la dénonce dans son essai indiquant que « la nomenklatura et la classe de fonctionnaires qui géraient le pays ne sentaient pas concernés par le problème de la malnutrition » (159). En fait, les détenteurs du pouvoir ont la mainmise sur tous les produits alimentaires aussi bien locaux que ceux importés de l'étranger. Ils sont les premiers bénéficiaires des meilleurs choix. Dans la dernière nouvelle qui clôt son recueil, « L'appât », Tridi traite plusieurs thèmes d'une extrême importance notamment celui de la malhonnêteté de trois fonctionnaires corrompus de l'Entreprise nationale d'irrigation (ENI) qui s'enrichissent en falsifiant les prix d'achat des fournitures et mènent une vie à l'abri de tout besoin.

> À quatorze heures, Rabah Khallouh, Ahmed Bendir et Omar Tabate sont encore attablés au Feu de Joie, l'un des restaurants les plus raffinés du centre d'Alger ; ils sont sur le point de terminer un copieux repas, abondamment arrosé de Cuvée du Président, un bon rouge bien velouté. Leurs collègues les surnomment « Les trois mousquetaires » parce qu'ils sont souvent ensemble, mangent régulièrement à cet endroit, particulièrement apprécié des hommes d'affaires et des couples de midi en mal de discrétion. Les prix n'y sont pas à la portée des bourses ordinaires, mais, à l'image des trois larrons de l'ENI, les habitués du lieu ne sont pas du genre à regarder à la dépense. (147-148)

Ils sont tous impliqués dans la combine pour convaincre le jeune Boualem Harat, recruté comme ingénieur en chef de projet depuis trois mois, de signer la facture de deux pompes commandées à une entreprise française. Devant le coût exorbitant, Boualem refuse de signer et demande des explications à ses supérieurs. Il les rencontre individuellement convaincu qu'il agit dans l'intérêt de l'entreprise qu'il veut servir fidèlement parce qu'elle représente l'unique espoir pour régler son grand problème.

> [...] Boualem, qui, à vingt-neuf ans, n'aspire qu'à un seul objectif : obtenir, un toit, afin de pouvoir convoler en justes noces avec Latifa Baroud, à laquelle il est fiancé depuis plus d'une année. Ils s'entendent si bien, pourquoi attendre ? Ah ! Si ce n'était cette pénurie d'appartement ! Pour lui la seule chance réside dans un

> éventuel octroi par l'ENI d'un logement de fonction, qu'il pourrait mettre à son nom plus tard, grâce à la loi qui impose à tout employeur public de se désister à terme au bénéfice de l'employé. (140)

Encore une fois, précisons-le, cette crise ne frappe que le citoyen ordinaire. Dans la République algérienne, démocratique et populaire, comme l'a signalé Tridi dans son essai, « les apparatchiks et les bureaucrates de tous bords qui ont pris les rênes du pays après l'indépendance ont pondu une réglementation à leur mesure afin de s'approprier villas et appartements de luxe à des prix dérisoires » (96).

Il est nécessaire de rappeler que la crise de logement, aux conséquences sociales considérables, trouve ses fondements dans l'explosion démographique qu'a connue l'Algérie depuis son indépendance. Face aux abus illimités, aux injustices flagrantes et au favoritisme à outrance, les citoyens algériens ne peuvent que s'incliner sachant, d'après Tridi, que depuis longtemps dans leur pays,

> Les octrois des appartements s'accompagnent invariablement de toute une panoplie de sordides marchandages et combines. La distorsion entre l'offre et la demande est si grande que celui ou celle qui dispose de la moindre parcelle d'autorité dans la procédure d'affectation des logements l'utilise comme monnaie d'échange, soit pour exiger un service en retour, soit pour s'enrichir. Des pratiques peu orthodoxes, qui défient le bon sens, l'éthique et la législation, ont de la sorte été érigées en règles admises, utilisées et subies par tous. (90)

Dans ce contexte, trouver un logement n'est pas chose facile. Non seulement l'attente peut durer plusieurs années, mais l'écrasante majorité de la population ne peut se permettre de payer de hauts loyers. C'est ainsi que beaucoup se contentent de vivre à plusieurs sous le même toit. La présentation de cette situation par le personnage de Boualem est commune dans bon nombre de familles algériennes.

> La famille Harat loge dans un deux-pièces. Comme au seuil de chaque nuit, c'est le branle-bas de combat pour l'opération du coucher. On s'affaire pour étaler une literie de fortune sur le moindre mètre carré disponible. Les cinq sœurs et la grand-mère dorment dans la plus grande des deux pièces, qui sert de salon-salle à manger dans la journée, tandis que Salah, le benjamin de huit ans, continue à partager l'autre pièce avec ses parents et qu'un autre frère occupe le couloir. La cuisine, elle, est réservée à Boualem, en sa qualité d'aîné ; il y dort cependant avec Chakib, dix ans. (154)

L'entassement de plusieurs ménages dans des logements étroits est entré dans l'ordre des choses. Il est certain que le manque total d'espace pour une vie décente pose des problèmes insurmontables. Mais beaucoup se contentent de cette solution plutôt que de subir la frustration de l'attente ou de se trouver pris dans un tourbillon vertigineux de situations irritantes. D'ailleurs, un certain nombre de jeunes renoncent à s'engager faute d'avoir un logement.

L'avènement de l'indépendance n'a pas résolu la crise du logement. Les actions réalisées n'ont pas été à la mesure des promesses avancées par les dirigeants. Le déséquilibre entre l'offre et la demande ne fait que s'amplifier. Cette situation tendra à s'aggraver dans les années à venir, sous l'effet de l'écart grandiose entre l'accroissement des demandeurs et celui de la production des logements. Nul doute que ce problème continue à être vécu comme un mal que tous les citoyens algériens ressentent à la fois, autant sur le plan individuel que sur le plan collectif. Ce qui fait dire à Rachid Tridi dans son essai que :

> La crise de logement s'affirme donc comme un des plus puissants agents anomiques dans le processus de détérioration de la société algérienne, parce qu'elle atteint de plein fouet le citoyen, et ceci aussi bien dans la qualité de ses conditions de vie que dans son mental. Combien de jeunes gens souffrent le martyre du célibat, faute de nid pour fonder un foyer ? Combien de

> privations doivent endurer des milliers de familles pour pouvoir s'acquitter des intenables coûts de leurs appartements ? Combien d'universitaires ont été contraints de sacrifier les métiers pour lesquels ils ont étudié afin d'embrasser d'autres carrières sous la pression de la crise du logement ? Combien d'hommes ont étouffé tous leurs scrupules pour tremper dans des magouilles, afin d'entrer en possession des précieuses clés ? Et combien et combien… ? (97)

Boualem dort sur un matelas posé à même le sol, coincé entre la paillasse et la table de cuisine. Sa situation est désolante quand en pleine nuit, à cause d'un rêve érotique, il remplit le pantalon de son pyjama d'une puissante éjaculation et se lève pour effacer les traces de sa jouissance. Par malchance, il ne peut pas se laver du fait qu'« il n'y a pas d'eau au robinet des toilettes. Il n'est que quatre heures et demie, et l'eau n'est disponible qu'à partir de cinq heures en raison des coupures programmées » (155).

L'écrivain considère cette donnée manque d'eau au robinet insoluble l'écrivain et constitue dans son pays une plaie inguérissable. En fait, l'alimentation vitale permanente et n'est pas, non plus, fournie à tous les ménages. En Algérie, le phénomène des coupures en eau potable constitue une réalité structurelle institutionnalisée. C'est ainsi que hormis dans des quartiers résidentiels, « une distribution d'eau continue demeure un luxe à peu près inconnu, sauf à avoir les moyens de faire installer les fameuses citernes qui se remplissent pendant les tranches horaires où l'eau est distribuée »[17]. En effet, dans plusieurs habitations algériennes, de gros cylindres sont installés pour assurer une réserve d'eau suffisante susceptible d'éviter de se laver ou de faire les travaux ménagers. Cependant, ceux qui ne peuvent s'offrir ce moyen et souffrent de voir leurs robinets désespérément secs dix à seize heures par jour, parfois plus, été comme hiver, n'ont de choix que de s'alimenter à la fontaine publique. Cette solution implique de nouvelles frustrations du fait que la recherche de l'eau potable

---

[17] José Garson. « Vivre sans eau », dans Reporters sans frontières, *Le drame algérien - Un peuple en otage*, Paris, Les Éditions La Découverte, 1995, p. 16.

donne lieu à de multiples tensions.

Si les coupures d'eau ont pénétré, depuis longtemps, les habitudes de vie du citoyen algérien, il n'en demeure pas moins vrai qu'elles ont donné naissance à des situations et à des scènes d'un superbe insolite allant même jusqu'à transformer le paysage sociétaire du pays. D'autres transformations sont plus manifestes au niveau humain où les citoyens algériens développent de nouvelles habitudes et adoptent des comportements inattendus. Il est remarquable de constater à quel point le manque d'eau potable conditionne l'existence des individus, brise l'obsédante monotonie de la vie et les pousse à s'adapter aux palpitations quotidiennes qui rythment la société.

Il reste que c'est au niveau de l'épanouissement des êtres que la privation entraîne des effets perturbateurs et insoutenables. La gravité du malaise transparaît à travers la dégradation physique et vestimentaire des Algériens. À vrai dire, les dégâts des jours sans eau sont considérables. Tridi les signale dans son essai : « visages mal rasés, habits mal lavés, pieds sales et puanteurs corporelles » (82). Les désagréments engendrés par les ruptures d'eau systématisées sont profonds, révoltants et illimités.

Les supérieurs de Boualem savent qu'avoir un appartement est son talon d'Achille. Ainsi, pour le pousser à signer sans nulle réticence, Rabah Khallouh lui promet-il l'obtention d'un cinq-pièces à Garidi, un très beau quartier. Il croit rêver en entendant ses paroles rassurantes, ô combien mensongères :

> - Vous aurez les clés dans une quinzaine de jours au maximum... Comme vous le constatez vous même, monsieur Harat, vous serez logé avant d'être confirmé officiellement à votre poste... C'est dire combien ma confiance en vous est grande. (153)

La tête pleine de rêves, Boualen s'empresse dès son arrivée au bureau de trouver la facture de la commande et d'apposer sa signature confiant qu'il sera récompensé à la hauteur de son geste. Tristement, il ne se rend pas compte, qu'il s'est fait piégé par des fonctionnaires sournois, et qu'il a mordu à un appât malsain et dangereux qui risque de le nuire tôt ou tard.

Dans la nouvelle qui donne son titre au recueil, Tridi ne ménage pas ses mots pour dénoncer la fraude électorale qu'il présente de manière révoltante à travers l'attitude de Kamel qui se voit « refuser la délivrance d'une fiche individuelle d'état civil faute de carte d'électeur » (55). Il se présente à la mairie de Tfantiz, « un quartier populaire d'Alger » (53), accompagné par son ami Hocine Mounas, appelé « *docteur kamikaze* » (56) parce que c'est un citoyen convaincu de son droit et n'hésitant pas à prendre des risques tenant tête aux fonctionnaires incompétents et sournois. Rien à faire. Pour étoffer les listes électorales, le maire donne ses instructions de ne délivrer « aucun papier d'état civil sans la carte d'électeur » (54). Quand ils arrivent à la mairie, ils sont sidérés par ce qu'ils voient :

> [...] Hocine et Kamel trouvent les guichets réservés au public relativement libres, les administrés s'étant rabattus devant l'entrée du bureau des inscriptions sur les listes électorales. Devant une petite porte se pressent deux chaînes humaines, l'une pour les femmes et l'autre pour les hommes, désordonnées et contenues par deux policiers armés de matraques. Du côté des femmes, ça jacasse à qui mieux mieux. [...]
> Du côté des hommes, la bousculade est plus spectaculaire : les coups de coude sont plus meurtriers. Les coups de matraque aussi. Mais les mâles maugréent autant que les femelles. (56-57)

Les deux amis sont écœurés de voir le peuple algérien transformer en un ramassis de moutons (58), ne désirant que retirer la fiche individuelle et quitter ce lieu étouffant, voire insultant. Mais toutes leurs tentatives s'avèrent vaines et on se contente de leur répéter les mêmes explications et de leur suggérer les mêmes conseils :

> - Voyez-vous mes frères, je ne suis que le chef des agents de guichet, on m'a donné des consignes claires et strictes, que je me dois d'appliquer ; je n'ai pas à entrer dans les détails de légalité et de droit, ce n'est pas mon travail. Mais ce qui est sûr, cependant, c'est que je ne peux autoriser mon

> subordonné à vous délivrer une fiche individuelle sans présentation de la carte d'électeur. Mais si vous insistez, vous demandez à voir le chef du service de l'état civil. Il est mieux placé que moi pour décider. C'est au premier étage. (60)

Sur un ton paternaliste, le chef des agents leur conseille de faire comme tout le monde :

> - Vous m'avez l'air intelligents, vous deux, vous êtes adultes et instruits, pourquoi cherchez-vous des histoires pour une malheureuse fiche individuelle ? Faites comme tout le monde, inscrivez-vous sur les listes électorales ! Cela ne vous coûtera qu'une petite bousculade et quelques coups de matraque ; c'est moins cher que d'avoir affaire avec les autorités. Car, mes enfants, dites-vous bien que même avec votre droit vous risquez des ennuis si vous voulez jouer aux originaux ; laissez tomber, et revenez demain matin. (60)

C'est une question de principe et de défense de leur droit de citoyens libres dans leurs choix politiques dans une République qui se targue d'être démocratique. Ils ne baissent pas les bras frappant à toutes les portes. Dans leur argumentation avec le secrétaire général, ils vont être accusés d'être des voyous semant le trouble et agissant contre la Révolution en disant des mots terribles. Ils seront conduits au commissariat où ils vont subir insultes, injures et une pire humiliation.

> L'un des deux agents, révolté par tant d'insolence, s'avance vers le médecin et lui cingle le visage d'une gifle bien ajustée : sous la violence du coup, les lunettes de Hocine se détachent et tombent à terre. Kamel en reste abasourdi. (64)

Ce passage au commissariat est déroutant et insultant à leur égard. Ils vont être sévèrement maltraités. Et avant de les laisser partir, le commissaire les avertit de ne pas chercher à être de fortes têtes et de porter de « graves accusations contre un militant réputé pour son engagement et son intégrité… C'est de la diffamation ! » (64). L'officier de police, de son côté, demande au docteur de présenter des excuses à son agent qui l'a frappé. À entendre ces paroles, Houcine est désemparé. Il est face à une extrême absurdité :

> Les doutes diffus sur la peine que ça vaut de vivre dans un monde dénué de toute échelle de valeurs humaines, doutes qui se bousculaient jusque-là aux frontières du subconscient de Hocine, remontent à la surface sous une forme de certitude définitive : il n'y a plus moyen de vivre en paix en Algérie si l'on tient à conserver un minimum de dignité. Il en est cette fois convaincu. Mais, lui, il ne pliera point. Il lui revient en mémoire la maxime de Confucius : « À un homme on peut tout enlever, sauf sa volonté ». Il ne présentera pas d'excuses, quoi qu'il puisse arriver. Mais dans quel monde de fous vit-il ? Il doit s'excuser d'avoir été giflé ! Absurde ! Absurde ! Aucun dialogue n'est possible avec cette vermine ; il décide de garder le silence. (65)

Pour se remettre de leur mésaventure, ils entrent dans un café. C'était l'heure du journal du soir. Dépassés par l'ampleur du mensonge, ils regardent le journaliste jubiler en annonçant le bon déroulement de la démocratie :

> Les inscriptions sur les listes électorales, entamées il y a quelques jours, se poursuivent dans de très bonnes conditions. Le peuple algérien manifeste chaque jour sa maturité et sa confiance dans son parti d'avant-garde, le glorieux Front de libération nationale... (67)

Pour renforcer cette propagande, le journaliste donne la parole à une femme d'un certain âge qui confirme ses dires :

> - Je suis très satisfaite de l'organisation, nous sommes fiers de notre parti et de notre président ! Comme nous avons gagné la guerre contre les Français, nous gagnerons les élections ! Nous vaincrons tous les ennemis de la Révolution qui sont jaloux de voir notre cher pays se développer ! Vive l'Algérie ! Vive l'Islam ! Vive le FLN ! Et qu'Allah nous garde notre président !

Que... (67)

Par cette nouvelle, Tridi dénonce l'ordre politique établi par les dirigeants du pays. Il responsabilise fermement ses compatriotes qui ne veulent pas reconnaître que l'Administration est figée dans une lourdeur bureaucratique incommensurable qui leur ôte tout espoir de retrouver leur juste place dans leur pays. Il accuse surtout ces « Algériens et Algérois [de mettre] le doigt dans l'engrenage de la tromperie, un engrenage que nul ne peut arrêter - c'est l'inexorable enchaînement déclenché par l'effondrement des valeurs »[18] et la perte de tous les repères dans la société algérienne. En permettant de faire découvrir la partie sombre entourant les élections, l'écrivain éclaire sur cette situation déstabilisante où tout le monde est paralysé dans le mutisme et l'indifférence face à la fraude électorale et à la dictature politique. Ainsi, dénonçant ce pouvoir autocratique fermé sur lui-même, qui a une politique absolument autoritaire, il expose la puissance d'un régime dictatorial qui repose sur l'abus, l'intimidation, la peur et la falsification. Il inscrit sa création dans un processus d'engagement qui lui permet de dire le politique en exhibant ses aspects les plus contraignants là où il est interdit de le dire.

L'on serait tenté dans un premier temps de penser qu'en témoignant à partir du Québec où il vit cette grande noirceur qui caractérise l'Algérie, qu'il rejette son pays natal. D'après Verthuy,

> L'on aurait sans doute tort de réagir ainsi. C'est en amoureux éconduit que Rachdi Tridi écrit ses livres. S'il n'aimait pas l'Algérie d'un amour tendre, s'il n'en reconnaissait pas toute la richesse, tout le potentiel, il ne pourrait en aucune manière tremper sa plume dans un tel acide. L'indifférence ne donne pas lieu à de telles déclarations[19].

---

[18] Bergeron. « Le doigt dans l'engrenage... », p. 10.
[19] Verthuy. « Complainte algérienne. Rachid Tridi : un survol », p. 66.

On la perçoit dans le rapport que son écriture entretient avec la perspective globale de l'attachement affectif d'un Algérien à son pays natal, c'est-à-dire sa mise en forme publique, et sa force pour démontrer qu'il est possible d'aimer passionnément son pays en le décriant sévèrement. En fait, Tridi plonge dans l'absolue nécessité de donner un sens à des manifestations et à des gestes, qui, de l'extérieur pourraient en sembler dépourvus. Il réussit parfaitement bien à traduire l'état dégradant qui marque la société algérienne qui après l'indépendance s'installe dans la prédominance du régime unitaire. Fait caractéristique, cependant, ce parti qui a occupé une place privilégiée dans l'appareil gouvernemental et la vie politique algérienne est devenu le seul maître de la destinée du pays. D'une façon générale, les dirigeants qui ont gouverné l'État algérien n'ont pas manqué de s'accaparer de tous les pouvoirs décisionnels et d'incorporer dans le jeu politique l'exercice du pouvoir par un système dictatorial. En plus, ce qui caractérise le régime du parti unique, c'est que ses dirigeants n'acceptent aucune présence concurrentielle. C'est à eux de définir les limites et les formes de la politique du pays.

Parlant de la politique du parti unique en Algérie, Malek Amari écrit : « Le FLN a fait de la jeunesse algérienne une génération sacrifiée. Il a créé en même temps, de toutes pièces, une bourgeoisie parasitaire qui a confisqué le pouvoir économique et qui a accaparé à son seul profit les capitaux et les richesses naturelles du pays »[20]. Plus que cela, ce parti a imposé au peuple une forme de dictature, une sorte de régime fasciste. Ses chefs ont sacré leurs efforts à éliminer les concurrents et à réaliser leurs efforts. Pour ce faire, ils se sont appuyés sur l'organisation et le développement d'une structure gouvernementale bien encadrée, favorisant l'émergence de nombreux représentants du pouvoir. La critique ouverte de Tridi est très nette à l'égard des agents du pouvoir d'État qui ont rendu la société algérienne policée marquée par les contraintes de ses institutions chargées de la répression sociale. C'est aussi la dénonciation de l'abus de pouvoir « de cette élite politique

---

[20] Malek Amari. *Le père et le FIS - Le FLN, le FIS, et après ?*, Paris, Maisonneuve et Larose, 1996, p. 15.

qui s'est arrogé la force et le droit pour imposer un système dans lequel la démocratie n'a jamais eu droit de cité »[21].

Dans ces nouvelles, Tridi tente d'exprimer le malaise qui ronge son pays natal. Son écriture qui résonne de dévoilement et de dénonciation permet de révéler les noyaux des maux qui ont perturbé le développement de la société algérienne et l'épanouissement de ses citoyens. À cet égard, Bergeron souligne,

> Tridi expose une série de tableaux où point toujours un climat désabusé et pessimiste, et le ton de l'écrivain est d'une concision et d'une neutralité peu communes. La duperie et les tractations malhonnêtes surabondent dans cette humanité au cœur gâté, trente ans après l'obtention par l'Algérie de son indépendance politique[22].

Chaque nouvelle met en évidence des faits qui portent une vérité nue et vise à montrer de l'intérieur la réalité algérienne à soumettre au lecteur, sans hésitations, sans égarements et sans fausse pudeur. L'écrivain illustre cette possibilité avec la charge explosive qu'il applique à l'Algérie en livrant « une tranche de la société algérienne amère, lucide, et surtout sans complaisance; société dans laquelle l'individu est perdu au milieu de plusieurs allégeances contradictoires »[23]. Tridi réussit à convaincre et à susciter la curiosité du lecteur en adoptant une narration fluide et un « style journalistique, sobre et sans minauderies », ce qui lui permet d'offrir « plusieurs variations autour d'une même situation critique »[24]. Par cet écrit, il « se place dans la grande tradition des écrivains algériens, à la fois témoin des souffrances de leur peuple et traducteur des maux de leur société tout en étant intimement lié à elle »[25]. Et l'on peut ajouter que *Le doigt de l'engrenage* offre aussi les premiers

---

[21] Ahmed Rouadjia. *Grandeur et décadence de l'État Algérien*, Paris, Khartala, 1994, p. 25.
[22] Bergeron. « Le doigt dans l'engrenage... », p. 10.
[23] Gris. « KIOSQUE. Les paradoxes algériens », p. 1.
[24] Bergeron. « Le doigt dans l'engrenage... », p. 10.
[25] Gris. « KIOSQUE. Les paradoxes algériens », p. 1.

mots d'une production romanesque, d'une création littéraire dans laquelle Tridi a su amorcer une nouvelle trajectoire dans l'écriture migrante des Maghrébins au Québec. Une écriture qui semble être à la mesure de ses espoirs et de son talent d'écrivain.

# Wahmed BEN YOUNÈS

Né en 1956, à Aït Yahia, dans les montagnes de Djurdjura, Wahmed Ben Younès est également algérien, mais revendiquant son identité kabyle. Avant de s'installer définitivement au Québec en 1995, il a transité par la France et l'Italie, plus spécifiquement la Sicile. Ses voyages ont forgé sa personnalité contribuant à une prise de conscience identitaire qu'il tente d'exprimer à travers l'écriture.

> Fasciné, comme beaucoup d'Algériens, par la France, il émigrera en 1980 alors jeune adulte, âgé de 23 ans. Il ne reste pas très longtemps et décide d'aller vers l'Italie. L'italien lui semble finalement trop compliqué à apprendre, il se dirige vers la Sicile où il demeure plusieurs mois. C'est là qu'il a « commencé à écrire de la poésie [...] par nostalgie ou par pensée au village. C'était vraiment la culture qui revenait ». C'est comme s'il avait « envie de cracher ce que [il avait] à l'intérieur, pas d'oublier, mais presque [...] il fallait le sortir sinon [il retournait] en Algérie ». Même s'il retourne régulièrement en Kabylie, ses écrits sont nostalgiques. Ils portent « sur [sa] vie au village, sur [sa] mère et ils racontent la situation d'immigrant en Italie, en France et par la suite au Québec »[1].

Animateur et éducateur auprès des enfants, il a fait son entrée littéraire par un roman qui a été publié en France en 1999, même s'il demeure au Québec. À vrai dire, sa voix en tant qu'immigrant a éprouvé des difficultés à se faire entendre dans son pays d'adoption. Après de nombreuses tentatives de faire transmettre sa culture en éditant ses contes dans des maisons d'édition québécoise, il s'est engagé à le faire lui-même en publiant ses écrits à compte d'auteur, considérant la publication comme élément fondamental pour se faire connaître. C'est dans cette perspective qu'il fonde en 2002 la

---

[1] Rachédi. *L'écriture comme espace d'insertion et de citoyenneté pour les immigrants*, p. 71.

collection « Fenêtre sur l'ailleurs » dans les Éditions le figuier. Cette démarche lui paraît essentielle comme un moyen lui permettant de « maintenir des liens avec plein d'associations qui achètent ainsi [ses] livres »[2]. Il réalise *Le petit Amazigh*[3], un conte qu'il met en scène et édite en berbère et en français. Il le joue régulièrement « avec son premier fils dans différentes activités et occasions », considérant « que la culture berbère au même titre que la culture bretonne, québécoise ou kurde » doit être connue et reconnue. Un effort systématique doit être soutenu pour briser le silence et surtout pour préserver la « langue minoritaire »[4] de chacun de ces groupes. Il publie aussi *Conte du petit amazigh, Tamacahut Umazig amectuh*[5].

Il convient de préciser que son activité d'écriture n'est pas exclusive puisqu'elle est associée à un autre métier d'éducateur et de propriétaire d'une garderie familiale. Toutefois, il consacre son temps libre à publier des contes pour la littérature jeunesse. Son deuxième écrit significatif s'intitule *Ziri et ses Tireliers* qu'il a écrit à l'âge de 50 ans. Le personnage principal de ce récit est son deuxième fils Ziri qui va être affecté par la séparation de ses parents et l'écrivain décide de lui offrir un livre à l'occasion de son anniversaire où il a écrit une histoire spécialement pour lui. Voici comment l'éditeur le présente sur la quatrième couverture :

> Affecté par un différend entre ses parents, Ziri s'enfuit dans un monde imaginaire où il fait un voyage autour du monde accompagné de ses tirelires. Très tôt le matin, Ziri quitte la rue de la Tourelle et s'élance avec ses amis sur le dos d'un dragon. Durant sa fugue, du Québec à la Kabylie, il découvre des humains et des pays. Il fait un voyage inoubliable où la curiosité et le savoir font

---

[2] *Ibid.*, p. 73.
[3] Wahmed Ben Younès. *Le petit Amazigh*, Québec, Éditions le figuier, « Fenêtre sur l'Ailleurs », 2001.
[4] Rachédi. *L'écriture comme espace d'insertion et de citoyenneté pour les immigrants*, p. 73.
[5] Wahmed Ben Younès. *Conte du petit amazigh, Tamacahut Umazig amectuh*, Québec, Éditions le figuier, « Fenêtre sur l'Ailleurs », 2002, 48 p.

grandir son esprit, et durant lequel il s'émerveille sur le pays de ses ancêtres. La réalité le rattrapera-t-il ?[6]

La réalisation de ce livre revêt un caractère spécial chez l'écrivain, comme le souligne Rachédy :

> car d'un côté, il raconte « dans la société québécoise ce que vivent les enfants et comment les enfants peuvent échapper à une séparation. En fait c'est un enfant qui échappe à la séparation par l'imaginaire ». D'un autre côté, l'histoire de Ziri, c'est « cet enfant-là qui est né d'un mariage mixte et qui retourne au pays de son père »[7].

Il faut préciser que dans le parcours de vie de Ben Younès, il ne se considère pas comme un écrivain, car il ne se prend « pas assez au sérieux » et lui préfère l'appellation d'artiste tout en soulignant l'importance pour l'intégration d'un auteur dans son pays d'adoption d'être publié et accepté parmi les créateurs d'ici. Pour lui, « la connaissance et l'acceptation des autres favorisent la paix dans le monde ». Il reste que la caractéristique principale est le maintien des liens étroits avec la Kabylie (visites régulières, correspondances, téléphones, etc.), « parce que (il) a encore de la famille là-bas ». Il a envie que ses enfants « connaissent là où (il) a grandi, qu'ils voient un peu le village, la montagne, la mer »[8]. Ainsi, ils pourront comprendre les motivations qui animent leur père pour maintenir vivace sa propre culture et son identité spécifique.

Cette terre qu'il transporte avec lui au fond de son être est présentée dans son roman *Yemma*[9] qui signifie « maman » qu'il

---

[6] Wahmed Ben Younès. *Ziri et ses Tireliers*, Éditions du Phoenix, 2006, 80 p.
[7] Rachédi. *L'écriture comme espace d'insertion et de citoyenneté pour les immigrants*, p. 75.
[8] Voir Lilyane Rachédi. « Les écrivains maghrébins au Québec et leurs œuvres : espace de médiation et de transmission de l'histoire et le changement personnel », Blanche Le Bihan et Louis Jacob (s. la dir. de). *La médiation culturelle : enjeux, dispositifs et pratiques, Lien Social et Politique*, Numéro 60, automne 2008, pp. 145-147. Consulté le 26 septembre 2016 : http// : id.erudit.org/ iderudit 019452ar.
[9] Wahmed Ben Younès. *Yemma*, Paris, L'Harmattan, 1999, 154 p.

réalise à l'âge de 43 ans, à partir du Québec où il vivait depuis quatre ans. Il a une conjointe avec laquelle il a eu un premier enfant, Yuva. Ainsi, pour l'écrivain,

> [c]e livre est significatif, d'abord parce que c'est le premier et ensuite il correspond à une étape où il ressentait le besoin de raconter sa culture, son histoire et d'où il venait. Il vivait alors en Sicile. Il se sent tiraillé entre la volonté d'avoir à choisir entre « l'Europe et la Kabylie ». Au départ, ces sentiments lui inspirent l'écriture de poèmes et de retour en France, ses écrits prendront la tournure d'un récit. Ce récit s'impose à lui parce qu'il fallait qu'il « sorte la Kabylie » qui était à « l'intérieur », « dans sa tête » sinon c'était « impossible d'aller vers ailleurs, il fallait vraiment sortir cette Kabylie-là pour faire entrer d'autre chose ». Une fois franchie, cette étape d'écriture lui a permis de s'ouvrir à d'autres horizons, d'autres pays et d'autres cultures[10].

La concrétisation de ce roman peut s'apparenter, dans le parcours de vie de l'écrivain, à « la coïncidence inattendue entre le hasard dans la nature et la nécessité de la raison »[11]. En fait, en remontant dans le temps lointain pour raconter la vie d'un jeune garçon dans son village natal de Kabylie, son témoignage « qui n'est pas dénué d'importance, pose à bien des gens d'expérience et à d'autres moins habitués à la réflexion approfondie, la double question de l'organisation du destin personnel et du sens objectif de l'action individuelle »[12]. En fait,

> *Yemma* a été écrit alors que l'auteur vivait en France et était de passage en Italie. Essentiellement, cette œuvre lui permet de se libérer d'une histoire pour s'ouvrir au présent et aux histoires : histoire de la Kabylie et de sa vie là-bas. Selon l'auteur, écrire cette œuvre lui permettra de se défaire de cette histoire. En ce sens,

---

[10] Rachédi. *L'écriture comme espace d'insertion et de citoyenneté pour les immigrants*, p. 73.
[11] Eric Köhler. *Le hasard en littérature*, Paris, Klincksieck, 1986, p. 10.
[12] *Ibid.*, pp. 10-11.

cette œuvre lui permet d'accepter l'émigration et d'être en paix avec ce choix[13].

Animé par ce désir de se détacher de son passé et de renoncer à ses racines afin d'accéder à une évolution certaine de son être, Ben Younès « explique clairement l'urgence d'écrire « sa Kabylie » pour pouvoir tourner la page et s'ouvrir à autre chose. Cette urgence naît d'un malaise qui irrite l'auteur »[14]. L'acte d'écrire lui procure à la fois délivrance et libération pour se développer, voire s'épanouir en tant qu'être humain. Son cheminement vise à le transformer dans la perte de ce qu'il avait enfoui en lui et qui entravait son évolution.

> Quand on regrette on arrive dans un milieu, on n'est pas bien et c'est pour ça on pense des fois à l'ancien milieu. Alors, le décrire c'est comme si je me dis ce lieu-là il a existé maintenant bon je peux passer à un autre milieu.
> Écrire la Kabylie parce qu'elle était à l'intérieur de moi... Elle était dans ma tête donc c'était impossible d'aller ailleurs. Il fallait vraiment sortir cette kabylie-là pour faire rentrer d'autre chose c'est vraiment ça[15].

Cette démarche l'autorise à tourner la page de sa vie en Kabylie pour en commencer une nouvelle qui peut s'avérer libératrice, lui permettant du même coup de se décharger d'une partie enfouie en lui. Alan Médan indique l'enjeu d'une telle prise de position :

> Pour s'élancer, rompre avec soi et pourtant, par-delà ce qu'on brise, se poursuivre. Pour s'éprouver, s'abandonner à l'inconnu et pourtant, par-delà ce qu'on risque, maîtriser l'aléa. Tel est donc le départ : le geste de désentravement qui parie sur l'ailleurs, sur la liberté[16].

---

[13] Rachédi. *L'écriture comme espace d'insertion et de citoyenneté pour les immigrants*, p. 84.
[14] *Ibid.*, p. 84.
[15] *Ibid.*, p. 85.
[16] Alain Médam. « À Montréal et par-delà, passages, passants et passations », dans Benoît Melançon et Pierre Popovic (dir). *Montréal 1642-1992. Le Grand*

Dans cette volonté de faire connaître les Kabyles et d'explorer littérairement son milieu social et familial, l'aspect autobiographique de son roman garde à ses yeux la plus grande importance. Il lui consacre toute son attention à cause, comme le remarque Charles Bonn

> Du pacte autobiographique selon lequel ce genre s'engage à ne dire que la vérité, et qui plus est une vérité exemplaire, représentative du groupe plus ou moins exotique auquel on s'intéresse, plus que l'individu particulier, parfois atypique, qui est nécessairement un écrivain perçu en tant que créateur[17].

Ainsi son témoignage sur la Kabylie, qui vise à livrer une vérité révélée par lui d'un monde réel qui dévoile les profondeurs de sa pensée, est-il bâti autour de l'espace géographique et du temps irréversible. Dès lors, la stratégie élaborée dans la trame narrative de son premier roman s'éclaire, dont l'action s'exerce sur le champ humain, social, religieux, idéologique et politique. Dans l'écoulement du temps qui passe à travers quinze chapitres, l'histoire du personnage principal s'étend de l'enfance jusqu'à l'âge adulte. Les yeux de cet enfant (qui est aussi le narrateur) nous invitent à découvrir une famille kabyle, une culture, des traditions, des mœurs, des croyances et des superstitions. Et si le titre est, en principe, révélateur du contenu, il est intéressant de préciser que son choix a été dicté par le responsable de L'Harmattan selon les dires de l'auteur.

> L'idée de publication en France lui est venue d'un éditeur québécois qui lui a dit franchement qu'ici « en tant qu'Algérien, oublie ça ». Cet éditeur lui suggère de tenter sa chance chez l'Harmattan en France. Finalement, Wahmed demande à son ami qui vit en

---

*passage*, Montréal, XYZ. Coll. « Théorie et littérature », 1994. p. 91.

[17] Charles Bonn. « Autobiographie, ambiguïté générique et prise en compte de l'histoire interne de la littérature maghrébine francophone », Christina Boidard (s. la dir. de). *L'autobiographie dans l'espace francophone. III - Le Maghreb*, Cadíz, Universidad de Cadíz, 2007, p. 13.

France d'envoyer son manuscrit à l'Harmattan. L'éditrice accepte, mais lui propose de modifier le titre parce qu'elle considère que ce livre est un hommage aux femmes. Elle pense que le titre *Yemma* serait plus approprié. Wahmed l'avait intitulé *Une enfance berbère*[18].

Il est certain que l'acte d'écrire des mémoires issues de la plume d'un personnage qui a non seulement été le témoin d'une époque, mais aussi le principal acteur des événements confère au récit authenticité et consistance. Il rappelle un autre roman *Le Fils du pauvre* de Mouloud Feraoun dont « l'idée d'une écriture transparente qui transmettait de façon univoque et exclusive des informations puisées dans le réel »[19] marque sa force et son originalité. D'ailleurs, Ben Younès confirme qu'il s'est inspiré de cet écrivain kabyle en marchant sur ses traces, comme le rapporte Rachédi :

> Son modèle d'écrivain est Mouloud Feraoun parce qu'il raconte « la vie des paysans. Il raconte la vie du village, c'est un gars qui est porté à critiquer la société kabyle, qui n'a pas peur, qui se laisse aller dans l'écrit et qui va prendre le petit détail auquel personne ne va penser. En même temps qu'il était enseignant à Alger, il était à la fois dégagé de cette société-là et en même temps elle lui appartenait ». Mouloud Ferraoun est l'auteur qui l'« inspire » encore. D'ailleurs Wahmed pense que c'est toute la poésie quotidienne, c'est toute la façon de voir les choses, la façon d'interpréter, de décrire, même [son écriture] » qui dévoilent ses origines[20].

Il est important d'ajouter que la naissance de l'auteur coïncide avec le déclenchement de la guerre d'Algérie et son village, comme tant d'autres, n'a pas échappé à la violence de

---

[18] Rachédi. *L'écriture comme espace d'insertion et de citoyenneté pour les immigrants*, pp. 73-74.
[19] Robert Elbaz et Martine Mathieu-Job. *Mouloud Feraoun ou l'émergence d'une littérature*, Paris, Karthala, 2001, p. 9.
[20] Rachédi. *L'écriture comme espace d'insertion et de citoyenneté pour les immigrants*, p. 72.

ses affrontements et de ses horreurs. Très tôt, un terrible drame frappe sa famille. Son père, âgé de 41 ans, est enrôlé au combat pour l'indépendance de son pays et meurt au front. Wahmed a alors deux ans. Pour commencer le récit de son histoire, il rappelle cet événement tragique ancré dans la mémoire individuelle et collective. Sa peine est totale d'être orphelin, et privé de la présence et de l'affection de son géniteur dont le grand départ laisse une immense béance dans sa vie. C'est la mère qui se charge de soulager ses enfants de cette douloureuse blessure et surtout de leur permettre de saisir la grandeur, le courage, la générosité et l'engagement de leur père qui a soutenu les combattants algériens contre l'occupant français n'hésitant pas à tout mettre à leur disposition. Ses actions valeureuses lui ont valu de l'admiration, du respect et de la considération de la part des villageois qui se rappellent avec éloge tout ce qu'il a fait.

> Aussi handicapée que les individus de ce monde assombri par la guerre, la poupée est le seul jouet que ce fléau a pu nous laisser à Roza et à moi. Alors qu'à l'aube d'une journée de cette même année notre père allait tomber sur le champ d'honneur pour une certaine patrie, ma petite sœur voyait le jour au moment où la lumière du soleil venait de quitter le seuil de notre porte. Elle est là, ne sachant vers quels bras courir, ni dans quelle assiette grignoter, tandis que *Yemma* nous raconte que *Vava* était un homme grand, fort silencieux et qu'avec lui, elle avait été heureuse et que, malgré la guerre, ils avaient vécu l'amour. Alors qu'il travaillait à Alger comme fonctionnaire, on vint lui demander un jour de payer son tribut à la révolution. Juste et ferme, il donne plus qu'il n'eût fallu : son temps, son argent, nos vivres et même notre maison furent mis à la disposition des révolutionnaires. On le prenait en exemple : « Un très grand », affirmaient certains. (9)

Ben Younès revient sur cette mémoire blessée et souligne la douleur, ainsi que la frayeur qui lui crispe le ventre quand il entend le récit de l'enterrement de son père. À travers les paroles de sa tante, il découvre le courage affiché par sa mère pour affronter cette situation cruelle et meurtrière.

> Sur ces mots, je commence à avoir chaud dans le ventre. Dans ma tête, une terrible panique, je suis angoissé et je pleure. *Setti* me prend la tête : « tu peux cesser tes pleurs, car, en notre présence, tu ne risques plus rien. Depuis la mort de *Vava*, ta mère est courageuse. Il est mort un mois de mai à trois heures du matin et *Yemma* est allée le chercher sur son dos avec sa mère, malgré le sifflement des balles au-dessus de sa tête. Après avoir lavé *Vava*, la communauté villageoise l'a enterré dignement et soigneusement. Quand elle a reçu la nouvelle par un des villageois voisins, elle ne savait que faire. Elle ne pensait plus qu'à Roza qui était dans son ventre, à qui cette guerre a enlevé son *Vava* sans qu'elle soit concernée. Tu sais, vraiment personne n'est à l'abri ». (135)

La guerre qui constitue un thème majeur dans la remémoration de l'écrivain de son passé lointain n'a épargné ni l'un ni l'autre sexe. Les souvenirs demeurent marqués par des moments pénibles vécus par les femmes qui affrontent la terreur d'un occupant féroce et impitoyable dénué de toute sensibilité humaine.

> Les femmes sont terrorisées chaque jour quand des camions arrivent et que des hélicoptères volent à basse altitude pour nous obliger à rentrer ou à sortir. Il en va ainsi dans tous les villages de la Kabylie et d'ailleurs. Dans la plaine, ils font brûler la forêt. Ils ont trop de haine dans le cœur. (135)

La connaissance de cette partie tragique dans l'histoire familiale le place devant une situation de responsabilité qu'il est appelé à assumer par la force de son destin. Comme le lui suggère sa tante : « Maintenant que tu connais bien le passé, aide *Yemma*, tes sœurs, tes frères à la construction d'un meilleur lendemain » (135), il prend soudainement conscience du rôle à jouer en soutenant sa mère qui s'occupe seule de sa petite famille lui apportant présence et assistance. Il reste que la saisie de ce passé caché ou ignoré l'aide à se situer dans le temps présent pour mieux avancer vers l'avenir.

> Comprendre un passé, connaître l'histoire orale, c'est accepter les choses réelles d'une époque pour pouvoir se préparer à mieux vivre la suivante, sans haine ni rancune. Depuis ce jour, j'accompagne Yemma dans toutes les tâches et les déplacements, je lui donne tout l'amour que j'ai. (135)

C'est bien en accompagnant sa mère le jour du marché qui devient à partir des années mille neuf cent soixante, plein de peur et d'intimidation qu'il prend conscience de la présence de l'armée française, et de la souffrance endurée par les indigènes. Les habitants du village sont soumis à un sévère contrôle qui accentue la gravité de leur misère. La lutte de sa mère pour subvenir aux besoins de ses enfants demeure un souvenir inoubliable de cette nécessité de survie, préoccupation essentielle pendant cette période coloniale.

> Les foules ne traînent pas au marché, les gens font leurs courses et rentrent dans leur village. Avant de quitter la ville, le même contrôle nous est imposé, mais cette fois de façon beaucoup plus dure encore, puisque les militaires confisquent la nourriture à quelques-uns d'entre nous. Je me souviens quand ils ont confisqué à *Yemma* du sucre, du café et, je crois, du lait en poudre aussi, comme si chacune ne devait acheter qu'un seul paquet. Responsable d'une famille comptant huit membres, dont six enfants, *Yemma* a autre chose à faire que de se rendre tous les jours au marché. (133)

Tout roman est à la fois histoire d'une ou de plusieurs âmes et chronique de société. De la lecture de *Yemma*, se dégage clairement cette volonté de l'écrivain d'intégrer dans la dynamique narrative la vie sociale kabyle empruntant beaucoup à la matière du *Fils du pauvre*. Il relate des moments retrouvés, présentés à travers ses yeux d'enfant, pour décrire son cheminement personnel de l'enfance à l'adolescence au sein de sa communauté. Son écrit qui se nourrit d'une vie humble et chaleureuse riche de souvenirs et d'événements liés à la culture kabyle dépeint un monde clos de l'intérieur. Il ressemble à bien des égards au roman réaliste de Ferraoun racontant avec beaucoup de simplicité, de sincérité et d'émotion profonde un réalisme documentaire et lyrique.

Attaché par toutes les fibres de son âme à sa propre culture, il rapporte ce qui lui paraît essentiel pour souligner sa particularité, voire son originalité. Il va de soi que dans son monde, la vie est en relation avec les changements des saisons et les exigences de la nature. Les gens du village sont proches de la terre et vivent dans le respect des règles établies par leurs ancêtres. L'écrivain nous renseigne sur l'importance de la cohésion sociale qui passe par le maintien, des réunions au village qui obéissent à des principes bien figés dans le temps.

> La réunion du village est prévue le dimanche, afin que tous puissent y assister. La réunion, d'après eux, se passe de façon démocratique, chacun pouvant dire ce qu'il pense du village et du comportement des villageois ainsi que des problèmes personnels dont on discute parfois. La parole n'est jamais donnée aux jeunes, encore moins aux enfants, et les femmes ne participent pas du tout à la réunion. (38)

Cette nécessité de témoigner qui caractérise la visée de l'écriture de ce roman insiste sur la description de la vie sociale et religieuse. Ben Younès s'attache à faire connaître et à partager la particularité de son environnement. Il s'appuie sur des éléments qui revêtent une grande signification pour lui tels que la fête des cerises et le rituel de la cueillette, les visites des saints, le déroulement du pèlerinage, la célébration des fêtes propres à son terroir, comme celle de *Hayiou*, à titre d'exemple :

> La fête de *Hayiou* - une fête comme tant d'autres, à la différence que cette dernière accueille le nouveau-né avec ses chants et souhaite une longue et brillante vie au dernier garçon de chaque maison. Le peuple *amaziy* a l'habitude de respecter les coutumes et les traditions et

ce, depuis des siècles. C'est une coutume qui commence à disparaître dans certains des villages de ces montagnards de la Kabylie. (21)

Le rappel de l'auteur de ces rituels présente un point d'ancrage de cette culture qui se caractérise par le sens de l'honneur, de l'entraide et de la solidarité[21]. D'où l'insistance sur ce qu'il appelle « identité kabyle » qui fait partie des Berbères (*Imazighen*) qui a sa langue, le kabyle (*taqbaylit*), parlée par la majorité de la population et qui est une variété de berbère (*tamazight*). La Kabylie, située dans le nord de l'Algérie, à l'est d'Alger est une région historique et ethnolinguistique qui n'a pas été en marge des conquêtes qui se sont succédé sur son territoire[22]. Dans sa trame narrative, Ben Younès rappelle à travers la description de la célébration du ramadan et des fêtes musulmanes, le rôle central qu'occupe l'Islam aussi bien dans le passé que dans le présent de sa société. En fait, cette religion est considérée comme « le principal vecteur, la principale passerelle entre la Kabylie et son environnement »[23]. Il rapporte l'atmosphère qui règne durant le mois sacré du jeûne :

> Tous ceux qui sont présents se remplissent la panse en cette nuit qui s'ouvre à l'amusement, aux discussions et aussi aux jeux de cartes, surtout le poker. Le mois du Ramadan a été instauré pour que les gens puissent savoir ce que c'est la faim ; pour les pauvres, c'était un mois économique. De nos jours, c'est le mois qui revient le plus cher à tout foyer. (85)

---

[21] « Chaque famille possède un potager en dehors du village dans un endroit ou l'eau de source se trouve en abondance. L'été, la source ne produit pas de la même façon qu'au printemps. On trouve deux à trois foyers autour d'une source mais, lorsque l'eau manque, une nouvelle organisation est mise en place. Chaque foyer a une journée bien précise pour se rendre à la source » (131).

[22] Voir à ce sujet Younes Adli. *La Kabylie à l'épreuve des invasions : Des Phéniciens à 1900*, Alger, Éditions Zyriab, 2004, 272 p.

[23] Kamel Chachoua, *L'Islam kabyle, religion, État et société en Algérie, suivi de l'Épître (Rissala) d'Ibnou Zakri (Alger, 1903), mufti de la Grande Mosquée d'Alger*, Paris, Maisonneuve et Larose, 2001, p. 11.

Il ajoute :

> Chaque année, et tout dépendant des villages, un café s'instaure pendant le mois du Ramadan pour permettre aux hommes de se retrouver dans un endroit pour veiller et se distraire par maints jeux avant le plus grand moment de la soirée : le loto. (93)

Ce qui reste marquant dans les souvenirs de l'écrivain du temps de son enfance lors de l'animation du mois du ramadan, ce sont ces moments de réunion après la rupture du jeûne où l'on écoute de jolis contes *Amaziy*. Il se souvient avec émerveillement et enthousiasme des contes de sa tante, Khalti Tamazouzt, dont le talent fait que chaque enfant se prend pour le personnage principal. Ces contes[24] sont si denses, si riches qu'ils ont nourri l'imaginaire de l'écrivain qui tente de les reproduire à sa manière à partir d'un autre lieu, celui de l'exil. Il saisit l'occasion pour introduire la grande figure d'une artiste amazigh-kabyle, Taos Amrouche, écrivaine d'expression française et interprète de chants traditionnels kabyles, à travers la présentation d'un conte intitulé Le *Subtil et l'Innocent* dans « Le grain magique »[25].

L'évocation d'une pratique qui se fait le jour de *l'Aïd el-Fitr* qui marque la rupture du jeûne, illustre bien le mode de vie suivi dans son village par ses habitants. En fait, chaque foyer a pour habitude d'effectuer de grandes préparations, le plus souvent des pâtisseries, qui seront échangées avec les amis de la communauté ou offertes aux voisins, autour d'un café ou d'un thé. C'est un jour de fraternité, de pardon et de réconciliation où la visite au cimetière semble être une importante coutume.

> La continuité de la fête éclate. Dans la même journée, l'Aïd Tamchtoucht cède la place à une autre coutume : Timchret, qui débute juste après le retour des cimetières. Fin des visites aux morts auprès desquels les vivants

---

[24] Voir Camille Lacoste-Dujardin. *Le Conte kabyle : Étude ethnologique*, Paris, La Découverte, 1982 (réimpr. 2003), 542 p.
[25] Voir Taos Amrouche. *Le grain magique. Contes, poèmes et proverbes berbères de Kabylie*, Paris, La Découverte, 2007, 252 p.

> s'excusent, car, paraît-il, le mort est toujours innocent puisqu'il paye devant Dieu ou Azrayan (Satan). Bien sûr, nous retrouvons cette pratique plus souvent chez les femmes, car rares sont les hommes qui vont de si bonne heure au cimetière. Est-ce un rejet de responsabilité, une fierté, ou tout simplement le partage des tâches puisque, dès huit heures du matin, la place du village est peuplée de tous ces hommes, du paysan au haut fonctionnaire pour cette journée purificatrice ? (103)

On peut penser que l'enchaînement des descriptions des célébrations des fêtes religieuses n'est pas fortuit dans une écriture autobiographique comme celle de Ben Younès. En effet, il cherche à cristalliser son passé par son écriture où le rappel d'événements marquants de son milieu familial et social renforce l'expression de son identité et contribue à l'épanouissement de sa personnalité intellectuelle et humaine. Ainsi, pour renforcer le caractère spécifique de son peuple qui s'attache à sa foi musulmane en célébrant ses festivités, donne-t-il l'équivalent de leur désignation en langue kabyle :

> Il existe deux sortes d'Aïd, et un mois d'intervalle les sépare : l'Aïd Tamachtouht, le petit Aïd qui marque la fin du mois du Ramadan. Chez le peuple *Imaziyen*, c'est la fête des morts ; l'Aïd Tamakrat, le grand Aïd qui est celui où l'on égorge le mouton et qui vient un mois après le petit Aïd. (85)

Le caractère autobiographique de Yemma fait que la matière explorée est à la fois très circonscrite et originelle agissant en tant que « valeur de transmission de filiation généalogique. Transmission d'une mémoire, à la fois témoignage et confession, en ce qu'elle établit un pacte de vérité et s'entend comme lieu d'une intimité, d'une subjectivité »[26]. Soulignons à titre d'exemple qu'il rapporte la

---

[26] Afifa Bererhi. « Algerautobiographies. Toiles de soi en jeux de 'Je' », Christina Boidard (s. la dir. de). *L'autobiographie dans l'espace francophone. III - Le Maghreb*, Cadíz, Universidad de Cadíz, 2007, p. 35.

joie qui accompagne l'arrivée des vacanciers au village, la fièvre qui suit leur retour où les mariages et la célébration dominent. De plus, les travailleurs immigrés reviennent et apportent avec eux une grande transformation, les coûts augmentent en cette période du fait que ceux qu'il appelle les « "Parisiens" écrasent un peu le villageois et lui imposent un autre rythme de vie qu'il adoptera rapidement au nom de l'honneur et de la fierté » (138). Peu importe le temps que les enfants du village passent ailleurs, dans des contrées lointaines, une fois revenus, ils s'intègrent rapidement au mode de vie dominant en suivant le rythme des transformations tout en maintenant vivaces leurs coutumes et mœurs séculaires.

> Dans ce petit village, l'évolution est permanente : l'école, l'exode rural, le retour des travailleurs de France, l'eau courante dans les maisons, l'électricité... Nos sages qui connaissent l'Occident sont les gardiens de la civilisation et les enseignants de la tradition orale. On retrouve, dans la kabylie, plusieurs poètes ambulants qui crient et chantent ou lancent des phrases pêle-mêle, mélangeant les proverbes dans lesquels se trouve l'essence de la morale et de l'éducation imaziyen. (141-142)

Rachédi souligne que dans son écrit, « Wahmed déclare qu'il a également voulu faire une critique de la société kabyle qui pousse ses enfants à l'exil, non pas parce qu'ils « veulent gagner de l'argent ou parce que les autres sont partis », ils partent parce qu'ils ne sont pas bien « point à la ligne »[27]. Il est clair que ces départs ont des conséquences sur le maintien de la cohésion familiale et sociale. Il évoque la réalité entourant ces personnes qui juste après leur mariage doivent s'exiler en France laissant leurs jeunes épouses dans le feu du désir. L'histoire de cette jeune fille qui a cherché la chaleur de l'amour dans les bras d'un autre homme durant l'absence de son mari et la réaction de compassion et de tolérance de celui-ci à son retour est l'une des plus belles actions dans la mémoire

---

[27] Rachédi. *L'écriture comme espace d'insertion et de citoyenneté pour les immigrants*, p. 73.

collective du village. Ayant compris sa souffrance causée par la séparation, le vide, l'absence et l'éloignement, il a décidé de rester à ses côtés et de ne plus l'abandonner.

> C'est l'un des hommes qui a reconnu cette liberté à sa femme. Il est l'un des représentants de la tolérance et de la reconnaissance des droits et libertés de la personne, car ailleurs, dans d'autres endroits, les femmes adultères sont répudiées ou tuées. Depuis, beaucoup de gens suivent sa façon de faire qui est plus humaine. (56)

Dans *Yemma*, Ben Younès présente sa vision d'un monde révolu, mais qui reste ancré dans sa mémoire. Tout au long de la trame narrative, son regard évolue dans le déchaînement de ses souvenirs, il ne se contente pas en tant qu'écrivain autobiographe d'être simplement « une voix collective, mais celle de son individualité inaliénable d'écrivain »[28]. L'acte d'écriture dicté par le désir de raconter et de se raconter suggère une double voie. La première consiste à porter un regard sur tout ce qui singularise sa propre société. La deuxième est plus personnelle, voire plus intime dont la dynamique paraît le reflet de son cheminement intérieur et de son évolution humaniste. Dès le premier chapitre intitulé « Poupée » il révèle la chance de posséder ce jouet qui devient pour lui et Roza, sa sœur, une vraie présence, s'attachant à lui comme un précieux bien. En effet, la poupée demeure sa fidèle compagne et en l'intégrant dans la trame narrative, cette démarche lui permet de raconter des anecdotes, de rapporter des faits et de décrire des événements.

> Les yeux pleins de larmes, la poupée me regarde et elle m'avoue soudain : « Vous, les garçons, vous avez de la chance d'échapper aux interdits que nous subissons en tant que femmes ». (58)

---

[28] Charles Bonn. « Autobiographie, ambiguïté générique et prise en compte de l'histoire interne de la littérature maghrébine francophone », Christina Boidard (s. la dir. de). *L'autobiographie dans l'espace francophone. III - Le Maghreb*, Cadíz, Universidad de Cadíz, 2007, p. 16.

Il faut signaler que la progression narrative se produit par un rappel d'une multitude de souvenirs qui entrent dans le partage de l'histoire d'une vie et celle d'une écriture-création. Certes, il existe dans ses souvenirs cette séparation entre le monde des garçons et des filles, mais aussi ceux liés à l'école coranique avec le traitement sévère du maître qui donne aux élèves « des coups sur la plante du pied à l'aide d'un grand bâton de grenadier qu'il s'était fabriqué et dont la taille lui permettait d'aller jusqu'au fond de la salle » (34). Il raconte également les jeux des enfants, la fête de la circoncision et le mariage. Aussi, la mort d'un camarade Bihou demeure-t-elle une profonde douleur dans sa mémoire. Baignant dans l'autobiographie, il présente les personnages gravitant autour de lui et qui sont, pour la plupart, des figures féminines familiales : la mère, *Setti*, la grand-mère, les tantes, les amies, les cousines. La bande des « 56 » est aussi évoquée, un groupe d'amis qui, après plusieurs années d'existence, se sépare. On y retrouve Jonas, Kader, Houhou, Baklich, qui, comme lui, ont perdu leur père pendant la guerre et avaient eu la chance de fréquenter l'école. À l'exception de Tahar qui n'avait qu'un seul choix qui « s'imposait à lui. Il est resté dans le village que tout le monde a fui » (64). La place réservée à l'intimité est pudique et touchante. Il révèle comment il a été initié à la sexualité par son copain Jonas qui l'invite à le rejoindre dans un champ où deux charmantes demoiselles les attendent pour s'adonner à la découverte du plaisir.

> Le rire s'est invité avec le flirt qui ne tarde pas à le remplacer. Aussi pudique que les escargots, personne ne veut se déshabiller. Par contre, les bises s'envolent de tous côtés. L'un sur l'autre, nous nous roulons dans l'herbe tout en étouffant nos rires. Cela devient un jeu plus qu'autre chose ; un garçon se met par terre sur le dos, la fille s'allonge sur lui et un autre garçon sur elle, chacun à son tour change de position, quelques va-et-vient qui sont durs à faire concorder pour imiter une vraie scène d'amour, puis tout le monde comme si la jouissance était parfaite.

> Une heure après ce jeu de rôles, les filles rentrent les premières ; ce n'est qu'une demi-heure plus tard que nous les suivons pour ne pas donner de doutes aux mauvaises langues fourchues depuis des années. (59-60)

Ben Younès observe que durant la période de son enfance, il a grandi dans un monde qui obéit à la tradition *Imaziyen*, dans laquelle « les femmes ont toujours été porteuses de nouvelles venues d'ailleurs, par télépathie, par intuition ou en faisant appel à la sorcellerie » (103). Entouré de la présence chaleureuse de sa mère qui lui prodigue une affection particulière, lui racontant des histoires et le protégeant de ses frères, il mène une vie simple dans le village proche de la nature. Mais il se trouve forcé de se séparer de son milieu, des sommets du *Djurdjura*, pour prendre le chemin de l'école.

> Je ne veux pas échanger ma liberté contre un stylo, un cahier ou un cartable ; je veux encore courir les champs, déplacer mes pièges, surveiller le retour des hirondelles, des cigognes, boire encore le lait des chèvres, des brebis, cueillir la première figue de l'année, entendre *Setti* et *Yemma* chanter pendant la récolte des foins, regarder ces filles, rêver à leur beauté. Être dans la rue et y vivre, telle est ma devise de fier villageois montagnard. (15)

En fait, son expérience ressemble à celle de Menrad Fouroulou, le héros du *Fils du pauvre* qui doit se séparer de son monde paisible pour être admis dans un centre scolaire où il est pris en charge. Cet établissement éducatif est situé à quarante kilomètres et le trajet se fait en camion.

> Dans le camion, nous sommes des élèves de différentes tribus. Ililten, composée de plusieurs villages, est celle qui compte le plus d'enfants. Dans cette tribu, les villages sont situés au pied de la montagne. Il y a Zoubga, Tirourda, Thikilssa et Soumeur. Iferhoneme, située à proximité de la première, est composée de peu de villages et le nombre d'enfants y appartenant est le

moins important. Aït Yahia est une autre tribu dont les quelques enfants présents viennent d'Aït Hichem et d'Aitziri. (5)

L'école, la discipline imposée par l'éducateur « qui a plusieurs fonctions ou une seule à la fois moniteur, instituteur, animateur » (18) indiquent au petit garçon arraché des siens que sa langue maternelle est étrangère et qu'il doit s'adapter, voire apprendre un autre langage pour pouvoir communiquer avec les autres.

> Ainsi, mon premier jour d'école se déroule dans une timidité qui rendrait sèche une goutte de pluie. Silencieux, je plane. Le maître, par sa sympathie, a dû me comprendre, je ne suis pas le premier ni le dernier et c'est au hasard des sourires que je m'éveille pour le regarder. Sourire en coin, il me demande : « Eh bien ! Monsieur le nouveau se porte bien ? » Je réponds oui en *tamaziyt*, employant instinctivement ma langue maternelle. Aussitôt, les rires fusent, car ici seule la langue arabe est tolérée. Où suis-je donc ? Quel est cet univers qui m'impose une autre langue que la mienne, à moi qui ai connu une enfance heureuse passée dans ces montagnes du *Djurdjura* ? (19)

On doit ajouter que depuis son indépendance, l'État algérien s'est défini comme arabe et musulman. La politique linguistique et culturelle mise en œuvre par le Front de libération nationale (FLN), le parti socialiste algérien qui a contrôlé le pouvoir depuis l'indépendance, ainsi que les différents gouvernements qui se sont succédé, ont tous favorisé l'arabisation et l'islamisation de la société algérienne. Les diverses constitutions successives depuis 1963 sont constantes sur ce plan : l'islam est la religion de l'État et l'arabe, sa langue nationale et officielle. La politique d'arabisation qui consiste dans l'enseignement de l'arabe classique[29], venu du Moyen-Orient et loin de la sonorité maghrébine, va susciter une forte

---

[29] Voir Gilbert Grandguillaume. *Arabisation et politique linguistique au Maghreb*, Paris, Maisonneuve et Laros, 1983, 214 p.

résistance des Kabyles accentuant ainsi l'attachement à leur identité qui se développera en une question nationaliste très pertinente[30], celle qui est désignée par « la crise berbériste »[31].

En choisissant de revenir sur cet événement, il tient à mentionner le moment exact de son admission dans ce nouvel environnement qui représente pour lui du dépaysement, de l'étrangeté, mais aussi de la découverte.

> Juste après le petit déjeuner, nous nous sommes tous précipités vers le portail pour accueillir les derniers arrivés. C'est vers la fin de la journée de ce dix-sept septembre mille neuf cent soixante-cinq que l'effectif est au complet. De la part des éducateurs, nous bénéficions d'une autre soirée libre, plus longue que la première, car les retrouvailles animent la nuit. (66)

Il mentionne aussi une vérité historique que les élèves qui fréquentent cette institution sont des orphelins, ayant comme lui, perdu leur père pendant la guerre. Ils sont pris en charge par le pouvoir politique pour leur assurer une formation adéquate.

> De plus, l'éducateur m'explique que je ne suis pas le seul à avoir perdu *Vava*. Tous les enfants de cette école

---

[30] Voir à ce sujet : Amar Ouerdane. *La question berbère*, Québec, les éditions du Septentrion, 1990, 256 p. et *Les Berbères et l'arabo-islamisme en Algérie*, Montréal, Éd. KMSA, 2003, 254 p. ; Dalila Arezki. *L'identité berbères, de la frustration berbère à la violence, la revendication en Kabylie*, Paris, Séguier, 2004, 191 p. ; Maxime Ait Kaki. *De la Question Berbère au dilemme Kabyle, à l'aube du XXème siècle*, Paris, L'Harmattan, 2004, 317 p. Ferhat Mehenni. *Algérie, la question kabyle*, Paris, Michalon, 2004, 187 p.

[31] Voir le chapitre « La crise berbériste » de Mohammed Harbi. *Le F.L.N., mirage et réalités. Des origines à la prise de pouvoir (1945-1962)*, Paris, Éd. Jeune Afrique, 1980, 446 p. et plus précisément Boualem Sansal. « *Gouverner au nom d'Allah / Aux premières années de l'Algérie indépendante* », dans *Gouverner au nom d'Allah. Islamisation et soif de pouvoir dans le monde arabe*, Paris, Gallimard, 2013, 160 p. Dans son essai accusateur, Sansal montre que Les oppositions entre « arabo-islamiques » et « berbéristes » se sont manifestées dès la création du F.L.N.

> sont dans la même situation que moi. Ce centre est réservé aux enfants dont les pères sont morts pendant la guerre contre la France. J'ai du mal à croire qu'il y ait tant de pères qui ont laissé leurs enfants ; j'aurais aimé que le mien revienne un jour. (72)

Lors de son passage au collège Boghni, grâce à sa rencontre avec Khider qui chante des chansons dans la langue *tamaziyt* et Rachid, né en France, d'un mariage mixte entre un *Amaziy* et une Française, il se sent moins seul. Il affiche sa détermination de marquer sa différence et de maintenir vivace sa culture et sa langue. En quelque sorte, sa manière de se distinguer et d'exister dans le monde. En fait, devenu un homme, il prend conscience du fossé qui allait inévitablement se creuser entre la poupée et lui, de même que, beaucoup plus tard, le fossé sociopolitique entre le pouvoir d'Alger et le peuple *amaziy*.

> En effet, en 1974, à l'Arbâ nay yiraten j'allais passer l'examen d'admission au lycée au moment de la célébration de la traditionnelle Fête des cerises. Une fête grandiose à laquelle tous les gens du pays participent pour y chanter et y danser. J'étais content de pouvoir, pour la première fois de me vie, voir et entendre les grandes vedettes de la chanson *amaziy* en spectacle. Vers vingt heures, sur le terrain du stade communal, la foule bien calme attendait l'arrivée des chanteurs *imaziyen*. Mais à notre grande déception, l'ouverture des festivités se fait par des chanteurs qui s'expriment en langue arabe au cœur du pays *amaziy*. La provocation du pouvoir de l'époque est malsaine et aucun des spectateurs présents ne l'avait tolérée – à part les officiels. Inutile de dire que ce premier spectacle nocturne auquel il me tardait tant d'assister s'est vite transformé en manifestation. Avec l'intervention conjuguée de la gendarmerie, de l'armée et de la police, j'avais assisté à une véritable confrontation au nom de l'expression culturelle et de la reconnaissance de la langue *amaziy*. À compter de cette année, la célébration de la Fête des cerises fut formellement interdite par les autorités en place. (136)

Dès l'instant qu'il constate que l'arabe représente au même titre que le français une langue d'aliénation et de domination, il ne cesse de réitérer son inquiétude devant la menace de son héritage culturel, sur l'imposition d'une politique d'arabisation musclée avancée par le F.L.N. au lendemain de l'indépendance du pays. Pour lui, la violence coloniale est remplacée par une autre nationale. Une totalité chasse l'autre, dans le sens où l'arabe chasse le français, et le kabyle demeure minoritaire tiraillé entre les deux. Sa survie ne passe que par le repli sur soi et le maintien vivace de sa culture, de sa langue, de ses chants et ses contes. La caractéristique essentielle de cette prise de conscience identitaire nous est donnée à voir à la fin de l'année scolaire pendant la période des examens[32].

> Tous ont réussi un examen sur trois ou, pour beaucoup d'entre nous, tous les examens. La récompense est la même pour tous, à savoir un gros dictionnaire arabe-français. Ensuite, il laisse la place à la fête qui se prolonge tard dans la soirée avec la participation d'un grand chanteur *Amaziy*, Hasen Habassi, qui nous fait cadeau de sa belle musique et de sa charmante poésie que tous fredonnent dans leur cœur. (119)

Ce passage au collège n'apporte le grand succès que pour les garçons. Au fil des ans et des événements, l'enfant devient adolescent et jeune adulte. Il intègre la vie active et travaille dans une petite entreprise à Alger qui emploie les travailleurs du bâtiment : dessinateurs, projeteurs et architectes. Il est fier de pouvoir aider sa famille :

> Yemma est très contente puisque, chaque mois, elle reçoit un mandat, la moitié de mon salaire. Cela lui donne une raison de me faire confiance, car, pour elle,

---

[32] « Les examens arrivent, les convocations sont distribuées, les cartes d'identité scolaires sont faites pour ce fameux rendez-vous dans les collèges de Tizi-Ouzou » (117).

j'ai le sens de la solidarité et le respect de la famille. L'échec m'a point traumatisé puisque je m'y attendais. (148)

Mais, comme tous ceux avant lui, la fièvre de l'exil s'empare de lui. Il décide de partir et à trois reprises, on lui refuse l'autorisation de sortie du territoire jusqu'à ce qu'il trouve un appui influent. Avant de partir à Paris, il revient dire au revoir à sa mère et à sa sœur.

> J'embrassai alors *Yemma*, cette merveilleuse femme qui m'avait donné la vie et le goût de vivre, elle dont la bouche avait chanté pour moi tant de berceuses et raconté de si nombreux contes. (153-154)

Le dernier chapitre intitulé « Chemin de l'exil » marque le départ du jeune vers la France. Il se termine par une citation de la mère très significative :

> Yemma m'accompagna et me pria, juste après que j'eus franchi le seuil de la porte, de soulever le pied. Quand ce fut fait, elle s'empressa de recueillir l'empreinte, que mon pas avait laissée sur le sol. Elle déposa ensuite la poussière dans un mouchoir pour la cacher par la suite entre les grosses poutres de notre maison. Elle dit alors : « Ce dernier pas que tu as fait pour nous quitter sera le premier qui te ramènera à nous ». (154)

Il est clair que l'éloignement de sa famille et de son village procure un sentiment de tristesse et de désarroi. Et à cet instant fatidique du départ vers l'ailleurs qu'il comprend l'importance de ce qui définit son identité dans son rapport au monde. Dès lors, il tient à ne rien oublier de tout ce qui le rattache à sa terre natale qui demeure sur la voie de l'errance à jamais enfoui au plus profond de son être.

> Au moment de quitter la Kabylie, mes yeux commencèrent à se fermer pour empêcher ces images de sortir de moi et pour être en mesure de les garder en moi à jamais. (154)

Rachédi soutient qu'en se lançant dans l'aventure de la rédaction de son roman, l'écrivain sent le besoin de survoler cette enfance, celle qui le poursuit tout au long d'une vie, malgré cet âge adulte. Il manifeste la nécessité de tourner la page du passé et d'avancer avec l'espoir d'une nouvelle vie plus diversifiée, ouverte sur le monde.

> L'écriture, selon lui, s'inscrit dans ses activités quotidiennes, c'est comme réfléchir de manière continue. Avec Yemma, il s'est « enfermé dans sa Kabylie ». Après l'expérience de ce récit, il a moins envie de s'enfermer, il a « beaucoup plus d'ouverture » et il a « envie d'appartenir à tout le monde, pas juste au Kabyle ». La Kabylie, il l'a « comprise », maintenant il peut « l'offrir », « la partager », « être universel ». Maintenant, il revient « sur la culture, mais d'une autre manière, plus pour l'expliquer que pour se l'approprier. C'est plus la faire connaître et démontrer, en fait, que la culture est la même partout »[33].

Par cet écrit, il réalise un espace de réflexion sur son devenir humain et sur son identité, avançant que le moment est venu de franchir un autre seuil, de renoncer au temps de l'enfance pour s'ouvrir à une autre réalité plus féconde. Pour lui, il est temps de réveiller la vie intérieure qui vibre en lui pour saisir la grâce de la découverte, de l'épanouissement et du partage dans son pays d'adoption. Animé de confiance et d'espérance, il aspire à ce que son message reçoive un accueil positif et apparaisse moderne et universel pour permettre aux humains, dans leur diversité la plus large, d'élargir leurs horizons au lieu de s'enfermer dans des discours identitaires stériles.

> Wahmed Ben-Younes a conscience que jusqu'à maintenant il s'est replié sur sa culture et son passé. Aussi déclare-t-il : Comme Yemma je me suis enfermé

---

[33] Rachédi. *L'écriture comme espace d'insertion et de citoyenneté pour les pour les immigrants*, p. 75.

> un peu dans la Kabylie, plus l'expérience avance moins on a envie de s'enfermer. On a beaucoup plus d'ouverture, on a envie d'appartenir à tout le monde pas juste aux Kabyles là. *Yemma* fait donc figure de « délivrance » pour cet auteur[34].

Wahmed Ben-Younès signe ici un premier roman d'une intensité et d'une sensibilité remarquables. En des mots simples, d'où jaillissent poésie et musique, il relate les étapes de la vie du jeune montagnard qu'il fut. Yemma, sa mère et son inspiratrice, l'accompagnera tout au long de ce voyage initiatique au cours duquel il tissera des attaches profondes avec sa culture amazien. Son roman acquiert un grand sens par la référence à la réalité autobiographique sur laquelle il se fonde, et dont il lui appartient à lui seul d'en dégager et d'en communiquer l'authenticité. Pour ce faire, il excelle en racontant l'histoire de sa vie avec émotion et sensibilité. Son écriture se singularise par un style dépouillé dont la construction simple et fluide procure un plaisir de lecture certain.

---

[34] *Ibid.* p. 85.

# Yamina MOUHOUB

Née à Medjana en Algérie en 1939, Yamina Mouhoub[1] vit à Montréal depuis 1991. Boursière de l'UNESCO, elle a préparé une licence en Études françaises à l'Université de Montréal. Après l'obtention de son diplôme en 1994, elle s'est mise à l'écriture et devient une écrivaine prolifique publiant des poèmes dans un certain nombre de revues littéraires *L'Iris Espace* (Paris), *Envol* (Ottawa), *Inédit nouveau* (La Huppe, Belgique).

En 1999, elle a publié son premier recueil de poésie, *Qu'importe le moment*[2]. C'est un écrit saisissant dans lequel en tant que femme algérienne, elle fait éclater sa mémoire pour combiner des images de son pays natal et de sa nouvelle patrie, le Québec. À travers sa trame poétique, deux espaces se côtoient, la chaleur du désert et le froid de l'hiver dans un même paradoxe. En fait, elle réalise une œuvre de compassion et de sensibilité au style fortement maîtrisé et où l'écriture semble très soignée. Les descriptions, les réflexions et une remarquable précision des phrases y contribuent, mais également l'étrange mélange de chagrin et de désarroi, de tristesse et de désespoir qui traverse ce recueil insaisissable.

Dans son poème d'ouverture, elle interpelle directement l'autre à qui elle s'adresse pour l'inviter à l'accompagner tout au long de la révélation et de la confession de son mal d'être qu'elle se prête à livrer. Elle lui signale sa détermination de faire de sa voix ou encore de son cri une quête de paix, de liberté et de vie.

---

[1] Yamina Mouhoub était enseignante, ayant fait des études en pédagogie, psychologie et en littérature à l'université d'Alger. Cette ancienne fonctionnaire du Ministère algérien a consacré de nombreuses années de travail dans le domaine préscolaire et primaire.
[2] Yamina Mouhoub. *Qu'importe le moment*, Auteuil/Laval, Teichtner Édition, 1999, 85 p.

*Dis*
*Je briserai mes chaînes*
*en forgerai la haine*
*des certitudes pérennes*

*je hurlerai ma peine*
*perdue*
*et la tienne*
*dans le gouffre fangeux*
*d'une blessure scellée*
*je pétrirai ma chair*
*pour en faire*
*une pierre*
*dans ton jardin*
*secre*t. (7)

Cette présence qui n'est pas nommée occupe une place prépondérante dans l'espace poétique. C'est une instance réceptive qui permet à la poétesse de se révéler en signe de sincérité dans toute sa vérité et de l'impliquer dans le présent, dans le passé de ses souvenirs toujours vivaces. Pour elle, « *quand se pèsent les mots/ lourd de sens/ et de sang* » (8), ce n'est que grâce à l'interaction, l'échange et le partage qu'elle peut rendre sa « *parole complice* » pour disperser « *les braises/ froides/ du passé* » (8). À maintes reprises, elle maintient l'interaction entre eux, en l'exhortant à se défaire de toutes les réserves et toutes les peurs pour afficher une conscience rigoureuse, sans complaisance, de la tragédie qui a emporté le pays natal dans une dérive totale.

*Laisse*
*laisse la meule broyer*
*en poussière de noir*
*l'amas concassé*
*des grains toxiques*
*des défunts espoirs*
*tourner bobine vide*
*le fil entrelacé*

> *de l'écheveau d'un film*
> *trop longtemps conservé*
> *pour mémoire*
> *laisse.* (13)

Parfois, elle use de « tu » pour lui avancer comment trouver la paix dans ce cercle infernal qui perpétue les combats fratricides qui apparaissent comme une horreur terrifiante sans fin :

> *tu apprécieras*
> *le doux-amer*
> *du monde*
> *des disparus*
>
> *il y fait*
> *si bon de vivre*
> *et s'y reposer*
>
> *quand le monde*
> *des vivants*
> *sème la mort*
> *à tous les vents.* (10)

Cet interlocuteur, présent-absent, ne se présente pas uniquement comme le réceptacle de ces blessures profondes qui ramènent la poétesse à évoquer constamment la douleur du passé, de ce « *fracas/ des débris/ des poussières/ des ans/ dans la valse/ du vent/ Dérision du néant* » (60). Il peut aussi être une entité positive pleine de toutes les promesses possibles qui rythment sa vie donnant lieu à une sorte de manifestation de la joie, des rêves et de l'espoir dans le pays d'accueil :

> *Viens près de moi*
> *ouvre ta boîte aux chansons*
> *prête ton cœur*
> *au rire*
>
> *Vois mille îles*
> *là-bas*
> *et une quelque part*

> *dans la brume*
>
> *Regarde le fleuve*
> *extravagant*
> *entre ses rives*
> *rouler*
> *en lave brune*
> *les restes*
> *épars*
> *de la morte saison.* (40)

On se doit de préciser que la poétesse écrit d'un nouveau lieu, un pays réel avec ses particularités telles que perçues et ressenties par elle. Sensible aux moindres caractéristiques de la nature, elle évoque la dureté du climat qui caractérise cette contrée. Femme du sud, elle compose difficilement avec le retour des chutes de neige qui s'installent abondantes « *sous [sa] fenêtre/ et pour longtemps* » (14) la perturbant au plus profond de son être, surtout en l'absence de l'autre. Pendant ce temps de vide, elle éprouve « *une étrange sensation de froid/ qui ne [la] quitte pas* » (42). Aussi, répète-t-elle dans un poème le mot « hiver » plusieurs fois pour souligner la rigueur de la saison hivernale qui dure plusieurs mois et sa difficulté d'adaptation à la loi de la nature.

> *hiver, hiver*
> *où sont passés le vert*
> *et le chant des oiseaux*
> *hiver au parfum de caveau*
> *hiver-cloaque*
> *claqueur de dents*
> *sécateur de lumière.*
>
> *Hiver, sur le trop-plein*
> *de ton écran de blanc*
> *je te macule de bleu horizon*
> *de jaune safran.*
>
> *hiver qui me harcèle*

> *me poursuit, me pénètre*
> *me glace le sang.*
>
> *hiver, je brandais*
> *contre toi*
> *mon corps défendant*
> *des braséros d'images*
> *vivaces, mûries*
> *sous d'autres cieux.*
>
> *hiver au long cours*
> *je te traverse*
> *comme on traverse un désert*
> *d'un pas de chamelier*
> *familier en sables mouvants*
> *la tête prisonnière*
> *muni de provisions*
> *porteur du mirage réitéré*
> *d'une oasis quelque part*
> *dans l'immensité*
> *de son désir.* (35-36)

L'insistance sur le rappel de la chaleur, du souffle chaud du désert, qui lui manque, mais qui demeure enfoui en elle, apparaît comme une source vitale pour lutter, comme tant de ces « *[e]xilés dans l'hiver/ Égarés dans l'univers* », contre ce sentiment d'étrangeté et de perte « *qui agresse le présent* » (11). Son expérience douloureuse est identique à celle de ces « *[v]ictimes expiatoires/ en terre de souffrance/ âmes déambulatoires/ adeptes de l'errance* » (11). Il reste que malgré l'éloignement et le froid, l'exil qu'elle connaît à Montréal n'annonce pas le vide. Elle peut faire entendre sa rage et élever sa voix pour lancer son cri lancinant :

> *Entre cri de bête*
> *en survie, en cavale*
> *et silence*
> *de pierre qui tombe*
> *ma langue*
> *vestige d'humanité*
> *en trouble de mémoire*

> *balance, bégaie,*
> *se trompe,*
> *recommence*
> *entre cri de cœur*
> *et silence de la voix*
> *bat la chamade.* (54)

Ainsi, la poétesse versant sa peine affiche-t-elle un désir d'atténuer cette douleur qui « *se loge aux creux de la raison* » (63). Elle sait que les chagrins et les peines ne seront jamais loin parce qu'elle remémore à l'infini la blessure et le déchirement de son être par l'ampleur d'une tragédie humaine qui a assombri tous les horizons d'espoir de son pays. Elle révèle une terre natale souffrante et violente, déchirée et ravagée par de graves troubles et des massacres qui ont forcé beaucoup malgré eux à prendre le chemin de l'exil. En fait, elle dresse un tableau sombre et effarant qui montre que ceux qui ont déserté l'Algérie n'avaient aucun choix devant l'immensité de la barbarie, de la violence au quotidien et aussi de la perte de toutes les illusions de la vie :

> *Quand le fusil se pointe*
> *au détour de ton rêve*
> *et le fracasse naissant*
> *au mur de ton front*
>
> *quand le pain est amer*
> *la parole mensongère*
>
> *quand l'ami d'hier*
> *est l'ennemi de demain*
> *alors il faut partir*
> *et quitter le pays*
>
> *rejoindre la cohorte*
> *de ceux pour qui l'exil*
> *est une raison de vivre* (68)

La représentation de la gravité de la situation caractérise plusieurs poèmes évoquant la terreur qui règne partout et qui est imposée à une collectivité à laquelle elle s'identifie douloureusement. Elle expose une réalité dure dont la mort tellement « *si près/ du frôlement doux/ de son aile sinistre* » qu'elle devient comme une « *voisine familière* » (62). Il est certain que la poétesse se souvienne de son passé dont elle parle en témoin abasourdi, comme si elle n'en revenait pas d'une telle dérive humaine, religieuse et sociétale. Son pays est versé depuis des années noires dans le sang et les larmes. On y tue au nom d'une foi rigide et de rejet de l'autre, de l'intégrisme et de l'obscurantisme. Et c'est à ce moment de désarroi où les forces des ténèbres ont aveuglé l'éclat du soleil que tout a été détruit dans un déluge de haine et de violence. La beauté de sa ville s'est perdue devenant un univers carcéral cruel en proie à de multiples agressions :

>*Prisonnière*
>*blanche le jour*
>*noire la nuit*
>
>*la peur au ventre*
>*le souffle retenu*
>
>*blanche le jour*
>*noir la nuit*
>
>*Alger*
>*Ville ouverte*
>*aux charognards*
>*aux malfaisants*
>*aux chiens errants*
>*aux monstres rampants*
>
>*blanche le jour*
>*noire la nuit*
>
>*Alger prisonnière.* (9)

Elle ajoute pour renforcer la mise en scène de la violence physique ou psychologique qui constitue des atteintes graves à la paix, à la liberté, pendant la « décennie du terrorisme », une transformation apparente de la vie en une réalité tragique. Dans ce poème, elle présente cette vision macabre avançant une pensée vive frémissant entre les mots d'Alger devenue une blessure ouverte :

> *Blanc sur blanc*
> *aujourd'hui*
> *c'est le blanc*
> *du cimetière fleuri*
> *de géraniums fuchsia*
> *qui a pris le pas*
> *sur le blanc*
> *de la casbah.* (10)

Refusant d'être bâillonnée par des forces accablantes et obscures, la poétesse quitte sa terre natale, engagée sur le chemin de l'errance, ébranlée par tant de séquelles. Elle porte dans les plis de son cœur plusieurs désirs. Tout d'abord, la nécessité de survie, de s'approprier un territoire autant qu'une nouvelle identité.

> *Vivre*
> *Faire comme si*
> *tout allait de soi*
> *mieux, merci*
> *parfois.*
> *Adopter la politique du pire*
> *à venir*
> *afin qu'à chaque jour*
> *suffise*
> *son brin de joie*
> *le ciel bleu*
> *un peu, parfois*
> *se refermer dans son cadre*
> *son quartier*
> *son deux-pièces*
> *trois-quarts chauffé*
> *sa bière choisie entre toutes*
> *son écran télé*
> *vivre encore*
> *un peu parfois*
> *ou faire semblant.* (52)

Ce qui l'anime, c'est de retrouver sa propre liberté. Celle-ci apparaît comme une aspiration déterminante dans le devenir de son être. Tout est précisé dans cette démarche qui s'applique à préciser le détail de la pensée, la nuance du sentiment et l'expression intimiste de la spécificité de son choix qui répond à une exigence existentielle :

> *Je ne veux ni pain, ni fleurs*
> *qui se meurent aussitôt coupées*
>
> *Je ne veux ni pain, ni fleurs*
> *au mausolée de mes journées*
>
> *Je ne veux ni pain, ni fleurs*
> *quand j'ai soif de liberté*
> *Je ne veux ni pleurs, ni fleurs*
> *telle est ma dernière volonté.* (37)

Elle clame haut et fort cet état de fait précisant clairement qu'elle ne désire rien que d'effacer les traces du vécu antérieur pour aboutir à une re-naissance de son être dans le cheminement de son existence.

> *Je voudrais être l'aube*
> *qui me regarde en face*
> *et de sa main balaie*
> *en inscrivant mon nom*
> *la buée qui obstrue*
> *le miroir sans tain.* (55)

Pour atténuer cette douleur qui s'égrène dans le temps, à cause d'un départ forcé qui constitue non seulement la perte d'un pays cher, mais d'une partie d'elle-même, la poétesse se réfugie dans le silence désirant « *être pierre/ et ne parler qu'au vent* » ou encore « *être roche/ et sœur de l'océan* » (63). Il reste à croire que quand la perte est un gouffre sans fin que seuls les mots pour combler le vide de l'absence. Et c'est justement pour en « *finir enfin/ avec la parole/ arrachée/ comme peau morte/ aumône dans le sébile/ du mendiant/ en perdition d'amour* » (56) qu'elle se lance sur les chemins de l'aventure de l'écriture.

Elle s'assigne une mission, celle d'offrir une vision à la fois dure et réaliste, à travers la dénonciation de toutes les formes de barbarie et d'oppression en replongeant dans la réalité tragique qui a rongé son pays. Son engagement et sa volonté d'éclairer des souvenirs d'une vie tragique prennent forme par le biais de l'acte poétique qui lui apparaît comme une prise en charge de la tristesse et de la désolation qui l'habitent, comme si sa voix, par la force des mots, détient le pouvoir de l'arracher de la violence et à toutes les horreurs qui en sont le cortège. Elle affirme clairement son choix d'être « *poète* » (28) cherchant dans le labyrinthe de ses émotions une parole sincère nourrie des tourbillons de la vie et de ses expériences vécues dans la douleur de l'exil et de l'éloignement. Pour ce faire, elle rappelle la figure de Schéhérazade désirant marcher sur ses traces pour laisser sa mémoire voguer sur le chaos du temps, et raconter aussi à ses sœurs, le récit de sa vie, dans une confession toute personnelle de sa douleur et de son désarroi.

> *Schéhérazade, ma sœur,*
> *conteuse - marathon*
> *raconte-nous*
> *encore et encore*
> *comment*
> *sablier en tourment*
> *tu comptes les jours*
> *et racontes la nuit*
> *comment*
> *oracle d'orient*
> *à l'aube renaissant*
> *tu as prolongé*
> *d'une parole nourricière*
> *le récit de ta vie.* (17)

Il est essentiel de préciser que pour rapporter des horreurs vécues et des émotions authentiques, la poétesse opte pour l'écriture, respiration intérieure née des sensations de la vie quotidienne. À partir des déchirures orchestrées dans une existence vouée à la dureté de l'exil, elle se tourne vers ce qui s'accomplit par la plume dans cette voix intérieure qui l'habite pour cerner l'ampleur de la terreur que sa mémoire ne peut oublier. Ainsi, désirant transmettre l'expérience passée et immédiate de l'être face à son propre destin, place-t-elle l'impulsion créatrice sous le souffle poétique qu'elle considère une création en mouvement, un écho intérieur, arraché au silence et à la peur qui se sont imposés à elle après l'arrachement de sa terre natale. Elle choisit d'habiter dans les mots, car, pour elle, l'acte poétique est une parole profonde et innovatrice, un refuge certain, un lieu fondamental de l'expression de ses sentiments et des ses émotions, si bien que, écrire devient une nécessité, voire une urgence.

> *Écrire*
> *Écrire par la plume*
> *à brule-pourpoint*
> *à bout portant*
> *l'amour des mots*
> *qui dérive*
> *ondoyant*
> *comme algue*
> *entre deux eaux*
> *à haler sur la plage*
> *blanche étale*
>
> *Écrire comme*
> *l'on enfante*
> *le cri premier*
> *seule dans le noir*
> *silence du soir*
> *sans l'aide d'autrui*
> *[...]*
>
> *Écrire dans la résille du canevas*
> *des myriades d'écritures*
> *scribe fervent*
> *inscrire son fil son signe*
> *sa marque son hiéroglyphe*
> *son graffiti*
> *dans la pierre du temps*
>
> *Écrire.* (49-50)

Dans un rythme soutenu, la poétesse remonte vers le passé, un lieu réel qui continue à la hanter. Sa mémoire emportée restitue une vérité douloureuse, une tragédie sans précédent dont les jours sont d'épouvante et de cendre. Même si tout raconte, « *la tourmente d'un peuple d'instinct et de mort saisi* », et que tout écrit, « *le temps de la tragédie, de l'obsession du mal vers la folie* » (19), sa poésie demeure singulière. C'est jaillissement pur de mélancolie, de rage et de déception. Comme tous ceux qui ont vécu et fui la guerre, elle éprouve l'angoisse et l'effroi. Un sentiment d'annihilation s'empare de son être pour lui fait perdre l'essence de toute de son existence en apprenant que tout continue à couler « *de source de sang, de larmes amères tel le fleuve de la vie* » et que cette dérive meurtrière ainsi que cette explosion de haine et de violence ont brisé « *les hommes, les rêves profonds/ les images solaires des vacances éblouies* » et ont tout détruit : « *les lieux de [l']enfance, le charme de l'existence/ les liens d'amitié au temps du sursis* ». Ces démons du mal et ces forces sombres n'ont pas seulement entravé les voies à la lumière, ils ont également perverti « *la vertu de clémence, les parfums des fragrances/ le sens d'une croyance comme un sabre brandi* » et surtout que sous la terreur qu'ils ont répandue et les menaces qu'ils ont propagées, « *tout s'interdit/ l'amour et le vin, le rire et le raï, la danse et le théâtre honni* » (19-20). La réalité est morose marquée par les ravages du temps, la peur et le désespoir qui pousse les gens à vouloir partir, déterminés à atteindre l'autre rive, parce que le monde dans lequel ils vivent offre une vision effroyable et terrifiante où le ciel est devenu « *sourd à ceux qui récitent et qui prient, et où « [t]out se dit/ à voix basse, lasse dans l'horreur du péril/ et la crainte mortelle de l'ennemi* ». Ainsi, le visage de l'Algérie qu'elle révèle se présente-t-il comme un univers dominé par la violence et la cruauté, où « *[t]out se vit/ se cache, se terre, se tait, survit/ dans le cauchemar hallucinant des jours sans répit* » (19-20).

La poétesse ressent le besoin d'écrire parce que tout est ancré dans sa mémoire. Et quand elle écrit, elle a le pouvoir d'évoquer et de décrire les malheurs que traverse son pays natal l'Algérie, rongé par des maux insurmontables et traversé par des guerres meurtrières et néfastes. Connectée à rien d'autre qu'à sa nostalgie, à ses blessures, c'est par fragment de souvenirs qu'elle rappelle dans la fulgurance traumatique cette réalité tragique où « *[t]out terrifié/ les douces gazelles d'Alger-la-blanche aux yeux de houris* » et « *[t]out blessé/ la tendresse, la tortelle-paix à tire-d'aile enfuie/ l'aigle bleu de Tam-la-rouge, la sitelle solitaire des sommets/ neigeux de Kabylie* » (19-20). La plaie à vif, elle s'engage à lancer un appel déchirant pour présenter à visage découvert des situations tragiques qui montrent l'immensité de la dérive humaine dans un pays plongé dans le chaos total et que :

> *Tout brûle*
> *l'azur moiré des mers*
> *le mirage vert des déserts*
> *le choc vibrant de la lumière*
> *l'ocre incandescent des pierres*
> *les cendres des cimetières*
> *les forêts feuillues, les rivières*
> *les corps souffrant l'enfer*
> *au feu et au fer de l'incendie* (20)

Certes, le monde qu'elle a quitté s'enfonce dans la violence, la barbarie, l'insécurité et le deuil. Elle puise en elle une quelconque force qui puisse lui permettre de révéler que la réalité de la terreur de la guerre civile est terrifiante parce qu'elle a tout ravagé pendant cette décennie noire dans une destruction incontrôlable :

> *Tout meurt*
> *la femme en marche criant la démocratie*
> *la plume traçant la puissance de l'esprit*
> *l'écolière qui apprend et qui lit*
> *le bébé sur le sein maternel blotti*
> *le civil arraché au sommeil de la nuit*
> *l'étranger ami déclaré impie*
> *le mort pour l'éternité endormi*
> *le jasmin envoûtant des villes fleuries* (20)

C'est peu dire qu'une sorte de tristesse nous gagne en lisant les poèmes de Yamina Mouhoub, suivant le rythme de son souffle qui touche beaucoup. C'est que la douleur intérieure dont elle parle concerne les exilés, comme elle, qui ne peuvent pas de détacher aussi facilement du pays natal, qui se mettent à écouter le cœur de l'espoir espérant que la paix reprenne le dessus sur le temps de la tragédie où se joue un drame cruel et macabre généré par la volonté des Seigneurs du mal. Elle est prise avec la détresse et l'inquiétude, consciente que le désir d'atteindre des jours havres de paix est quasiment irréalisable du fait qu'il y a eu une transformation irrécupérable des gens de l'ombre en guerriers farouches et sanguinaires. Pour elle, l'horreur ne connaîtra aucun répit et ne finira pas de progresser embrassant toutes les couches sociales depuis les jours où le sang des frères ennemis a coulé. Et, que « *[r]ien ne s'amnistie/ ni la haine sans raison/ ni le crime impuni/ ni la barbarie sans nom/ ni l'histoire trahie* » (20).

Ce dont elle témoigne, c'est cette violence meurtrière, telle qu'elle l'a ressentie et vécue qui demeure quelque chose d'opaque, quelque chose de terrifiant qui empêche tous les rêves et les désirs de remonter de l'enfer terrestre, de quitter la grande noirceur pour retrouver la lumière. Elle soutient que les forces des ténèbres dominent et que le chant de la paix retrouvée est encore lointain ou encore une illusion totalement déchue et anéantie : « *Nous fallait-il un jour/ pour chanter la paix/ mourir tous les jours ?/ Nous fallait-il/ pour l'apprécier/ l'avoir perdue à jamais ?/ Nous fallait-il/ ô comble de l'adversité,/ mesurer à perte nos vies/ à l'aune du malheur ?* » (34). Comme le monde lui-même change, varie, se tourne et se contourne suivant ce que la haine meurtrière impose par sa cruauté, elle ne cache pas le vertige que cause le jaillissement perpétuel des doutes dans les intentions et les actions avancées pour le maintien des promesses humaines. Elle révèle l'immensité de son désarroi devant son parcours hésitant, troublant :

> *Je ne sais plus*
>
> *je ne sais plus*
> *je ne sais pas*
>
> *ce qui est vrai*
> *ce qui n'est pas*
> *ce qui est beau*
> *ce qui trompe l'œil*
> *en faux fuyant*
>
> *ce qui est quoi*
> *ce qui est rien*
> *ce qui n'est plus*
> *ce qui revient*
>
> *ce qui s'en va*
> *ce qui reste là*
> *quand ce n'est plus*
>
> *comme un voile gris*
> *brouillant de vie. (32)*

Enchaînée à son passé, la poétesse appréhende l'acte poétique pour que revivent sans cesse les souvenirs mêmes douloureux de ces années sombres, tragédie à jamais effacée. Pour paraître plus audacieuse, elle précise qu'elle refuse d'être assujettie au silence articulant son cri poétique autour de sa solidarité avec son peuple à qui elle rend un vif hommage dans ces vers : « *Rien ne brise/ le noyau de l'espérance des hommes vers la liberté/ le roc de la résistance d'un pays quel qu'en soit le prix* » (21). Elle s'identifie avec tous ceux qui vivent dans le vertige du désarroi et sa voix de la conscience rappelle que « *Rien n'est jamais fini/ dans l'odyssée des peuples insoumis* ». Et désirant donner à sa parole sa singularité, elle évoque son pays avec une persistance remarquable pour n'en présenter que les ombres obscures et la fatalité du destin. Elle avance que rien n'est envisagé arbitrairement aux aléas du hasard puisque « *[t]out est écrit, mais aussi tout reprend son mouvement initial* » et « *[t]out commence* » à l'infini du temps qui passe par

« *la légende millénaire d'un peuple de paix épris/ par le sang des ancêtres morts pour vive la patrie/ par l'amour des hommes et des femmes/ pour le bien à jamais unis* » (21-22).

Dans une quête éperdue de délivrance, loin de sa patrie, la poétesse relaye la confession en cherchant sa survie par le détachement de ces blessures béantes qui hantent encore sa mémoire. L'unique endroit qui lui accorde la possibilité de dire ses soucis, ses peines et son désespoir témoigne aussi d'un moi féminin brisé qui désire se libérer de toutes les forces qui ont étouffé sa voix la condamnant au silence, à l'obéissance, à la soumission et à la résignation. Dans un cri qui conjugue tristesse et détresse, elle s'adresse à sa génitrice pour manifester la profondeur de sa pensée empruntant une parole libre et libérée aux accents d'incantations douloureuses et de plaintes lancinantes pour dénoncer sa condition de femme sans voix, élevée pour marcher sur ses pas respectant l'ordre établi.

*Ma mère*
*tu m'as faite pierre*
*j'ai bâti ma prison*

*[...]*

*Ma mère*
*tu m'as appris à me taire*
   *à éviter le dire*
   *à m'armer de prière*
   *à jouer de patience*
   *à périr de silence*
   *à mesurer mon pas*
   *sans peser sur la terre*
   *à voiler mon regard*
   *d'une ombre*
   *de paupière.*

*Ma mère*
*tu m'as prêté la vie*
*à un taux usuraire*

> *et je n'ai que mon cri*
> *pour te rendre ton dû*
> *au centuple de son prix.* (33)

Ce cri morcelé envahit ce recueil comme un appel à vivre et à survivre à la gravité de la dérive de sa terre natale qu'elle communique avec une franchise désarmante. Cette quête prend des allures parfois souffrantes et inquiètes, investissant le chagrin et la déroute devant la perte de l'exil. De poème en poème, la poétesse répète cette tragédie pour que le lecteur pénètre avec elle dans des émotions vives. En quelque sorte, c'est la fatalité du destin qui lui a inspiré cet univers poétique tissé de douleur, d'angoisse, d'errance, de désespoir, de larmes et de sang, rendant la litanie éminemment soutenue. Et c'est cette souffrance aiguë qui s'étale de vers en vers donne à pressentir la peine d'un deuil permanent.

Le poème qui clôt le recueil reprend l'interpellation faite au début à l'autre, mais dans une dimension magique de partage. Elle l'invite à se joindre à elle dans le temps présent pour mieux vivre dans un nouveau Monde ouvert à la contemplation ou à la méditation où se déploient à la fois l'intensité d'une vision optimiste qui creuse des perspectives spectaculaires ouvrant de nouvelles voies et une grâce à en reconnaître la beauté.

> *ici, vois-tu*
> *c'est la mer*
> *l'écume évanescente*
> *la croisée des saisons*
>
> *j'y perds mes journées*
> *j'y fais mes provisions*
>
> *une plage de plein soleil*
> *les sirènes des bateaux*
> *sous les neiges éternelles*
>
> *tout cela est à nous*
> *rien ni personne*
> *ne nous l'enlèvera.* (74)

Dans *Qu'importe le moment*, on soupçonne la part autobiographique de Yamina Mouhoub. Les circonstances de la vie ont certainement renforcé son désir de dévoiler sa peine. En fait, la poétesse considère son exil comme une épreuve à surmonter. Dans un mouvement de confession, d'écoute et de vision, un repli intérieur se développe à partir des réalités opposées passé / présent qui interviennent pour lui permettre de révéler et de partager ses angoisses, ses émotions, le vide de l'absence, le déchirement, l'éloignement, la nostalgie, son impuissance et son mal d'être. La parole poétique émerge cherchant en soi et dans le dialogue avec l'autre le soulagement précaire qui fait de la survivance un moment de délivrance.

Au milieu d'un climat apparemment rude, la poétesse explore ses souvenirs et tente de relier son propre passé à celui à qui il s'adresse. Dans un mouvement de va-et-vient, elle laisse la réalité se dissoudre dans les plis mouvants de sa mémoire où les sédiments témoignent encore du passage du temps, de la violence, des horreurs des années noires et tout ce qui ne s'oublie pas ou encore ne se digère pas. Fruit de souvenance et de l'instant présent, elle réalise un recueil d'une superbe gravité, marqué par la peur, le déséquilibre, le deuil et la perte avec une voix inhabituelle entre douleur et conscience. Pour la pulsion poétique qui sous-entend chaque poème, pour ce désir sous-jacent de parvenir à dire l'inquiétude d'un être déchiré, ce recueil va au cœur de sa nécessité.

En effet, ce recueil d'une rare acuité et, d'une certaine façon, très audacieux dans la mesure où tous les textes imposent avec une obstination constante la réalité tragique et conflictuelle de son pays à travers des images absolument dures et déroutantes. Et pourtant circule à travers chaque page quelque chose qui ressemble au souffle de la vie. La poétesse possède une plume sensible et un regard pertinent, souvent voilé de tristesse et de désespoir. Avec un style alerte, limpide, elle trace avec finesse et tendresse le portrait touchant de l'exilée qui investit les stances litaniques pour mieux cerner le vide de son monde.

Il ne fait aucun doute que ce premier recueil, d'une richesse tangible et dynamique, va au-delà du banal pour dire le malaise. Une œuvre de compassion et de sensibilité qui interpelle et touche à la fois. La poétesse place l'impulsion créatrice sous le signe de la confession à travers une parole générant la fulgurance de l'image où se déploie une étonnante mixture de souvenirs et d'observation du quotidien. Et le fait même de l'avoir réalisé prouve la verve poétique de Yamina Mouhoub et l'inscrit pleinement dans l'émergence de la littérature migrante maghrébine au Québec.

# Soraya BENHADDAD

Née Berdjeb, Soraya Benhaddad, voit le jour à Alger en 1959. Son parcours humain et professionnel est intéressant, car plein de courage, d'audace et de défis. Issue d'un milieu pauvre, elle appartient à cette génération qui a vécu dans le contexte de guerre d'indépendance de l'Algérie. Encore jeune enfant, ses parents se séparent, ce qui constitue sa première déchirure. Aussi ballotée entre ses deux parents, Soraya souffre-t-elle d'une relation tendue avec sa mère et part donc vivre avec son père. Elle demeure traumatisée par cette période de son enfance, comme l'indique Rachédi :

> Elle a en mémoire des épisodes significatifs où, par exemple contrairement à ses frères et sœurs, elle n'a « pas le droit de manger les chocolats que les invités amènent ». Elle se rappelle ces années où elle restait « enfermée dans (sa) chambre et [était] interdite de sortie ». Seule, elle occupera son temps en lisant[1].

Dans la grande famille, on compte plusieurs membres et Soraya est baignée dans un univers de culture orale qui va façonner son imaginaire. Petite, elle se distingue par un caractère rebelle et se fait les dents en apprenant à survivre dans un milieu hostile où au moindre écart de comportement, elle est sévèrement punie.

> Pointée comme « l'originale de la famille », jeune, son imagination est déjà débordante. Espiègle et maligne, elle se retrouve trop souvent dans des situations où elle doit « cacher la vérité pour éviter les grosses raclées ». Il lui faut alors tout de suite faire de vivacité et « inventer une histoire pour se dépêtrer ». Au sein de sa

---

[1] Rachédi. *L'écriture comme espace d'insertion et de citoyenneté pour les immigrants*, p. 87.

famille, Soraya représente la jeune fille qui « raconte sans cesse des histoires »[2].

Très tôt, Soraya se lance dans une critique acerbe de la société algérienne et de ses coutumes rigides envers les femmes. Elle refuse d'accepter le sort qu'on lui lègue et veut conquérir sa place, et notamment sa liberté, en tant qu'être humain. Elle se marie avec un médecin[3] et lutte contre le rejet de sa belle-mère. Ce n'est pas le seul combat qu'elle doit livrer. La mouvance islamiste menace le pays et elle décide avec son mari de partir pour le Québec. Son mari qui avait visité le Canada est revenu enchanté de la Belle province, une terre magnifique, spacieuse et chaleureuse. Pour elle, c'est l'occasion rêvée pour se libérer de son monde rigide et vivre dans un pays de droits et de libertés plein de toutes les promesses. Son grand souhait, c'est de « pouvoir enfin se réaliser comme femme ». Elle aspire à « être considérée comme un être humain, avoir (son) mot à dire, pouvoir faire ce que (elle) a envie de faire »[4]. Toutefois, la première tentative pour émigrer au Québec échoue. Le couple décide à la fin de 1989, comme beaucoup d'Algériens, de partir pour la France avant la montée de l'intégrisme. Il y reste deux ans et Soraya donne naissance à sa deuxième fille. C'est pendant cette période qu'elle découvre le plaisir de la lecture.

> [Elle] lit « un peu de tout, mais [elle] voue une admiration particulière à l'écrivain Amin Maalouf pour la richesse de ses recherches historiques qui paraissent dans ses romans ». Elle découvrira plus tard Yasmina Khadra, qui « est un Algérien, c'est un militaire qui a écrit sous le nom d'une femme pour pouvoir se faire publier parce qu'il était militaire ». Elle admire son

---

[2] *Ibid.*, p. 87.
[3] Soraya est épouse d'Abdeltif Benhaddad, un médecin algérien lui-même reconnu pour ses compétences à travers de nombreux témoignages positifs émis par des patients montréalais, dans des sites d'évaluation de praticiens. Elle est aussi mère de deux filles Aïda et Ghyzlène.
[4] Rachédi. *L'écriture comme espace d'insertion et de citoyenneté pour les immigrants*, p. 88.

esprit critique par rapport aux mœurs et coutumes maghrébines[5].

Quelle image se fait-on du Québec avant d'y avoir mis les pieds ? Un paradis terrestre, une nature exubérante et une qualité de vie à nulle autre pareille ! On fait totalement abstraction de l'hiver qu'on sait pourtant long et rude. Il n'est tout simplement pas question d'altérer les beaux mirages que le rêve américain sait si bien faire miroiter dans l'esprit de ceux qui aspirent à un changement de vie, en s'attardant sur un aspect certes négatif, mais sûrement gérable, se dit-on, en toute confiance. En 1991, la famille Benhaddad est finalement admise au Québec. Dès le début, l'idée de réaliser son rêve la fascine et la motive. L'avenir dans la Belle Province semble brillant. Or, comme tous les immigrants, une fois arrivés et installés l'illusion fait progressivement place à la réalité. D'abord, le beau bagage professionnel fièrement apporté de leur pays ne fait pas vraiment le poids. Surprise ! C'est pourtant bel et bien ce même bagage qui leur a permis d'être brillamment sélectionnés par les services d'immigration ! Ensuite, d'autres critères, dont on ne parle que rarement tel que le manque d'expérience, l'équivalence des diplômes à titre d'exemple, viennent parfois rendre plus difficile l'accès au monde de l'emploi. Ceux qui ont un jour subi une quelconque discrimination due à leurs origines en savent sûrement quelque chose ! Mais, après s'être retrouvée dans cet exil choisi, Soraya désire ainsi se lier à ce nouveau lieu qui lui offre certainement des opportunités de développement et d'épanouissement. Ce qu'elle cherche à rétablir par cet attachement, c'est « tout un droit au territoire de sorte que par cette reconstitution d'une possession objectale, on en vienne à se posséder soi-même comme sujet »[6]. Ainsi, surmontant les difficultés d'adaptation, Soraya finit-elle par trouver sa place et s'intègre bien dans son nouveau pays. Elle s'épanouit en tant que femme, libérée du

---

[5] *Ibid.*, p. 89.
[6] Alain Médan. « Ethnos et polis. À propos du cosmopolitisme montréalais », *Revue international d'action communautaire*, 21/61, printemps 1989, p. 145.

joug familial et sociétal. En 1994, c'est l'obtention de la citoyenneté canadienne et aussi le commencement de la manifestation de la maladie :

> À 37 ans, le diagnostic de la maladie de la sclérose en plaques est confirmé. Cette maladie chronique dégénérative atteint le système nerveux central (cerveau et moelle épinière) et s'attaque à la myéline fibres nerveuses du système nerveux central). Une inflammation se produit et détériore cette substance par plaques[7].

C'est une transformation radicale qui se produit dans sa vie. Forcée de quitter son travail, elle passe de l'énergie à l'inertie, de l'indépendance à la dépendance, du dehors au-dedans où elle se trouve coupée du monde extérieur et de ses amis. Repliée sur elle-même, elle doit puiser dans sa force intérieure pour trouver sa voie et sa voix.

> Sa mobilité se réduisant, Soraya se retrouve seule à la maison. Ses filles sont scolarisées et son mari a dû reprendre les études à cause de la non-reconnaissance de son diplôme en médecine. Les journées sont longues en l'absence de ses enfants et de son mari. Condamnée physiquement à rester sur place, elle se sent « coincée », c'est là qu'elle a commencé à « écrire, à écrire, à écrire ». Elle écrit « plein d'histoires sur son ordinateur »[8].

Il convient de rappeler que dans sa tendre enfance, sa grand-mère l'a bercée d'innombrables contes. Ainsi, lorsque Soraya est devenue maman à son tour, elle a repris le flambeau. Et donc, chaque soir, elle racontait de nouvelles histoires à ses filles. Pour l'aider à sortir d'une passivité paralysante, son mari l'encourage à se consacrer à l'écriture et à envisager la

---

[7] Rachédi. *L'écriture comme espace d'insertion et de citoyenneté pour les immigrants*, p. 90.
[8] *Ibid.*, p. 91.

publication de ses écrits. Suivant son conseil, elle choisit d'écrire des romans de jeunesse et faire profiter d'autres enfants parce qu'elle pense qu'« ils ont le goût du rêve »[9]. Pour elle, l'écriture est un monde plein de songes et de découvertes que seuls les jeunes peuvent visiter ou ceux qui ont gardé l'esprit jeune. Elle soumet ses manuscrits pour publication, mais au début, ils ne suscitent aucun intérêt de la part des maisons d'édition québécoises. Elle recourt à l'aide de sa compatriote l'écrivaine Nadia Ghalem qui trouve qu'elle a du talent, dotée d'une fertile imagination, mais ce qui lui manque, c'est simplement de raffiner son écriture pour l'adapter au contexte québécois. C'est ainsi qu'elle réussit à publier en 1999 son premier roman, *Un homme bizarre*[10]. Cette première publication est « une façon pour [elle] de [se] sentir encore vivante dans une société où [elle] ne participe pas à grand-chose »[11]. Après le succès de ce livre, Benhaddad publie plusieurs romans[12], très différents, qui ont enrichi la bibliothèque des jeunes, surtout qu'ils servent de point départ à des échanges d'idées avec des adultes.

Dédicacé à ses deux filles Ghyzlène et Aïda, ce roman raconte l'histoire d'une adolescente qui livre le récit de sa mésaventure durant la période des vacances scolaires. Dès le début, elle présente son nom, son diminutif et sa symbolique ainsi que son âge et une description de sa physionomie qui la particularise comme ethnique.

> Je m'appelle Kenza et j'ai 13 ans. Mes amis et ma famille m'appellent Kenzy. Ce qui veut dire « mon trésor ». Je suis grande et mince. Cela me fait paraître

---

[9] *Ibid.*, p. 92.
[10] Soraya Benhaddad. *Un homme bizarre*, Montréal, Éds du Coin, 1999, 66 p.
[11] Rachédi. *L'écriture comme espace d'insertion et de citoyenneté pour les immigrants*, p. 92.
[12] Soraya Benhaddad a aussi écrit plusieurs livres pour enfants. Citons à titre d'exemple : *Coccolino se cherche une famille*, Montréal, Éditions du Coin, 2000, 23 p. ; *Le papillon amoureux*, Acadie, Les Éditions Bouton d'or, 2001, 68 p. ; *La Danse des papillons de nuit*, Saint-Alphonse-de-Granby, (Québec), Éditions de la Paix, 2002, 80 p. ; *Alerte à la ferme*, Acadie, Les Éditions Bouton d'or, 2005, 71 p. ; et *Le fantôme tourmenté*, Acadie, Les Éditions Bouton d'or, Collection Météore, 2011, 32 p.

> plus âgée. Mes yeux sont noirs, recouverts d'épais cils sombres qui me donnent un air rêveur. J'ai aussi des cheveux noirs et bouclés. Lorsque j'étais plus jeune, des dames arrêtaient maman dans la rue pour lui demander si elle m'avait fait une permanente. Quelle idée ! (10)

Aucune indication n'est donnée par rapport à la ville ou le pays où se passe l'action. Par contre, Kenzy apporte d'autres informations plus pertinentes pour se familiariser avec son milieu familial, son environnement et aussi sa relation amicale.

> J'habite une jolie maison tout près du lycée. En face de chez moi, il y a un grand parc où je passe de longues heures à lire lorsqu'il fait beau. Sarah est ma meilleure amie. Elle est dans ma classe et n'habite pas loin de chez moi. Je trouve qu'elle est belle. Mais, ce que j'aime surtout en elle, c'est son caractère. On s'entend à merveille. (10)

La trame narrative tourne aussi autour de la disparition de deux camarades de son école secondaire à la fin de l'année scolaire. Tout le monde autour d'elle suspecte un kidnapping. On a parlé d'elles pendant quinze jours à la radio et à la télé et leurs photos sont affichées dans différents endroits. Et ce « drame s'est transformé en véritable psychose » (11) et la bouleverse profondément.

> C'est assez éprouvant. Je ne parle pas du rôle de ma famille dans cette histoire. Mes parents ont beaucoup insisté sur le fait qu'un kidnappeur pouvait être un homme ou une femme. Ils me répétaient sans cesse que je ne devais en aucun cas me fier aux apparences. (11)

Pendant le temps des vacances, les deux amies veulent organiser des activités ensemble. Mais à chaque sortie, sa mère ne ce cesse de lui rappeler d'être prudente. La méfiance règne partout depuis la disparition des filles qui les a tous rendus anxieux, « même un peu paranoïaques » (14). Elle aime aller à la piscine et fréquenter la bibliothèque pour chercher des livres.

Elle passe la majorité de son temps dans deux endroits principaux : son domicile et un parc en face de chez elle. Kenzy est toujours seule, sauf quand Sarah, sa meilleure amie, est disponible. Elle se rend souvent au parc où elle passe beaucoup de temps à lire et à se détendre. Elle rencontre régulièrement un inconnu et l'observe. Elle le surveille discrètement et constate qu'il est souvent seul, assis au même banc et éprouve des difficultés à marcher. Aussitôt, elle se méfie de lui, parce qu'elle le trouve bizarre. Tout dans son comportement est étrange... Une série de péripéties vont se déclencher à la suite de ses questionnements devant cet homme noir qu'elle trouve « louche ». Elle le soupçonne alors d'être un kidnappeur d'enfants, recherché par la police ou encore un pédophile. Elle réagit négativement envers lui et interprète mal le moindre regard qu'il pose sur elle : « Le monsieur retourne à son banc. En passant près de moi, ses yeux croisent les miens. Il me sourit. Il a une drôle de démarche. Je suis certaine qu'il est ivre » (16). Elle se met à réfléchir très vite, incapable de maîtriser son esprit qui divague : « Et si c'était le type qui avait kidnappé mes deux camarades ? Un homme seul au parc qui titube. Peut-être même qu'il n'est pas normal ? Je n'en reviens pas. Les parcs devraient être surveillés » (17). Pour elle, « cet homme semble tellement bizarre » (17). Elle parle à son amie Sarah qui l'assure qu'elle exagère parce que l'homme n'est là que pour passer un moment au parc. Mais elle insiste que le fait qu'il soit seul lui paraît étrange. Elle « lui trouve même un air louche, malgré sa belle apparence » (23)

    Incapable de se contrôler, Kenzy relance les interrogations à répétition. Elle n'a aucune preuve de ses accusations, simplement une intuition, plus elle l'analyse et elle le regarde, plus elle le trouve bizarre. C'est ainsi qu'elle décide de mener sa propre enquête quant à l'identité de cet homme qui devient l'objet de curiosité et de spéculations abusives de sa part : « Mes questions restent sans réponses. Qui est-il ? Il ne travaille pas ? Il a l'air louche » (33).

    Kenzy est fille unique. Elle s'entend très bien avec ses parents. Elle a une belle relation avec sa mère qui est coiffeuse et partage ses goûts. Lors de sa journée libre du travail, elles vont au cinéma et apprécient leur temps ensemble. Sur le chemin du retour, Kenza voit les photos de ses deux camarades disparues. Ce qui la perturbe et la rend triste. Cherchant à atténuer ses angoisses, sa mère la console en lui disant : « Kenzy, je sais que c'est choquant. Mais rien ne dit que ces filles ont été kidnappées. Elles ont peut-être fait une fugue ? » (27). Elle l'écoute sans l'entendre, plongée dans de sombres pensées. Dès leur arrivée à leur domicile, elle se dépêche de ressortir à la surprise de sa mère parce qu'elle veut toujours revenir au parc pour voir l'homme bizarre. Elle est déçue de ne pas le trouver. Après deux jours d'absence, elle le revoit assis au même banc. Celui-ci, en l'apercevant, lui sourit. Ce qui l'effraie et la terrifie. Malgré ce sentiment qui l'habite, elle ne renonce pas à son enquête, sûre qu'elle va finir par le coincer.

> C'est à cet instant qu'une dame blonde ayant la quarantaine s'approche de lui. Elle lui dit quelque chose que je n'entends pas. Dommage ! Puis, elle le prend par le bras et l'entraîne. Tant pis, je les suis ! Ils se dirigent vers un bel immeuble situé juste en face du parc. Je les regarde disparaître dans l'ascenseur. Je reste là, bouche bée. Ce n'est pas possible ! Ai-je fait une erreur ? Qui est cette femme ? toutes sortes de questions me hantent désormais. Mon cœur me souffle de partir et de ne plus y penser. Je suis terriblement mal. Alors, je cours m'abriter à la maison. (32)

Le roman s'éloigne un peu de l'obsession de Kenzy et aborde un autre registre narratif accentuant l'idée de cette bonne entente qui existe entre elle et ses parents. C'est au tour du père de s'occuper d'elle et pour eux de passer un temps ensemble. Comme ils n'habitent pas loin de la mer, il lui propose de réserver leur journée à la plage. Elle accepte avec bonheur et enchantement. Le temps est agréable et tous deux s'amusent bien appréciant ce moment de détente. Kenza aime se baigner et profite de cette occasion pour offrir à son corps de douces sensations ressenties sur le sable et dans l'eau. Par hasard, elle rencontre une camarade de classe Isabelle avec son frère et ses parents. Le rapport entre cette famille québécoise et son père est chaleureux. Elle se sympathise avec David, elle est même attirée par lui. Le sentiment est réciproque car lui aussi s'intéresse à la fréquenter. Son père est heureux de rencontrer les parents de sa copine avec qui il engage une discussion chaleureuse autour d'un verre. Il accepte de la laisser passer la nuit avec Isabelle pour revenir la chercher le lendemain. Elle passe une agréable soirée dans le jeu, la détente, la baignade, la séduction et la naissance de sentiments entre elle et David. Le jeune garçon désire la connaître plus et décide de se revoir. Elle lui donne son numéro de téléphone. Quand son père revient pour la ramener à leur domicile, il repart avec lui joyeuse le cœur plein de papillons attendant l'appel de David.

De retour, elle reprend « ses bonnes vieilles habitudes délaissées depuis deux jours » (51). Elle est obsédée par cette situation et emprunte même le mensonge à ses parents pour pouvoir aller au parc. Quand elle ne le trouve pas, elle est déçue. Elle voit la femme blonde qui était avec lui et se dirige vers elle pour lui parler. Elle lui demande les nouvelles du monsieur. Celle-ci surprise de sa question, converse avec elle en lui rapportant une information très importante. Elle lui révèle qu'il est parfois fatigué qu'il ne peut pas marcher. C'est le passage de la méconnaissance à la connaissance de l'autre qui se réalise grâce à cette rencontre. C'est uniquement grâce à une discussion avec la femme de l'homme bizarre, qui se nomme Ève Desforges que Kenzy découvre qu'il s'appelle Gérard et qu'il est gravement malade et souffrant :

> Gérard souffre de sclérose en plaques [...]. C'est une maladie qui évolue lentement et progressivement. Elle est invalidante. La dernière poussée ou crise, si tu préfères, a été dure. Il a dû même quitter son travail, car il ne peut plus se déplacer seul. Il n'a aucune endurance. C'était un homme si actif ! (55)

Kenzy se rend compte que les apparences sont parfois trompeuses. Elle se culpabilise devant ses propres doutes.

> Je me lève. Je me sens plus mes jambes. Je suis triste et honteuse à la fois. Triste, car j'ai appris que cet homme est malade. Même si je n'ai rien compris à sa maladie.

> Honteuse, à cause de mon comportement, car je l'ai accusé. Je l'ai épié. Je l'ai traité de kidnappeur et même d'ivrogne. Mon imagination m'a joué un sale tour. Sarah m'avait pourtant mise en garde ! (56)

Troublée, elle raconte sa triste histoire à ses parents en leur demandant pardon. Fâchés et déçus de son comportement, ses parents lui ordonnent de rejoindre sa chambre en attendant de décider comment la punir. Elle appelle son amie Sarah qui l'informe du retour des deux camarades disparues qui n'avaient, comme l'avait dit sa mère, fait qu'une fugue, stressées pendant la période des examens, elles avaient déserté le foyer familial errant durant trois semaines jusqu'à l'épuisement de toutes leurs économies. « Puis, fatiguées et déprimées, elles sont rentrées, têtes basses, au bercail » (59). Elle reconnaît que cette disparition avait bouleversé sa vie. En avouant à ses parents, elle se sent soulagée.

> La boule que j'avais sur le cœur et qui me nouait la gorge disparaît peu à peu. J'ai vécu l'enfer. Le doute est la pire chose qui puisse vous arriver, car il vous mine la vie et voile vos yeux. Aujourd'hui, il ne me reste que le remords. (60)

Elle veut à tout prix lui parler. Elle aurait souhaité partager ses inquiétudes avec David, mais celui-ci ne l'a pas encore contactée. Elle attend impatiemment son appel. Ayant appris la maladie de monsieur Desforges qu'elle a faussement accusé, elle va à la bibliothèque pour éliminer son ignorance. Elle trouve un livre : « Comprendre la sclérose en plaques » qu'elle dévore ne laissant rien échapper à sa connaissance. Elle déclare :

> Je veux tout savoir sur cette maladie, avant de recevoir Monsieur Gérard Desforges. C'est ma manière de m'excuser pour l'avoir si mal jugé.
> Maintenant, je sais pourquoi lorsque je le voyais marcher, je le prenais pour un homme ivre. Je comprends pourquoi il attend que sa femme vienne le

chercher au parc. Il a des difficultés à marcher, accompagnées d'un gros problème d'équilibre. (61)

Elle comprend la gravité et la particularité de cette maladie qui touche les nerfs du système nerveux central. Et dont les « symptômes sont alors plus ou moins graves et peuvent changer avec le temps. Une véritable maladie imprévisible. Au moins, elle n'est pas contagieuse, ni même héréditaire » (62). Elle manifeste le désir, voire l'urgence de rencontrer Monsieur Desforges. Elle veut se faire pardonner par lui. Puisqu'elle l'a mal jugé, elle tient à lui parler pour se libérer du poids de la honte qui la torture. Elle le rejoint au parc, à la même place où il passe son temps assis au banc regardant et souriant aux enfants qui jouent devant lui. Elle lui présente ses excuses et lui raconte sa mésaventure. Monsieur Desforges l'écoute tranquillement sans l'interrompre et à la fin de son récit elle lui dit avec une extrême douceur que par ses aveux, elle a fait preuve d'un grand courage ajoutant qu'il est sûr qu'elle est une brave fille. Elle lui explique pour quelle raison il marche sans canne et partage sa joie du retour de ses camarades saines et sauves :

> Kenzy ! Je suis content que tes camarades disparues soient retournées chez elles. Quant à ma canne, je l'ai utilisée durant de longues périodes. J'ai même été plusieurs semaines sur une chaise roulante. Ceci dit, je la prends quand je sors pour une promenade, car vois-tu, je ne peux pas marcher plus de 10 mètres. (65)

Kenza retourne chez elle, heureuse, le cœur soulagé, décidée dorénavant de ne se mêler que de ses affaires et de ne pas se précipiter dans le jugement ou encore l'accusation d'autrui sans preuves valables et sérieuses. En ouvrant la porte, le téléphone sonne, elle se précipite. C'est David...

Ce roman court adressé aux jeunes se clôt avec ce « *happy ending* » plein d'espoir, de rêves et de promesses. L'écrivaine mène bien son récit du début à la fin, si habilement construit qu'on termine la lecture en ayant savouré toutes les subtilités de l'aventure.

Le titre donne le ton au livre et la trame narrative à saveur autobiographique demeure un élément essentiel parce qu'il nous aide à comprendre les préoccupations de l'écrivaine et son courage de parler d'un thème grave à savoir sa maladie. En effet, Benhaddad a publié son premier roman jeunesse, alors qu'elle était atteinte de sclérose en plaques depuis trois ans. D'après elle, cette œuvre représente son défi à la maladie, défi très utile pour souligner combien il est difficile d'affronter la gravité de ce mal sans la compréhension, le support et le soutien aussi bien des proches que des autres. Grâce à l'écriture, elle réussit à partager ses sentiments jamais exprimés et dépasse la gêne et la honte. La publication de ce livre introduit le lecteur à une connaissance privilégiée de la douleur, de la lutte de l'écrivaine pour vaincre le doute et continuer à être active.

Rappelons que Benhaddad a dû arrêter de travailler comme secrétaire-comptable dans une entreprise à cause de sa maladie, après seulement quatre ans de son installation au Québec. À la suite de son inactivité physique, elle réalise après plusieurs années qu'elle peut s'adonner à une autre activité tout aussi louable : « J'ai compris, je me suis dit bon maintenant, je suis capable de raconter. Alors le premier livre que j'ai écrit ça a été pour parler de la sclérose en plaques »[13]. Elle ajoute qu'elle a trouvé une nouvelle voie qui a atténué la douleur de la maladie :

> *Un homme bizarre* était le premier. Ça a été le premier livre qui a été publié au Québec. C'est un livre que j'ai écrit quand j'avais envie de régler mon dilemme avec la sclérose en plaques. Je voulais régler ça donc pour ça que j'ai écrit ce livre. J'en parle, je décris un peu la sclérose en plaques à l'intérieur pour un peu les autres. Je voulais pas que ça parle surtout de la maladie au sens propre du terme[14].

En effet, dès son premier roman, elle a parlé de son expérience personnelle douloureuse. Ainsi, littérature et maladie

---

[13] Rachédi. *L'écriture comme espace d'insertion et de citoyenneté pour les immigrants*, p. 99.
[14] *Ibid.*, p. 99.

se conjuguent-elles dans l'espace romanesque qui aborde une partie de sa biographie. C'est sa manière d'appréhender sa maladie et sa souffrance vécue. De ce fait, elle rejoint cette tradition littéraire où certains écrivains ont choisi l'écriture pour thématiser concrètement la douleur. Certes, l'écriture de la maladie n'est pas chose facile et ceux qui la choisissent comme thème de leur livre font preuve d'audace et d'originalité. Car ce n'est jamais la révélation de leur mal privé qui est intéressante, c'est ce qu'ils en font et ce qu'ils en retirent pour autre chose. Pour certains écrivains, le lien étroit entre l'expérience de la douleur et leur existence, entre l'idée de la souffrance et le processus de l'écriture leur ont permis de produire des textes touchants qui reflètent l'histoire de leur propre lutte et une réflexion sur l'intensité de leur calvaire aussi bien physique et moral qu'humain.

Dans *Un homme bizarre*, le témoignage de l'écrivaine est présenté par une adolescente qui découvre, au même titre que le lecteur, la désolante et désespérante situation de tout malade qui souffre de la sclérose en plaque. Entre lucidité et pudeur, Benhaddad romantise son mal, manière de sublimer son malheur, de comprendre sa gravité et donc d'accepter l'incompréhensible et l'inacceptable. Et surtout de refuser l'état d'inactivité et de paralysie dans lequel sa maladie l'a plongée et aussi un refus de l'effondrement devant les ravages. Son expérience privée devient un combat méritoire. Cette maladie qui a totalement perturbé le déroulement de sa vie n'est pas une absurdité tragique, elle est réelle, accaparante et déstabilisante. À dire vrai, c'est un acte de courage de parler de sa maladie à soi, mais aussi de soi, de la partager avec les autres dans une démarche qui s'approche de la confidence. Ce qui rend son roman vivifiant et humain. Elle a réussi à convertir son expérience privée en expérience publique, quand elle dépeint l'originalité de sa maladie et l'immensité de la gravité de ses dégâts physiques. C'est aussi un rappel de l'importance de la santé qui doit être une priorité et surtout un appel à composer avec elle quand en toute évidence, elle est en défaillance.

Ce roman regorge également de messages importants que Benhaddad vise à faire passer aussi bien auprès les jeunes que les adultes. Pour elle, la littérature peut modifier notre perception du monde et réformer nos convictions. Elle peut aussi mener à un dépassement des préjugés. Dans plusieurs pays, un des préjugés les plus pernicieux est celui à l'égard les personnes dont la couleur de peau est noire. L'expression de stéréotypes reflète l'hostilité ouverte et la méfiance vis-à-vis de ces groupes habituellement stigmatisés. Les conséquences des comportements et sentiments négatifs sont néfastes. Engagée dans la voie de dénoncer et de briser les préjugés qui sont fondés dans son roman sur la stricte apparence physique, elle opte pour le choix d'un noir, justement pour accentuer les facilités de suspicion ainsi que de doute de la part des autres « blancs ». Même si, d'après les dires de son mari, cette maladie n'atteint pas les Noirs, mais principalement les personnes issues du pourtour méditerranéen. Tout est ficelé par la chronologie de l'intrigue pour accentuer le comportement de Kenzy qui n'hésite pas à mentir à ses parents et s'obstine à retourner au parc même sans leur accord, convaincue qu'elle a raison et que l'homme bizarre se prête à sa finalité de mener son enquête et de faire la lumière sur cette affaire.

En plus de sa volonté d'avancer une prise de conscience sur les dangers d'un tel comportement contre le multiculturalisme, la tolérance, l'antiracisme et la diversité que prône la société québécoise, par son écrit, elle veut signaler les préjugés véhiculés à l'égard des personnes atteintes de la maladie. Les commentaires du lectorat sur ce livre lui ont permis d'accomplir sa mission à savoir de faire reconnaître cette forme d'injustice, de rejet qui touche les malades qui se débattent contre ce mal pernicieux. Les remarques de spécialistes qui ont lu l'histoire de son roman sont encourageantes, comme elle le confirme à Rachédi :

> Je peux vous dire que tous les psychologues et les travailleurs sociaux à qui je l'ai prêté pour le lire, tous ont été vraiment fascinés par cette histoire. Parce qu'elle montre à quel point le préjugé est très vite fait. Comment on peut tout de suite cataloguer les êtres

humains et les mettre dans des boîtes, chacun appartient à une catégorie[15].

Boris Cyrulnik écrit : « L'ennui, avec les humains, c'est qu'ils voient l'univers avec leurs idées plus qu'avec leurs yeux »[16]. Autrement dit, chez les humains, voir le réel, c'est donc le lire d'une certaine façon. Cette lecture passe par plusieurs dispositifs de traitement de l'information imbriqués. Pour Kenzy, comme beaucoup d'individus, sa perception est une lecture de la réalité qu'elle observe. Ses yeux ne sont pas simplement une fenêtre transparente sur ce qu'elle voit dans le parc et des données qui lui viennent du réel. Elle est aussi sensible aux informations venues du monde extérieur qu'elle sélectionne, organise, décode et interprète en fonction de son schéma mental. En voyant cet inconnu, assis seul devant d'elle, elle a eu peur. Ce ressenti négatif et de préjugés provient du fait qu'il est noir. Elle a vu dans son comportement passif les signes d'un éminent danger et s'est lancée dans le délire de fausses accusations, convaincue qu'elle a raison. Sa peur et sa méfiance à son égard confirment ce qui se trame autour d'elle et qui se nourrit d'un racisme systémique ancré dans les mentalités des gens.

Aussi, par la manifestation de ce désir d'aller vers l'autre pour le connaître, d'établir un contact entre le père de Kenzy et la famille de sa camarade de classe Isabelle, l'écrivaine précise-t-elle ce qui l'anime en tant que citoyenne de son nouveau pays. En effet, dans le cadre de la civilité, de cette volonté de favoriser de bons rapports, de ce « vivre ensemble » dans le respect mutuel, dans l'acceptation des autres quelles que soient leurs différences, et surtout dans l'affichage de la tolérance et de l'ouverture d'esprit, elle croit que pour avancer et réaliser ces objectifs, le rôle de la littérature peut être déterminant pour avancer un discours positif et encourager le dialogue interculturel. À cet effet, Claude Corbo énonce cette réalité : « L'acte de création peut et doit être un lieu privilégié de

---

[15] Rachédi. *L'écriture comme espace d'insertion et de citoyenneté pour les immigrants*, p. 99.
[16] Cité par Jean-François Dortier. « La perception, une lecture du monde », *Psychologie, l'esprit dévoilé*, Publié le 31/05/2007.

dialogue interculturel »[17], et tout écrivain peut contribuer à assurer une bonne communication entre les individus et de témoigner de différents aspects de la vie susceptibles de rapprocher les humains au lieu de les diviser.

Fait à signaler ici, cet enjeu multiculturel en faveur du métissage et de la coexistence de différentes cultures dans une société tolérante et accessible à tout le monde qui anime la prise de position de l'écrivaine se perçoit à travers le choix onomastique des personnages de son roman. Comme l'indique Rachédi,

> Le texte est exclusivement en français, mais le choix des prénoms suppose que les personnages sont multiethniques : Kenza, Sarah (l'amie de Kenza), Gérard Desforges, l'homme noir (qui est l'homme bizarre) et sa femme. Le choix du nom de Desforges fait référence au nom de famille de l'auteur « Benhaddad », qui signifie fils de forgeron. Le choix du prénom de Sarah fait référence au nom que son oncle aurait souhaité que Soraya donne à sa fille. Bien entendu, Soraya a refusé puisqu'elle l'a appelée Gyslène (à prononcer Reslène). Ce qu'elle a regretté par la suite parce qu'en arrivant au Québec les gens étaient « incapables de prononcer et d'écrire ce prénom » et Soraya a essayé de battre avec les administrations québécoises pour changer le prénom de sa fille, mais en vain. Finalement, elle reconnaît que Sarah aurait été plus simple à prononcer et à écrire[18].

Il est important de souligner que l'insertion dans l'espace romanesque de cette visite à la mer de Kenza avec son père se présente comme une évocation des souvenirs lointains de l'écrivain continue de chérir de son pays natal. En effet, elle avait grandi au bord de la mer qu'elle fréquentait constamment

---

[17] Claude Corbo. « Conditions politiques et conditions culturelles du dialogue culturel », dans François Tétu de Labasade (éd.). *Littérature et dialogue interculturel*, Sainte-Foy, Québec, 1997, p. 78.
[18] Rachédi. *L'écriture comme espace d'insertion et de citoyenneté pour les immigrants*, p. 93.

parce qu'elle aimait se baigner, se détendre au soleil et marcher sur le sable qui lui procurait des sensations de bonheur et d'enchantement. Il reste que Soraya refuse d'être nostalgique, attachée à la terre natale. Elle ne souffre pas du mal du pays qu'elle avait quitté sans regret laissant tout derrière elle pour s'ouvrir à l'avenir. Ses rares visites en Algérie sont destinées uniquement à voir sa famille, le pays en tant que tel ne lui manque pas et depuis 1999 elle n'est plus retournée là-bas, parce qu'elle s'est « rendue compte que c'est toujours pareil, rien n'a changé »[19] et que de « cette boue qui englue, il faut se défaire ! De ce terroir stérile, étouffant, on veut se dissocier ! »[20]. Sa mère vient de temps en temps au Québec la voir et Soraya tient à lui offrir ce qu'elle désire sachant qu'en Algérie elle ne peut pas le faire. Depuis des décennies, la société algérienne souffre de subvenir aux besoins de ses citoyens en mettant à leur disposition le strict essentiel pour vivre décemment. Il y a trop de privations qui génèrent d'énormes frustrations. C'est ainsi quand elle a l'occasion de la gâter, elle le fait à plein cœur en lui procurant tout ce qu'elle demande. Son immense désir, c'est de lui permettre d'acquérir et de posséder ce dont elle a été toujours privée. Soraya est à l'aise dans son nouveau pays ne regrettant pas sa décision. En fait, son éloignement montre clairement qu'elle a coupé les liens avec ce qui la rattache à ses racines. Elle considère sa vie dans un présent permanent qui se déroule au Québec. Comme elle l'indique à Rachédi, elle apprécie pouvoir parler sa langue avec ses amies algériennes, mais elle ne sent « aucune affinité avec les immigrants » comme elle, installés dans la province francophone. De la même façon son réseau n'est pas exclusivement algérien, incluant différentes identités d'ici et d'ailleurs. Ce qui la révolte, c'est le comportement de ceux et celles qui sont dans un nouveau pays, mais qui sont continuellement tournés vers le lointain qu'ils ont quitté pour changer de vie. Elle rejette toutes ces immigrantes « qui

---

[19] Rachédi. *L'écriture comme espace d'insertion et de citoyenneté pour les immigrants*, p. 95.
[20] Alain Médan. « À Montréal et par-delà, passages, passants et passations », dans Benoît Melançon et Pierre Popovic (dir). *Montréal 1642-1992. Le Grand passage*, Montréal, XYZ. coll. « Théorie et littérature », 1994, p. 92.

critiquent le Québec et qui veulent par leur culture transformer la belle province »[21]. Elle a également compris que la vraie descente est vers soi. Comme le mentionne le philosophe Pierre Bertrand, « l'exil de l'homme ne s'effectue pas uniquement par rapport au monde, mais par rapport à lui-même »[22]. À vrai dire, son exil suscite par conséquent « un phénomène de repli défensif, une volonté de refonder un espace restreint qui serait associé à une identité stabilisée »[23]. En tant que migrante ayant quitté sa terre natale qui s'est éloignée d'elle, plongée dans le chaos total causé par les ravages de la décennie noire, elle jette les amarres dans un autre port prête à rassembler et à façonner la richesse de sa personnalité par différentes composantes éparses de sa mosaïque identitaire. Elle ne veut pas ressembler aux autres immigrants qui portent en eux les germes de l'étrangeté. Incapables de se détacher de la terre natale et l'impossibilité de se fixer ailleurs. Elle vit au Québec qui constitue, avec ses grands espaces et ses horizons sans fin, sa source d'inspiration. Et en étant qu'écrivaine, les histoires qu'elle raconte dans ses livres se passent « dans l'imaginaire au Québec et au Canada », mais dans l'ensemble de ses livres, « lorsqu'il y a des personnages humains, ils sont en couple mixte. Il y a toujours un personnage maghrébin et évidemment des Québécois »[24].

Pour Soraya Benhaddad, l'expérience de l'écriture s'avère créatrice, « réparatrice »[25] et salvatrice intimement liée à son désir de transcender la maladie et d'inscrire sa voix. Ce qui important pour elle, c'est d'établir un rapport entre elle et sa vie présente, devenir quelqu'un qui a contribué à sa manière dans

---

[21] Rachédi. *L'écriture comme espace d'insertion et de citoyenneté pour les immigrants*, p. 95.
[22] Pierre Bertrand. « La Fiction comme exil », *Exil et fonction*, Montréal, Humanitas/Nouvelle optique, 1992, p. 43.
[23] Simon Harel. *Le Voleur de parcours : identité et cosmopolitisme dans la littérature québécoise*, Montréal, Le Préambule, 1989, p. 160.
[24] Rachédi. *L'écriture comme espace d'insertion et de citoyenneté pour les immigrants*, p. 95.
[25] Voir Simon Harel. *L'Écriture réparatrice*, Montréal, XYZ éditeur, collection « Théorie et littérature », 1994, 231 p.

son pays d'adoption, ne pas rester inconnue et tomber dans l'oubli du temps, telle est son ambition. Ceci dit, son œuvre symbolise un véritable accomplissement et lui permet de laisser sa trace en perpétuant son nom dans l'espace public, comme elle le précise à travers ses propres paroles :

> Je ne voulais pas avoir vécu et un jour disparaître comme ça. Une anonyme dont on n'a jamais entendu parler. Ça veut pas dire qu'aujourd'hui beaucoup de gens ont entendu parler de moi. Mais si vous rentrez à la Bibliothèque nationale et que vous dites Soraya Benhaddad, si il tape le nom de la personne, si vous allez dans les librairies, vous entrez même sur Internet, vous tapez Soraya Benhaddad y a plein de choses qui sortent ![26].

Il est essentiel d'indiquer que dans l'expérience de l'immigration au Québec, beaucoup de personnes venues d'ailleurs ont été capables de belles réalisations, lorsque l'occasion leur était accordée, d'autre part, de développer auprès de ceux qui ont traversé l'atlantique pour une autre vie meilleure et qui ne sont pas encore arrivés à se réaliser à travers des carrières valorisantes, la capacité à contrer toutes barrières qui se dressent devant elles et les sentiments de découragement, voir d'abandon qui les paralyse et les détruit, et ce, par la voie de la persévérance et de la foi. Tout comme l'hiver long et rude qu'on avait pourtant accepté d'affronter, le chemin peut parfois être loin et semé d'embûches. Heureusement que l'issue se trouve forcément quelque part, tout comme l'été succède à l'hiver. Parmi celles qui ont réussi par leur volonté, leur courage et leurs talents à percer le mur de l'anonymat, l'exemple de Soraya Benhaddad demeure encourageant. Malgré sa maladie, cette femme créative a publié des ouvrages pour enfants[27] et s'est ainsi fait connaître dans le monde du livre. Ceci dit, elle a pu entrer dans l'univers des enfants pour les

---

[26] Rachédi. *L'écriture comme espace d'insertion et de citoyenneté pour les immigrants*, p. 100.
[27] L'aspect de son écriture peut s'inscrire dans la continuité des romans d'Enid Blyton ou la série *Alice* de Caroline Quine ou celle de *Fantômette* de Georges Chaulet.

bercer de belles histoires, et même si elle vient d'ailleurs, ses ouvrages sont aujourd'hui présents sur des étalages de bibliothèques québécoises. Avec ses romans[28], elle transporte allègrement le lecteur. Elle se distingue dans le concert des voix migrantes maghrébines, émergeant au sein du paysage littéraire québécois, en tant qu'écrivaine qui manie la sobriété et l'élégance du style et qui possède une densité remarquable dotée d'une plume sensible et d'un regard juste.

---

[28] Voici les résumés de ses livres : « *Coccolino se cherche une famille* : Sonia acquiert pour son fils le perroquet d'une vieille dame d'origine italienne. Celui-ci s'en désintéresse rapidement : l'oiseau est muet. Sonia décide de s'en occuper. Voilà qu'un matin : "Coccolino ! Buongiorno! Buongiorno !". Elle lui apprend le français, il l'initie à l'italien. Le chat du voisin fait une incursion dans la maison. Le volatile lui échappe de justesse et fait ses recommandations à sa nouvelle maîtresse. – Un récit amusant où le perroquet fait plus que parler. Il pense, comprend et discute. Une trame un peu enchevêtrée. Illustrations honnêtes ». *Le papillon amoureux* : « Que peut faire un papillon éperdument amoureux d'une rose quand celle-ci refuse de l'épouser ? Et la rose, pourquoi ne veut-elle pas devenir la reine du papillon ? Une histoire captivante d'amour et d'amitié, offerte aux jeunes de toutes les cultures ». *La Danse des papillons de nuit* « est l'histoire d'une modeste famille de hiboux. Cette famille bien rangée se compose de Monsieur Hibou, de sa femme, Madame Chouette, et de leur fils, Bibou, un jeune qui se cherche. Tout fonctionne normalement jusqu'au jour où le père propose à son fils un emploi dans sa compagnie. Ravi de recevoir une telle offre, Bibou accepte avec empressement. Est-ce vraiment ce qui lui convient ? Heureusement, malgré tous les heurts entre parents et enfant, l'amour demeure très présent au sein de cette famille. L'amour les gardera unis jusqu'au bout ». *Alerte à la ferme* : « Madame la Poule est bien fière de sa nouvelle couvée de poussins. Elle aurait souhaité que les autres animaux de la ferme lui offrent, pour ses nouveau-nés, ce qu'il y a de plus beau et ce qu'il y a de mieux. Déçue des cadeaux qu'ils lui présentent, elle ne se gêne pas pour les refuser l'un après l'autre. Ses voisins vont-ils lui tourner le dos lorsque, soudain, elle aura besoin qu'on lui vienne en aide ? ». *Le fantôme tourmenté* : « Les nuits d'Elsa sont hantées par le fantôme d'une jeune fille qui lui répète chaque fois : « Tu n'as pas le droit. » Que signifient ces mystérieuses apparitions ? Rongée d'inquiétude, Elsa demande à sa grand-mère de lui venir en aide. Celle-ci remuera ciel et terre pour percer ce mystère et redonner la tranquillité d'esprit à sa petite-fille. Pendant ce temps, Elsa fera une rencontre qui n'est peut-être pas étrangère aux manifestations de la revenante... ».

# Mélikah ABDELMOUMEN

Si les auteurs nés hors Québec, abordent des problématiques « reliées aux modalités par lesquelles s'expriment les expériences de l'exil, du déracinement et de l'intégration éventuelle »[1], questions pertinentes et légitimes pour les écrivains examinés dans ce premier ouvrage, venus majoritairement de l'Algérie, la situation de Mélikah Abdelmoumen est totalement différente. Elle se distingue par une singularité particulière du fait qu'elle est née en 1972 à Chicoutimi au Lac-Saint-Jean, de père tunisien et de mère québécoise.

Vivant à Montréal, elle se consacre à l'écriture, à l'enseignement, à la recherche et à la scénarisation. Elle enseigne au lycée puis à l'Université de Montréal, travaille comme journaliste pigiste et, grâce à des bourses d'écriture, comme scénariste. En 1992, elle entreprend des études de lettres – dont une maîtrise sur George Sand et l'autobiographie. Spécialiste de l'autofiction, elle fait son entrée en littérature à la fin des années 1990 et publie ses trois premiers récits sous le nom de Mélika Abdelmoumen, sans le « h » à la fin de son prénom.

Il convient de signaler qu'Abdelmoumen désirait être considérée comme écrivaine québécoise. Elle voulait à tout prix se noyer dans la masse, être acceptée, surtout comme une Québécoise. « C'est fou, raconte-t-elle, mais je trouvais que Mélika sans « h », ça faisait moins arabe. Et puis j'étais en rébellion contre mon père »[2]. C'est ainsi qu'elle signe ses trois

---

[1] Catherine Khordoc. « L'aspect transculturel de l'œuvre de Monique Bosco », Marc Arino et Marie-Lyne Piccione (Textes rassemblés et présentés par). *1985-2005. Vingt d'années d'écriture migrante au Québec. Les voies d'une herméneutique*, EIDÔLON, N° 80, Lyon, Presses Universitaires de Bordeaux, 2007, p. 20.
[2] Danielle Laurin. « Mélikah Abdelmoumen, hors de l'autofiction », *Le Devoir*, (Montréal), Les samedi 16 et dimanche 17 septembre 2006, p. 1.

premiers écrits par ce prénom[3]. Malheureusement, elle s'est trouvée malgré elle face à la problématique identitaire qui animait les débats dans la Belle province, encore réservée dans l'acceptation de l'autre, établissant des limites entre les Québécois « pure laine » ou de « souche » et ceux d'origine appelés « Métèque pure soie »[4], « Québécois pure laine crépue »[5], ou encore « Québécoise de souk »[6]. À cet égard, elle souligne :

> Je me souviens par exemple que le fait qu'au Québec, j'étais parfois étiquetée « romancière arabo-québécoise » faisait que je me posais plein de questions : était-on en train de me dire que je n'étais pas une vraie Québécoise ? Que le fait que le Québec se soit en partie construit sur une immigration du Maghreb était encore occulté et qu'il y avait les vrais Québécois, et les autres ? Pourtant, je me sentais bien Québécoise, en ce sens que pour moi, être québécois pouvait vouloir dire autant s'appeler Tremblay, qu'Abdelmoumen, que Nguyen, ou Leibowitz...[7].

Pour résoudre ce dilemme, Abdelmoumen a toujours perçu son identité comme située au croisement entre la québécoise et la tunisienne. « Comment dire, précise-t-elle : au fil des années, mon rapport à mes origines tunisiennes a évolué, selon les époques, les endroits où je me trouvais et les étiquettes qu'on voulait me coller, mais il a toujours été présent »[8]. Cependant, elle décide avec son quatrième roman *Alia*[9] d'ajouter un « h » à

---

[3] Mélika Abdelmoumen. *Chair d'assaut*, Montréal, Éditions Trait d'union 1999, 200 p. (Prix de la première œuvre au Salon du Livre du Saguenay Lac-St-Jean) ; *Lima Destro & Robinette Spa*, Québec, Éds Point de Fuite, 2000, 191 p. et *Le dégoût du bonheur*, Québec, Éds Pointe de Fuite, 2001, 179 p.
[4] Expression de Ghila B. Sroka.
[5] Expression de Joël Desrosiers.
[6] Expression de Mélikah Abdelmoumen.
[7] Échange avec l'écrivaine, en date du 10 octobre 2016.
[8] Échange avec l'écrivaine, en date du 10 octobre 2016.
[9] Mélikah Abdelmoumen. *Alia*, Montréal, Marchand de feuilles, 2006, 186 p. (Finaliste au Prix littéraire des collégiens du Québec).

son prénom lui rendant son sens en arabe « reine ». En repensant aujourd'hui à cette réaction, elle la considère puérile, affirmant clairement son rapport étrange et à la langue et à la culture de son géniteur. « Je trouve que la plaisanterie a assez duré. Surtout que je n'ai jamais été élevée comme une Arabe, je ne connais même pas la langue ! Je me suis toujours sentie plus québécoise qu'arabe, et ce n'est pas l'orthographe de mon nom qui va y changer quoi que ce soit »[10].

En 2005, Mélikah part vivre en France, à Lyon. Elle entame des études doctorales sur les autofictions de Serge Doubrovsky. Sa thèse est soutenue en avril 2010 et publiée sous forme d'un essai[11]. Elle fait diverses conférences sur son travail d'écrivain, sur l'autofiction et sur les œuvres de Serge Doubrovsky, au Québec et en France. Elle publie de nombreuses nouvelles, des articles divers, et d'autres romans[12]. Or, dans ce pays où elle a trouvé le goût du bonheur à sa manière, la question de la définition des racines et de l'identité resurgit et semble la préoccuper. Dans son blog, elle écrit ceci :

> Pourquoi est-ce aujourd'hui que je prends acte de ce que je sais pourtant intimement depuis si longtemps, depuis même ma vie au Québec, alors que j'étais déjà un peu, en tant que fille d'immigré, une étrangère ? Pourquoi n'est-ce qu'aujourd'hui que j'agis en conséquence de ce que je sais : que seule la honte de ses propres origines, seule la conscience de la fragilité de son identité devant le rouleau-compresseur de l'entité dominante (ici, Paris qui écrase de sa supériorité la province, entrant en résonance avec la France qui écrase de sa supériorité « les francophonies »), peut pousser une personne à en attaquer une autre sous le prétexte de ses origines et de son identité ? [13]

---

[10] Laurin. « Mélikah Abdelmoumen, hors de l'autofiction », p. 1.
[11] Mélikah Abdelmoumen. *L'École des lectrices : Doubrovsky et la dialectique de l'écrivain*, Lyon, Presses universitaires de Lyon, 2011, 222 p.
[12] Mélikah Abdelmoumen. *Victoria et le Vagabond*, Montréal, Marchand de feuilles, 2008, p. et *Les désastrés*, Montréal, VLB éditeur, 243 p
[13] Mélikah Abdelmoumen. « Mauvaise langue (une "Québécoise de souk" à Paris) », *melikahabdelmoumen.blogspot.com/* Mercredi 14 septembre 2016. Consulté le 8 octobre 2016.

Lors d'une soirée à Paris en compagnie de son mari, elle a été interpellée directement sur son identité, et prend conscience de son étrangeté. Cet état de fait suscite en elle la décision de s'accepter venant d'ailleurs et de porter fièrement ses origines.

> Je pose ma main sur sa joue. Nous sommes, soudain, seuls au milieu de cette foule, le Français qui a passé un an au Québec et qui en a ramené une Québéco-Maghrébine nourrie de culture française depuis sa plus tendre enfance. La Québéco-Maghrébine immigrée en France et qui commence à mesurer ce que cela signifie, ce qu'elle y aime, ce qui fait qu'elle s'y fera des racines, et ce à quoi elle ne se pliera plus jamais[14].

En fait, cet étiquetage identitaire apparaît plus manifeste par sa situation en France où la multiplication des appartenances qui composent la société française nourrit des débats virulents sur l'identité nationale. Elle avance que la dimension humaine et sociale de son identité lui assure un sentiment d'appartenance à un groupe social plus spécifique, dans lequel sa généalogie l'avait inscrite.

> Aujourd'hui, immigrée en France à un moment où être « Arabe » est devenu plus compliqué que jamais, je suis particulièrement heurtée dans cette part de mon identité et, justement, je la revendique plus haut et plus fort que jamais. Au moment où je recevais votre courriel, j'étais justement en train d'écrire un chapitre du livre sur lequel je travaille actuellement, un essai-témoignage parlant de mes années d'immigration en France (j'y vis depuis 11 ans), et de ce que la position actuelle des « Arabes » et des musulmans ici, très difficile depuis quelque temps, venait chercher en moi, de comment cela faisait appel à la part de moi qui est « Arabe », de combien ça avait rendu nécessaire d'y réfléchir de nouveau, à ma tunisianité, à mon arabitude, en quelque sorte[15].

---

[14] *Ibid.*
[15] Échange avec l'écrivaine, en date du 10 octobre 2016.

Elle rejette toute rupture avec ses liens et réaffirme fièrement sa double identité d'immigrée, québécoise, d'origine maghrébine.

> Autrement dit, je suis à la fois, dans mon propre esprit, une « vraie Québécoise » parce que pour moi être Québécois (comme être Français) peut vouloir dire être né au croisement du Québec et du Maghreb, et par la force des choses, et de plus en plus, je suis une fille d'immigré tunisien qui a reçu, même si mon père ne m'a transmis ni la langue ni la culture du Maghreb volontairement, un héritage tunisien et un sens des origines qui devient un sujet de réflexion de plus en plus important dans mon travail. Et, je dois le dire, devant les discriminations actuelles, une fierté et une envie de revendiquer ces origines, plus que jamais[16].

Mélikah Abdelmoumen vit entre Lyon et Montréal, se consacre à l'écriture et réalise une carrière remarquable. Ses écrits continuent à naître[17] et d'autres œuvres vont suivre parce qu'elle est reconnue comme écrivaine qui s'est manifestée progressivement à travers son écriture. En fait, si l'écriture de Mélikah est québécoise par les problématiques qu'elle aborde et se distingue par sa manière d'écrire, son style, sa tonalité, sa voix singulière, les critiques qui parlent d'elle en tant qu'écrivaine prolifique n'insistent pas sur cette part déterminante dans sa création littéraire. Au contraire, ils s'attardent toujours à pointer son identité arabe, voire maghrébine. La visée de cette indication est pour la rattacher directement au courant migrant, pour rappeler qu'elle ne peut échapper à son origine. Aussi, précise-t-elle que c'est une véritable dimension ou composante de son existence à avoir été déterminée ainsi par une partie de l'institution littéraire qui renforce la polarisation entre deux courants majeurs, national et migrant, dans le champ littéraire québécois contemporain. À la lumière de cette réaction limitative et séparatiste, l'écrivaine

---

[16] *Ibid.*
[17] Mélikah Abdelmoumen. *Adèle et Lee*, Paris, Éds Emoticourt, 2013, 70 p.

n'est pas considérée par la mouvance de la pratique de son écriture aux thématiques spécifiquement québécoises, mais plutôt par son rattachement à son identité originelle qui la renvoie à ce courant littéraire distinct au sein de la littérature québécoise. C'est dans cette perspective que nous avons décidé de lui accorder la place qu'elle mérite dans la réalisation de ce projet sur les voix migrantes maghrébines au Québec et de montrer aussi bien l'importance que l'originalité de son écriture qui souligne l'émergence d'une écriture migrante maghrébine au Québec.

On se doit de noter que l'écrivaine entame son processus de création littéraire à un moment marquant dans son cheminement personnel. Elle passait par des moments difficiles, de malheur même, de telle sorte qu'elle considère cette période de sa vie colorée du désarroi de son être, très bouleversante. Elle le manifeste dans ses premiers écrits crachant sa colère et son désespoir, exprimant son dégoût de cette notion du bonheur qui ne peut pas être applicable à tout le monde. En fait, en entendant la romancière Marie Laberge dire que tout le monde était fait pour le bonheur en évoquant à la télévision, sa trilogie *Le Goût du bonheur* elle réagit vivement, car pour elle, au contraire, elle s'était « toujours dit que tellement de gens étaient faits pour le malheur ... ». C'est ainsi qu'elle avait décidé de donner sa version sentimentale en parlant « de ce phénomène, le malheur à répétition, qui touche beaucoup de jeunes femmes de [son] âge »[18]. Le roman qui est né de cette impulsion est *Le Dégoût du bonheur* dans lequel l'héroïne, « M. (pour Mélikah), est née d'un père arabe et d'une mère québécoise, a eu une enfance difficile, n'arrive pas à trouver sa place dans la société. Elle multiplie les relations amoureuses qui n'aboutissent pas, privilégie le sexe sans lendemain, abuse de l'alcool. Pas question pour elle d'ouvrir la porte à la moindre parcelle de bonheur qui soit »[19].

Après cette période sombre marquée de rage au cœur, la lumière a fini par rayonner dans son existence. D'autres

---

[18] Laurin. « Mélikah Abdelmoumen, hors de l'autofiction », p. 1.
[19] *Ibid*.

événements sont venus changer sa vision humaine et quand elle a rencontré l'amour de sa vie, avec qui elle vit depuis plusieurs années à Lyon, elle a vu jaillir le goût du bonheur. Cette transformation est manifeste dans son écriture qui change totalement de tonalité. Ce qui donne lieu à une certaine quiétude et un rapport à la vie optimiste, voire euphorique, comme elle l'indique dans son roman *Allia* dont l'héroïne, une écrivaine arabo-québécoise qui a écrit deux autofictions sulfureuses, a eu le même genre d'enfance que M., connaît les mêmes échecs dans sa vie adulte et résiste farouchement à toute promesse de bonheur. Jusqu'à ce que l'inévitable se produise : l'amour, qui change la vie »[20]. En parlant de ce roman, elle précise ceci : « J'ai eu envie de raconter une belle histoire d'amour, quitte à être quétaine. J'ai laissé filer mon côté fleur bleue, romantique. Et parce que je suis extrêmement heureuse en amour, j'ai voulu rendre hommage à ça, ce bonheur-là »[21].

Toujours est-il que, dans son itinéraire d'écriture, son premier roman se distingue par une innovation créative remarquable qui révèle le talent de l'écrivaine qui allait se manifester à travers une production littéraire féconde. En effet, *Chair d'assaut* attire et fascine aussi bien par l'originalité de sa facture romanesque que par son style d'écriture et les différentes thématiques qu'il aborde. Au premier regard, il se présente comme un roman qui à toutes les allures d'un thriller policier - il y a un crime, on cherche le coupable. Mais sous ce premier regard, il y a des substrats beaucoup plus importantes comme le malaise sociétal, la révolte contre le père, le déchaînement sentimental et la complexité des rapports humains. Au fait, ce n'est pas un roman exactement policier, mais plutôt un roman qui révèle un monde choquant avec sa violence tangible. C'est un cri de rage et de révolte, une interrogation existentielle et une quête identitaire. C'est un roman dense et complexe dont l'écriture n'est pas en effet d'une lecture facile ni tranquille marquée par un style singulier et une recherche formelle. Beaucoup de thèmes tels que l'échec, la fuite, la fissure, le doute qui empruntent à l'existentialisme les

---

[20] *Ibid.*
[21] *Ibid.*

notions de choix, de transcendance et de la liberté traversent l'espace romanesque de ce récit qui s'inscrit à la fois dans une double fonctionnalité et dans une errance polyphonique dotée d'une narration fragmentée, répartie entre plusieurs narrateurs et différents temps d'énonciation.

Du point de vue du temps de la narration, les dates indiquées dans le texte actualisent par leur précision les événements et soulignent le déroulement d'une histoire durant l'année 2004. En fait, l'intrigue commence le 14 septembre et se termine le 22 novembre, étalée à travers les quatre parties qui composent le roman dont chacune porte un titre : « Découvrir les Last, Chute des mythes fondateurs, Il faut qu'une enquête avance (Là où L.V. s'en mêle) et Où les chemins se croisent ». Sur le plan de la forme, des emprunts génériques, des discours, une stratégie typique, un voyage dans le temps, un cumul de révélations produites à partir des souvenirs d'enfance, d'adolescence et de ceux adulte, des instants de vie, fragments épars, rappel du passé au sein de la famille désunie, bref une introspection littéraire qui le démarque d'emblée du livre conventionnel. C'est un texte véritablement hybride, une reconstitution de textes fractionnés de longueurs inégalées et autant de marques de l'entremêlement des voix qui servent la mise en forme de l'éclatement à travers la réalisation d'une enquête spectaculaire.

Le corps du roman est principalement constitué des diverses pièces à conviction assemblées par Laura Vale, étrange héritière des carnets intimes de l'héroïne, l'énigmatique Rebecca Last, présumée meurtrière ; et des rapports d'enquête et commentaires du détective, Paul Huysmans, chargé d'interpeller le coupable. Les papiers laissés par ce dernier sont de trois types. Premièrement, une série de rapports rédigés par lui au cours de son enquête. Deuxièmement, les carnets de Rebecca Last elle-même, généralement remis par Arthur Last dans le but de l'assister dans son enquête - essais et réflexions que la jeune femme accumulait et où il était question de tout. Et troisièmement, un récit rétrospectif écrit par Huysmans peu avant sa mort, pièces détachées qui semblent être des explications ou des repères permettant à la postérité de se retrouver dans cette pile de papiers. Dans son rapport écrit, le sergent détective présente ainsi lesdits « carnets » de Rebecca :

> Effectivement une série de cahiers blancs de diverses dimensions. Couvertures cartonnées. Jamais de motifs : toujours unies. Cependant elle appelle « carnet » chaque entrée - en haut de chacune on trouve inscrit en en-tête « carnet » suivi d'un numéro et d'une précision supplémentaire (date, lieu). Pour l'ordre des cahiers (appelons *cahiers* les carnets cartonnés et carnets les diverses entrées - généralement deux pages au maximum) : c'est Arthur Last qui s'en est chargé. Me les a remis en une petite pile où le premier était le plus ancien et celui du dessous le plus récent. (26)

Et dans son récit rétrospectif, il indique comment il a reçu cette masse d'information pertinente :

> C'est Arthur qui m'avait remis les premiers carnets de sa sœur. Il m'avait expliqué sa manière de fonctionner. Sa manie de la *trace*. Il m'avait également remis une série de photos. Comme si un simple croquis de lui n'avait pas à lui seul le pouvoir incantatoire de faire vivre l'absence. (25)

Par ailleurs, dans son rapport écrit du deuxième entretien qu'il a eu avec Arthur, précise-t-il ceci :

> Dernier Last. Confirmation : tous les cahiers sont entre mes mains. Lecture qui peut en dire long sur les motifs de Rebecca Last. Toute une histoire personnelle et familiale y est consignée. Dont lecture.
> L'homme que Rebecca Last a assassiné s'appelait Samuel Colin. (33)

On trouve aussi les carnets écrits par Rebecca Last pendant toute la durée de l'enquête, lors de son périple à travers les États-Unis, identifiés en en-tête par le titre *Rebecca Last : Carnets en fuite,* le rapport de la deuxième rencontre de Paul Huysmans avec Arthur Last au bar *Waits Underground*, à Montréal et son rapport rédigé à la suite de la réception des carnets de Rebecca Last. Enfin, insérées dans l'espace romanesque, diverses pièces recueillies par Laura Vale - conversations avec témoins, courts passages explicatifs, etc. - qui s'ajoutent en tout à ce fouillis laissé par Huysmans, afin que le lecteur ait un point de vue extérieur à confronter à la voix délirante de Rebecca dont l'alternance de la narration homodiégétique avec l'écriture épistolaire, les dédoublements des identités plurielles et des voix énonciatives rendent compte de son désarroi en pleine déroute et dérive à la quête d'elle-même.

Bien que leur agencement soit compliqué, la multiplication et le morcellement des récits se trouvent dans l'espace romanesque grâce à la narratrice, Laura Vale, qui, en raison de ses liens avec Rebecca et Arthur Last, a eu le privilège d'hériter de l'immense pile de papiers que le sergent détective avait décidé de léguer à la postérité sous la forme d'un paquet jauni, abandonné sur la banquette arrière de sa voiture. C'est ce paquet qui a poussé Huysmans au suicide. Ainsi, cette narratrice, qui semble d'abord être davantage une simple archiviste avant de devenir une véritable activiste, va tenter de démêler l'histoire de la mort spectaculaire du sergent détective et de l'assassinat de Samuel Colin, dont tous les soupçons pèsent, bien entendu, sur Becka, son amante, en fuite depuis le meurtre. Cette dernière qui s'appelle Rebecca Last, fille d'un psychanalyste, est la sœur d'Arthur Last, le peintre-*happener* le plus en vogue de l'Amérique du Nord, dont les fresques tordues d'inspiration religieuse et surtout les christs ont créé un réel culte aux États-Unis faisant fureur dans ce pays et qui sera incarcéré à vie. Que s'est-il passé ? Grâce à l'indication au haut de la page de chaque document présenté, on peut saisir la complexité de cette saga policière américano-québécoise et être guidé dans le labyrinthe entourant l'assassinant de Samuel Colin.

La trame narrative est centrée sur la lutte d'une femme contre elle-même, qui fait partie de ces êtres qui semblent attirés à la fois par quelque destin excessif et tragique ainsi que par une existence tout simplement vouée à l'état amoureux et dépourvue du bonheur, comme elle le dit elle-même :

> Le bonheur est là, sous mon nez, et il pue. Moi j'ai été trop morte trop longtemps pour en reconnaître l'odeur avant maintenant. Et qui veut savoir qu'il a le bonheur sous le nez, mais qu'il faudra une force surhumaine pour s'arracher à son immobilisme et pencher la tête rien qu'à peu ? (114)

Plus les indices s'accumulent, plus on découvre qu'il s'agit d'un personnage, comme le note Réginald Martel, « complexe, étrange, fascinant »[22] qui souffre perpétuellement de troubles de l'identité, d'un sentiment de vide et de culpabilité. Dans ses carnets en fuite, elle se présente comme ceci :

> Je suis une huître. Une huître de luxe. Je ne crie que pour les parois d'une coquille nacrée. C'est ridicule.
> Un tank, plutôt. Un tank est encore plus sûr qu'une huître. Plus tard, en plus, ce qui fait que peu de personnes veulent l'écarquiller et lui arracher sa perle. Ma perle n'est qu'à moi. Et elle ne plait vraiment qu'à moi. Alors, à tous les couards qui ont peur de la lumière de la nacre, je me présente : Rebecca Last, femme blindée. Et le prochain qui vient trop près, je lui tire dessus. (15)

Parmi les traits saillants de la construction thématique et esthétique de ce roman, il est d'abord intéressant de considérer celle relative à la dénomination de plusieurs personnages placés au cœur de l'histoire racontée par la narratrice qui possèdent des fonctions complémentaires de celles de la protagoniste et qui constituent ensemble une unité permettant ainsi de déchiffrer ce mystère. Il y a certes une opposition entre les voix de femmes et d'hommes, mais à « part quelques faire valoir, tous les personnages sont extrêmement typés et en même temps fragmentés, fragiles malgré leur puissance ou dominateurs jusque dans leur déréliction ; leur vérité est aussi intense que

---

[22] *Ibid.*

fugitive, elle s'égare parmi les rôles qu'ils jouent vraiment et ceux qu'ils croient jouer »[23].

À noter, autour de la poursuite de l'enquête, différents éléments apparaissent de plusieurs manières pour tisser des pistes à la découverte de la vérité. En plus de l'écoute de voix intérieures, de la confrontation des rapports individuels, du mouvement, de l'attraction « des corps qui se consomment et se consument, fuites et poursuites sur les routes de l'Amérique, flash-back et projections dans l'avenir »[24], le parcours de l'histoire des Last est marqué par l'identification jusqu'au rejet total en passant par la révolte et le refus systématique. Il est placé au cœur d'un mouvement animé de tensions, de conflits, de mystères et de rebondissements inattendus entre un père psychanalyste volage et violent, une mère victime, un frère artiste-culte et une sœur perturbée qui vit dans une situation double son malaise grandiose d'aimer et d'être aimée. Elle est concernée par l'épineuse question de l'intimité difficile entre Sam et elle, et surtout par celle de la liberté humaine et du destin.

C'est la figure de Bruce Last qui incarne le paradigme traditionnel du père tyrannique, répressif et destructeur qui représente une force omniprésente dans la trame narrative. Dans ses notes d'enquête, Paul Huysmans donne certaines informations le concernant :

> Bruce Last, américain d'origine française, a immigré au Québec assez jeune. Épouse Suzie Quesnel (Québécois). Ont deux enfants : Arthur et Rebecca Last, nés respectivement en septembre 1972 et en mars 1976. Divorce d'avec Suzie Quesnel-Last vers 1988.
> Bruce Last rentre aux États-Unis. Coupe presque tout contact avec ses deux enfants (sauf téléphonique). Lesquels semblent multiplier les excuses pour ne pas avoir à lui rendre visite. Pourtant il est tout près : État de New York. Il a refait sa vie et a fondé une nouvelle famille. (56)

---

[23] Réginald Martel. « Mélika Abdelmoumen. Chair d'assaut », *La Presse*, Cahier l'Été, 27 juin 1999.
[24] *Ibid.*

Il est bien sûr évident que, dans le cadre du schéma redondant de l'image du père, les sentiments de Rebecca envers son géniteur sont marqués de violence, de colère qui se sont accentués du fait que sa mère Suzie Quesnel-Last ne refait pas sa vie, après le départ de son mari, totalement effacée, plongée dans un sentiment de victimisation.

> [...] mon père a au moins un autre enfant. Elle est née quatre ans avant qu'il ne quitte maman. Il vit avec elle et sa mère. Aux États-Unis. Il a secrètement refait sa vie.
> Il a taxé ma mère de folie et lui a partiellement attribué la responsabilité des délires familiaux, mais en précisant bien que ce n'était pas sa faute. Inceste dans sa famille, à elle.
> Je suis sa seule fille reconnue qui soit entièrement légitime. (126)

Quant à Arthur, il se renferme sur sa profonde peine et ne quitte le domicile maternel qu'en 1991. Il se réfugie dans la peinture et devient un artiste étrangement célèbre :

> C'est ainsi que les Jésus d'Arthur Last sont tirés en série, imprimés sur de gigantismes posters et placardés sur les bords d'autoroutes américaines, grandeur écran de *drive-in*. C'est ainsi que *l'interstate 70,* pour n'en nommer qu'une, devient un chemin de croix. C'est ainsi que la traversée des États-Unis de nord-est en sud-ouest, déjà mythique, devient le pèlerinage inauguratoire du nouveau millénaire nord-américain. La passion acquiert un sens nouveau. (29)

De son côté, Rebecca s'évade en 1996 pour partir poursuivre à Montréal des études en lettres puis en traduction. Ensuite, elle commence à travailler pour la boîte Millaire & Fils en 2000. Et quatre ans plus tard, elle rencontre Samuel Colin. Des différentes interventions, on remonte le courant familial pour dévoiler une icône paternelle peu rassurante, voire dangereuse. La haine à l'égard du père naît de son pouvoir de destruction, auquel Rebecca s'oppose en recourant à un excès de rage contre sa cruauté qui éclate d'abus ouvrant l'abîme de la férocité humaine. C'est bien un père cruel et dans la séance de thérapie, elle ne s'ouvre pas en toute confiance à l'analyste qui est une femme, incapable de lui crier l'immensité de la haine qu'elle éprouve envers lui :

> Je n'ai pas su lui dire franchement ce dont je suis inébranlablement convaincue au sujet de mon père : qu'il est hypocrite destructeur despotique qui démolit et abandonne tout sur son passage. Que je le hais avec raison, comme ce n'est pas possible, mais que le grand mal de ma vie est causé par le fait que – peur paralysante et ancestrale de fillette – je crains de lui révéler même un millième de mon sentiment. (105)

Le père est odieux et n'aime pas voir ni ses enfants ni son ex-femme, heureux avec sa nouvelle épouse et sa fille. Rebecca et Arthur portent en eux une blessure originelle qui affecte leurs êtres et leurs rapports. Ils vivent une contrainte existentielle de l'angoisse et du détachement. Chacun tente à sa manière de panser la blessure de cette déchirure.

> Rebecca a toujours eu un rapport complexe avec son père. Enfant, elle était celle qui lui rassemblait le plus. À tous égards. Le père Last avait donc jeté son dévolu de perfectionnisme et de plans échoués à transférer sur elle plutôt que sur frère, qui était déjà alors l'être rebelle, indomptable, indiscipliné, inscolarisable que l'on sait. (53)

Le même refus et le même tourment affectent Arthur qui lutte contre l'impossibilité de se détacher et d'oublier l'enchaînement à son passé. Il demeure enfermé dans l'immensité d'un trouble et essayant de trouver ses propres repères, il affirme très tôt sa différence, se contentant « d'être un grand artiste un peu étrange » et s'inscrit « en marge de ce type de rapport "tout l'un ou tout l'autre". De là l'absence de lien avec leur père. De là son apparente liberté, malgré son incapacité à fonctionner "normalement en société" » (54).

Il est certain que l'interrelation entre le père et la fille est conflictuelle. Elle ne lui inspire que dédain et révolte. La figure du père marque un écart et, dans sa tentative de communication tardive, le rejet demeure continuel. Pour Rebecca, dans cette figure se concrétise la concentration du mal, d'un abus de pouvoir sans limites. Aussi, le refus d'exercer un rôle de fille docile génère-t-il un sentiment de culpabilité.

> Rebecca aurait passé sa vie entre la rébellion contre le père et la soumission à celui-ci, n'échappant donc jamais à son emprise puisque, selon son frère, elle ne percevait ses propres gestes que comme s'inscrivant dans l'un de ces deux pôles. Son lien avec un homme légèrement plus âgé qu'elle et « en position de pouvoir » ne pouvait échapper à cette dichotomie. D'où l'attrait pour Colin. Le seul véritable, selon Arthur Last, puisque Rebecca avait mis à leur liaison - et à l'existence de Colin - très peu de temps après leur rencontre. (53-54)

Le procès contre le père se poursuit sans relâche. Rebecca s'enveloppe de sa propre histoire et témoigne de son ressentiment et de sa rancœur envers lui d'une manière telle qu'elle veut se lancer dans la dérive de la débauche comme remède au vide de l'absence pour l'humilier et surtout pour se venger de lui.

> J'aurais dû devenir danseuse. Nue. Dans un club. Pour dire à mon père ce qu'il m'en a coûté qu'il ne cesse de m'abandonner. Qu'il l'ait fait si tôt et si fièrement. « Regarde papa. Vois jusqu'où ta fille a dû aller ». Vois les conséquences de tes refus de venir à mon secours pour soi-disant m'aider alors qu'au fond tu cherches une manière d'être un trou-du-cul sans que nul ne puisse dire quoi que ce soit. Sans que nul ne puisse affirmer avec certitude que c'est faux et qu'au fond tu calcules tes effets. Machiavélique CRUEL ÉGOÏSTE et moi Seule PETITE DÉPOURVUE sous tes yeux et toi tu ne FOUS RIEN tu me laisses croupir périr souffrir soi-

> disant pour m'apprendre je ne sais quel réalisme et tu SOURIS de te dire voilà ma fille qui apprend la vie CELA TE RASSURE TE DÉCULPABILISE alors qu'en vérité c'est faux.
>
> Tu jouis simplement de faire souffrir les autres. Cela rehausse ton pouvoir imaginaire sur eux.
>
> Et je sais que le diable existe. Tu es lui. (113)

C'est le sergent détective qui renforce cette image horrible après s'être entretenu avec lui. Quand il le quitte, il se rend compte que cet être machiavélique s'est appliqué à humilier sa fille, à démentir tous ses propos à les retourner de manière à s'octroyer le rôle d'ange gardien, ou de martyr incompris. Tellement dépassé par son comportement, le sergent signale qu'il ne sait pas où réside la vérité et rapporte combien il était déstabilisé par sa rencontre avec lui : « L'entendre parler vous fiche un mal de tête, une nausée indescriptible, un dégoût dont vous ne savez pas s'il doit être dirigé contre lui ou contre vous-même. Cet homme est bel et bien un monstre » (139). Le jugement qu'il avance sur sa fille est déstabilisant la responsabilisant de l'échec de leur relation. Il saisit l'occasion pour se défendre affirmant qu'il a été mal compris et jugé sévèrement. Il refuse d'assumer les malheurs et les perturbations causées à ses enfants avançant que sa fille mérite de la compréhension parce qu'elle est victime du milieu où elle a vécu.

> Ma fille a toujours souffert d'une incapacité à gérer la perte, vous savez. Et cela s'explique fort aisément. Dans le discours familial, dans la psyché collective que ce discours a construite, le père est le monstre, celui qui abandonne, alors que la mère est cette victime qui doit accuser le coup, compenser, jouer à la fois le rôle des deux parents. Alors on lui pardonne aisément tous ses travers. Puisqu'après tout, elle subit. Ce schéma est celui de cette famille, mais il est aussi typiquement québécois, non ? (143-144)

Avec détachement et indifférence, il ajoute que pour lui, « elle a cherché à trouver dans sa relation avec Éric Millaire le sosie de son père imaginaire… » (144). Au sujet de son nouvel ami Sam Colin que selon lui, elle aurait assassiné, il se contente tout simplement de dire qu'il pense qu'il « semblait pouvoir l'amener à outrepasser cet éternel schéma. Mais il y a eu rejet. Donc perte. Donc rien de pire comme douleur pour ma fille » (145).

Abdelmoumen soutient qu'elle a réalisé « un roman noir, déconstruit et fragmenté, à plusieurs narrateurs, dans la tradition de l'écrivain québécois Hubert Aquin »[25]. En faisant référence à cet écrivain, elle se réclame de lui et confirme de ce fait son attachement à l'une des figures les plus emblématiques de la littérature québécoise contemporaine. Empruntant son inspiration fantasque, en particulier dans son roman *Prochain Épisode*[26], elle le suit optant dans son écriture pour l'incohérence et le monologue inventant un style capable d'exprimer la réalité de la société et la complexité des rapports humains. Comme lui, elle conçoit l'écriture d'abord comme un travail formel.

En effet, la présence d'Hubert Aquin est récurrente et se manifeste dans l'espace romanesque de *Chair d'assaut* de diverses façons. À commencer par le choix de cette épigraphe qui marque une forte filiation que l'écrivain revendique clairement avec son maître à penser : « La vraie vie est interdite et se célèbre en lieu clos comme une messe noire ». Hubert Aquin, *L'invention de la mort*[27]. Elle tire encore une citation de ce roman qui paraît pertinente pour orienter la lecture du texte, diriger éventuellement l'interprétation et offrir une certaine manière de le lire.

---

[25] Mélikah Abdelmoumen. « Mon ennemie préférée : l'autofiction jouée, déjouée, rejouée », Arnaud Genon et Isabel Grell (s. la dir.). *Lisières de l'autofiction. Enjeux géographiques, artistiques et politiques*, actes du colloque « CultureS et AutofictionS » de Cerisy-la-Salle en juillet 2012, Lyon, Presses Universitaires de Lyon, 2016, p. 357.
[26] Hubert Aquin. *Prochain Épisode*, Montréal, Éditions Cercle du livre de France, 1965, 174 p.
[27] Hubert Aquin. *L'invention de la mort*, Montréal, Leméac, 1991, 156 p.

> Je ne crains plus rien. L'angoisse m'a abandonné en chemin ; l'angoisse, au fond, n'est qu'un dérivé de l'espoir, et je suis sans avenir. La tristesse, même, me porterait à l'exprimer et, l'ayant fait, à solliciter des compensations. La nostalgie, le spleen ou la simple mélancolie ne sont que des hyperboles dont la fonction est de forcer la compassion d'un partenaire, et je suis seul.
>
> Hubert Aquin, *L'invention de la mort* (130)

Un autre niveau de signification de l'influence d'Aquin sur l'écrivaine réside dans l'impact de son œuvre sur son développement intellectuel et le rôle joué dans sa pratique d'écriture. Pour renforcer cette idée, elle confirme que son grand départ l'a beaucoup affectée, mais que l'éveil de la présence de sa pensée constitue une résonance extrêmement personnelle, singulière qui vibre à jamais en son for intérieur.

> Mais je suis née plus d'un an avant qu'Aquin ne se tue. Il m'a laissé le temps de venir au monde toute seule. Donc pas de transfert d'âme possible. Pas d'espoir qu'une part de lui ait perduré en moi, me protège du néant de l'existence normale. Je devrai faire ma route sans autre aide d'Hubert que les écrits qui restent et qui, quand même, me sont devenus vitaux. (66-67)

Dans l'épilogue, la narratrice se sert du suicide du sergent Huysmans pour rappeler un fait dramatique concernant Aquin qui a pris son fusil et s'en est allé pour toujours[28].

> Un mois plus tard, le 22 décembre 2005, le corps du sergent détective Paul Huysmans serait retrouvé à Montréal, sur le terrain de l'ancienne école secondaire Villa Maria. Il se serait tiré une balle dans la tête, près de sa voiture, dans une mise en scène qui se voulait un hommage à cet auteur dont Rebecca Last aurait voulu

---

[28] Le mardi 15 mars 1977, vers 14h00, Hubert Aquin s'est donné la mort dans un acte suicidaire tragique.

être la réincarnation, Hubert Aquin, qui avait mis fin à ses jours de la même manière. (203)

Abdelmoumen n'avait pas trente ans lorsqu'elle a écrit son premier roman, un polar psychologique atypique qui baigne dans une atmosphère de mystère, chaque élément contribue à tenir le lecteur en haleine tout le promenant à un rythme souvent effréné. Elle met au premier plan l'influence de son grand maître, sorte de père littéraire, en réalisant une œuvre qui se veut d'intériorité et d'analyse sociale. Sa phrase est comme celle d'Aquin, complexe fulgurant d'images qui ne laissent au lecteur aucun répit. Aussi, brouille-t-elle les pistes par un langage qui ébranle l'unité en recourant l'abolition du linéaire et l'apparence du circulaire, la représentation problématique du sujet, l'irruption du fantasme au domaine réel, l'émergence de l'interdit et la valorisation du discours psychotique. À dire vrai, l'écriture Abdelmoumenienne ressemble à l'acquinrienne qui possède les caractères les plus évidents de la poétique postmoderne privilégiant l'auto-réflexivité, le refus de la totalité, la déconstruction du récit, le rejet de la narration linéaire conventionnelle, pour aller vers l'ambiguïté et l'incohérence.

L'importance de l'intertextualité a été mise en évidence dans le sens que rien ne s'écrit à partir de zéro, ce qui fait que dans l'acte d'écriture convergent des textes antérieurs qui viennent se déconstruire dans le nouveau texte. Pour Barthes, l'écriture présente « le mouvement d'une rupture et celui d'un avènement »[29]. Cette idée peut s'appliquer à Abdelmoumen qui, en confrontant son roman à des œuvres antérieures, son écriture révèle ce qu'il y a de singulier, d'original, de nouveau. D'après Thierry Haumont,

> Tout écrivain poursuit un but : celui de trouver la forme qui exprime le mieux son rapport au monde, à une société, ses aspirations, celles de son groupe ou de sa société, ses doutes, ses convictions et ses dégoûts, son désir. Tout écrivain a deux devoirs : celui de permettre que le métissage soit toujours possible, et celui d'être solidaire avec les formes qui ont le mieux montré leur

---

[29] Roland Barthes. *Le Degré zéro de l'écriture*, Paris, Le seuil, 1972, p. 76.

> capacité de résistance aux différents pouvoirs. Alors, quelle que soit la sophistication de nos nouveaux modes de production littéraire, il nous sera impossible d'oublier que, chaque fois qu'une femme, qu'un homme s'isoler pour écrire et poser un regard neuf sur le monde, ou, dans certaines circonstances, s'isolera pour rassembler dans sa mémoire ce qui plus tard constituera le témoignage de sa souffrance et de celle des autres, elle empruntera déjà la voie de la modernité[30].

En fait, dès le commencement de son itinéraire littéraire, l'écrivaine a déterminé le choix d'une autre écriture, dense, et de thèmes différents qui lui permet de réaliser un renouvellement dans l'acte d'écrire. Les traces intertextuelles dans son roman apparaissent comme une actualisation dans le processus interprétatif de la création. Dans son rapport de lecture, le sergent détective note ceci :

> Un certain nombre de pages des carnets constitue un collage de lettre et de citations, parfois accompagnés de brefs commentaires. La majorité sont d'Hubert Aquin. Lire ses romans et essayer d'y comprendre quelque chose. Las autres auteurs cités : auteurs écossais de la fin du XXe siècle, Vladimir Nabokov, Truman Capote, etc. (62)

Il convient de préciser qu'en réalisant un écrit polyphonique marqué par l'abandon des normes traditionnelles de la narration réaliste, l'exploration des flux de conscience dans une intrigue énigmatique, elle s'inspire de la théorie du nouveau roman et ses principaux créateurs qui étaient fédérés par les Éditions de Minuit. Les ressemblances sont très significatives et permettent de dégager certains traits du surgissement d'une nouvelle approche prévisible dans sa forme et sa structure qui l'a mise en position de tenir elle-même son

---

[30] Thierry Haumont. « La littérature et ses genres », *L'écriture : lieu théorique et pratique du changement,* actes du colloque de Charleroi, novembre 1986, Montréal, éditions nbj, 1987, p. 61.

propre style. La force de son roman réside dans le fait qu'il s'inscrit dans la lignée de cette nouvelle génération d'écrivains québécois qui sont fiers d'être ce qu'ils sont, sans préjugés, sans complexes d'infériorité tels que Jacques Godbout, Anne Hébert, Rejean Ducharme et Jacques Poulin, pour ne citer que ceux-là, qui vont contribuer à faire apparaître le thème de l'américanisation dans le roman québécois. À cet effet, Jacques Allard souligne :

> Depuis les années 70, la littérature québécoise se présente d'ailleurs de plus en plus comme une expression américaine de langue française. Cette reterritorialisation, qui a découlé assez logiquement de la révolution culturelle des années 60, a donné lieu à une thématisation de plus en plus fréquente de l'américanité dans la production romanesque[31].

L'américanité se traduit par la présence constante, voire envahissante de l'Amérique, dans la trame narrative. Elle englobe une grande partie de ce pays, à partir des lieux où Rebecca se trouve dans sa fuite. Au cours de son itinéraire, elle s'arrête dans diverses villes : Buffalo, État de New York, Interstate 7, Ohio, Indianapolis, Indiana, Interstate 70, Missouri, Kansas City, Kansas (près de Topeka), Edgetown Motel, Junction City, Kansas, Interstate, Colorado, Denver, Colorado, Colfax, Californie, Laguna Beach et San Francisco, sans jamais s'y attarder.

Si les États-Unis représentent géographiquement un espace temporaire de substitution, d'échappée, le choix de ce pays, et en particulier les diverses villes signalées dans le trajet effectué par Rebecca, peut s'apparenter à ce voyage qu'a fait Jacques Waterman et la Grande sauterelle à travers l'Amérique. Il y a lieu de signaler ce lien de parenté avec le roman *Wolswagen Blues* de Jacques Poulin[32] et par extension *On the road* de Jacques Kerouac. Il reste que ce voyage de Rebecca est parsemé d'une foule d'analepses qui lui permettent d'évoquer

---

[31] Jacques Allard. *Le roman du Québec. Histoire. Perspectives. Lectures*, Montréal, Québec Amérique, 2000, p. 257.
[32] Jacques Poulin. *Wolswagen Blues*, Montréal Québec/Amérique 1984, 323 p.

son passé à travers sa relation avec Sam. L'un des souvenirs importants, c'est sa traversée avec lui jusqu'à San Francisco et le temps passé dans cette ville qui sera le point de chute où se termine sa course.

La technique intertextuelle de l'américanité se manifeste aussi par le biais de la référence à des films américains, *Front bay window* d'Hitchcock avec James Stewart, *Citizen Kane*, entres autres, l'insertion de passages en anglais tirés de *In Cold Blood* de Truman Capote et *The Wasp Factory* écrit par Iain Banks, de la mention de la musique américaine : Louis Armstrong. *A Kiss To Build A Dream On* et d'une chanson du jeune chanteur, auteur-compositeur Tom Waits, dont voici un extrait :

> *She's my only true love*
> *Le Waits Underground*
> *She's all that I think of*
> *Look here in my wallet*
> *That's her* (81)

Il est important de noter que la trame narrative s'attarde sur la fuite de Rebecca, sa traversée des États-Unis jusqu'à son arrivée en Californie. À mesure que se déroule le voyage, elle circonscrit de plus en plus l'immensité de son malaise. La typologie de lieux révèle la présence de deux espaces dont l'un est constitué par un monde statique ancré dans sa mémoire au sein duquel prédominent des déchirures et des blessures béantes et un autre, marqué par le mouvement, régi par la fuite où s'impose une interaction entre son passé et son présent. En fait, l'actualisation d'une antériorité et la réalisation d'un nouveau parcours qui prend l'aspect manifeste d'une libération, lui offre l'opportunité de faire un certain nombre de découvertes et devient rapidement le point de départ d'une quête identitaire que la situation éminemment problématique permettra de cerner. Elle entame un cheminement intérieur qui la fait passer progressivement d'une fugitive cachant son identité et changeant son apparence jusqu'à l'acceptation finale de son état et de sa volonté de rencontrer le sergent détective pour faire des aveux et livrer sa version des faits.

Dans cet espace de l'élargissement et de l'évasion, l'espace géographique est aussi déterminant du fait qu'il inscrit en même temps la fuite et la fermeture. La dichotomie entre la réalité insoutenable de Rebecca et son désir d'évasion produit plusieurs jeux dialectiques étroitement liés : jeux entre le clos et l'ouvert, le statisme et le mouvement. Son parcours est en effet marqué par la permanence du cercle, c'est-à-dire, par un retour inexorable à la condition première du malaise existentiel qui lui est propre tout au long du déroulement de sa vie, figurant un cercle vicieux qui l'enferme. Sa vision évolue profondément dans la narration et fonde autour de la temporalité et de la spatialité une expérience du vécu. Ses rappels constants sont fonctionnels pour déterminer l'ampleur des maux qui la rongent intérieurement. Ils donnent sens à ses actes parce qu'ils constituent le refuge de ses rêves et l'expression de ses désirs de libération du joug parental.

> Une perte que je ne puis regretter : celle des envahissements parentaux. Paternels, surtout. Il sait que je suis dans le même pays que lui, que nous nous sommes peut-être frôlés, que nous nous frôlerons peut-être. Mais il sait aussi que je suis en fuite, ce qui me rend – enfin ! – irrejoignable. Peut-être est-ce lui que je fuis le plus. Peut-être toute cette histoire de meurtre n'avait-elle qu'un but ultime : rendre à mon père toute emprise sur moi impossible.
> Si c'est le cas, si je suis bel et bien débarrassée, libre enfin, le jeu en aura valu la chandelle. (34)

Rebecca fait recours durant sa fuite à la mémoire, une mémoire exaltée d'un être perturbé qui ne s'apaise que dans l'acte de l'écriture. À vrai dire, une grande sensibilité apparaît et se dégage de ses carnets dans lesquels elle effectue une navigation dans une mémoire douloureuse à travers la quête d'une identité fracturée. L'écriture de ses carnets en fuite suggère qu'elle est en décomposition progressive dans l'espace du roman et lors des moments fantasmatiques de confession captivants. Ces carnets contiennent toute la violence enfouie en elle et ses errances consécutives. Ils exposent le déchaînement d'une révolte qui explose dans un langage dur et tendre à la fois, dans l'idée de rétablir l'ordre nouveau par la parole de l'écriture qui lui permet d'aller au-delà de ses traumas psychiques pour affronter d'autres difficultés sociales et existentielles.

André Green considère que le travail d'écriture présuppose « une plaie et une perte, une blessure et un deuil, dont l'œuvre sera la transformation visant à les recouvrir par la positivité fictive de l'œuvre »[33]. Pour Rebecca, l'écriture représente tout à la fois l'outil fondamental de cette quête et le lieu même où se déploie cette démarche circulaire pour acquérir une autonomie du malheur, de l'angoisse et du désespoir. Certes, elle ne vit pas ses sentiments comme une victime, mais elle les vit comme une réalité et elle les transpose par l'écriture dans ses carnets. Elle ramène constamment sa relation avec son père, mais elle tente de tout son être de se détacher de lui. La figure paternelle passe par l'identification, la révolte, la distanciation, l'éloignement, le refus pour impliquer finalement une rupture définitive. Par l'écriture, Rebecca cherche à transcender tout le drame de son passé qui revient la hanter. Pour elle, l'acte d'écrire est en effet chargé d'un rôle de dépassement, menant à une libération.

> Écrire pour ne pas se fracasser contre le manque d'amour de l'autre. Écrire pour rester en un seul morceau. Écrire pour se faire croire qu'on est fort et génial. Écrire pour oublier notre peur de vivre. Écrire comme pour faire affront à l'indifférence de ceux dont on voudrait qu'ils nous aiment. (48)

Dans les carnets de Rebecca, on rencontre une opposition binaire au niveau temporel entre un présent celui de l'écriture, considéré comme un temps fugitif, et un passé pesant dont elle cherche à se débarrasser et à oblitérer. L'obtention de son bonheur, de son équilibre, passe nécessairement par la

---

[33] André Green. *La déliaison, psychanalyse, anthropologie et littérature*, Paris, Hachette Littératures, 1998, p. 57.

suppression du rival-père, en d'autres termes par le détachement total de son emprise sur elle. Elle s'aperçoit de la force de son attachement à l'être qu'elle a toujours détesté et haï, et dans ce comportement inconscient de le rechercher dans toute figure masculine qu'elle rencontre. Il reste qu'elle encadre l'évocation de la difficulté de sa relation avec son père par des révélations amoureuses avec l'espoir de ne plus reproduire le même schéma qui a causé l'échec de sa relation avec son amoureux.

> Aurait-elle compris que Colin représentait le contraire de ce dont elle tentait désespérément de se détacher ? Se serait-elle mise à le haïr parce qu'il ne pouvait que représenter l'un des deux pôles opposés dont le centre obsessionnel était ce père contrôlant ? (54)

Ce qu'elle ressent envers son amant, exprime qu'elle désire réaliser avec lui quelque chose de différent, et surtout de singulier : « De Samuel Colin j'ai envie d'une manière nouvelle. Différente. Pas d'étreinte paternelle et protectrice. Pas d'affection inconditionnelle. Pas de complications » (53). Se rappelant de la date de sa mort le 13 septembre 2004, elle est submergée par les profondeurs de la tristesse et de la nostalgie se rendant compte de l'importance de sa présence dans l'essence de son être.

> Quand je passais plusieurs jours sans voir Samuel Colin, je me trouvais seule face à un déferlement de plus en plus exigeant de souvenirs « à clef », dont je pensais bien venir à bout avant la fin de notre relation.
> Sam aurait eu vingt-cinq ans aujourd'hui. Les clefs continuent de pleuvoir. (47)

L'acte amoureux et relationnel avec Sam est en soi un acte double dans sa nature même, puisqu'il participe à la fois d'une positivité et d'une négativité. Lors d'un séjour à San Francisco, leur amour est plus passionné puisqu'il se passe sous d'autres climats. Mais une fois de retour à Montréal, après un voyage magnifique, la distance se creuse entre eux. Une conscience beaucoup plus affirmée surgit des obstacles qui les séparent et de l'impossibilité d'établir une bonne communication entre eux. Leur relation devient de plus en plus sinistre et dégradante. Et son sentiment pour lui est submergé par la tristesse de savoir la séparation inévitable, car elle ne peut pas réussir à vivre ensemble une parfaite communion par-delà leurs différences et leurs oppositions.

> L'autre que vous désirez ne vous appartient pas. Vous ne le contrôlez pas. Il peut vous échapper ou se refuser à vous à n'importe quel moment. Il peut s'en aller pour ne plus jamais revenir. Vous blesser sans que vous ayez la consolation de vous dire que c'était vous la petite masochiste qui tiriez tous les fils tout ce temps-là (car pour *nous*, le regret et le remords sont mille fois plus nobles que le rejet). Autrement dit, désirer l'autre plutôt que le reflet de soi en l'autre peut être dangereux pour une femme narcissique, car tout ne dépend plus d'elle - ou de son inconscient, variation sur le même thème, mais pour les couards -, tout ne se rapporte plus à elle. (41)

Constatant qu'après leur retour quelque chose, qui ne ressemble plus à l'ivresse des amoureux, s'est insérée dans leur relation, elle se rend compte que leur amour est condamné à la séparation. Mais dans sa rencontre avec Sam, elle se souvient des problématiques occultées qui se sont aggravées signifiées par un comportement excessif de rejet d'Arthur qui frise l'insolence. C'est que son frère « maintient que Colin, de cinq ans le cadet de sa sœur, représentait justement le contraire de la figure paternelle, que c'est pour cela qu'elle se serait tournée vers lui, et détournée de l'autre, Éric Millaire » (53). Le problème qui se pose ne peut pas être lié simplement à celui d'une divergence de tempéraments, de comportements ou d'idées ; il doit conduire à s'interroger sur la manifestation d'un sentiment d'Arthur envers sa sœur, une jalousie refoulée qu'il a du mal à retenir en la voyant avec son amoureux.

Par-delà la tension qui se joue entre un passé révolu et un présent qui en porte les marques, le délire fondamental de la vision amoureuse de Rebecca l'entraîne hors du temps, la plonge dans les profondeurs de ses révélations avec leur cortège de réflexions plus personnelles. Elle réagit vivement contre le coup de foudre qu'elle considère un sentiment stérile :

> Je suis convaincue qu'une enquête révélerait que tous les imbéciles qui sont victimes de cette affliction pathétique éprouvaient, avant de recevoir le coup en question, un besoin horrible d'avoir quelqu'un, un pénible sentiment de solitude et d'abandon. Bref, que cela aurait très bien pu être n'importe qui. Beaucoup de couples prennent leur touchante et interminable envolée sur la base de telles sottises. Je l'écris parce que je le sais. (55)

L'évasion vers un autre monde est un échec où elle est juste perdue, souffrante et malheureuse qui ne croit « plus aux enfances heureuses » (65) et se révèle au niveau sentimental une vraie manipulatrice :

> C'est simple : je cherche l'amour des autres, quels qu'ils soient. Je suis donc à la fois narcissique et séductrice – je ne me soucie pas de l'amour que j'éprouve, moi. Rien n'est véritablement porté vers l'extérieur. (60)

Aussi, paraît-elle perverse n'hésitant pas à étaler librement sa perversion dans ses carnets sans gêne, sans fausse pudeur. Elle semble aussi concernée par son apparence physique :

> Mon rapport à mon corps : toujours le même.
> En fuite, recherchée pour meurtre, en route pour l'ultime ailleurs, je trouve encore moyen de me préoccuper de la largeur de mon cul.
> Allez cours, cours, idiote, dépense tes calories. Et assure-toi bien qu'à ta dernière heure, lorsqu'on te demandera de formuler ton dernier vœu tu pourras, encore et comme toujours, leur dire : « J'aimerais tellement qu'il vous plaise ! ». (45)

Sur un mode indéniablement révélateur, Rebecca livre dans une série narrative issue de plusieurs extraits, environ 21, à travers lesquels les mythes fondateurs vont chuter l'un après l'autre. L'espace textuel du roman se trouve ainsi axé et orienté vers une explosion de la vérité relative à son histoire, certes, mais une vérité qui provoque et qui choque. Elle apparaît un être rongé par ses passions et ses secrets, qui porte la rage et des douleurs continues. Elle est agitée à cause d'un malaise ancré en elle aux symptômes évidents liés à la complexité de son identité.

> Aujourd'hui j'ai appris qu'une part de ce que mon nom, Rebecca Last, voulait dire, n'est qu'un conte. Qu'une part de ce qui, pour moi, vient avec ce nom, lui est unique, n'est qu'une imposture.
> Arthur Last n'est pas tout à fait mon frère. Il est le fils de mon père et d'une inconnue que ma mère, martyre esclave de l'homme auquel elle allait consacrer sa vie, a accepté de faire passer pour sien. Étonnant que même après que mon père lui eut annoncé qu'il la quittait, elle ait gardé Arthur avec elle le secret de sa naissance. Cette femme est vraiment obsédée par la cohésion.
> Chute du mythe fondateur numéro un : celui sur lequel j'ai bâti mon identité, celui selon lequel je suis la « fille de mon père » (intellectuelle, étrangère) alors qu'Arthur est le fils de ma mère (artiste, plastique, tactile, nerveux). Vais-je découvrir, moi aussi, que celui de qui je suis censée tenir n'a rien à voir avec celle que je me suis efforcée de devenir - ou de ne pas devenir - en fonction de lui ? (130)

La succession de ses révélations où elle égrène ses souvenirs, regroupés en scènes typiques immanquablement figées dans le rejet de la notion de la famille, dont les membres ne lui veulent pas forcément du bien. Malgré elle, elle fait partie du clan, mais désire trouver sa propre voie et maintient sa distance pour être un sujet conscient de ses choix, articulant ses fantasmes, ses rêves et ses désirs.

> Je sens que la culpabilité devrait me reprendre. Que je devrais me sacrifier. Refuser la vie en son nom. Par

> solidarité familiale. Pour ne pas l'abandonner. Pour ne pas me détacher d'eux.
> Mon bonheur, si j'accepte de le vivre, leur fera à tort tous. Me placera en marge. De l'autre côté de la frontière entre l'immobilisme mortel et la vie qui grouille. Alors ils verront ce qu'ils refusent ou n'ont pas les moyens de contempler depuis leur côté de la marge. Me lapideront, chacun à sa manière : mon père par la peur, ma mère par le silence, et Arthur parce qu'il se mettra à souffrir davantage sous mes yeux. Il sait que l'immensité de mon amour pour lui me poussera à vouloir payer le prix de mon abandon.
> Chute du mythe fondateur numéro seize : les êtres qui se sont arrachés à leur cercle de mort pour se lancer du côté de la vie en portent toujours la trace, comme une marque au front. C'est grâce à cette marque que les autres morts, enfermés dans leur cercle, les gardent à l'œil en attendant de pouvoir exercer sur eux leur vengeance. (116)

Divers éléments indiquent la volonté délibérée de Rebecca de placer son récit, non pas entre les bornes temporelles précises, mais entre les limites symboliques qui seraient les marques d'une dénonciation de son malaise identitaire et existentiel. Elle se considère comme une victime et rend explicite son désarroi, consciente d'être enfermée dans la solitude d'une absence à elle-même et aux autres.

> *J'accepte maintenant le fait qu'une femme de mon calibre sera toujours seule. Oui, j'ai écrit « de mon calibre » et je ne le bifferai pas. Je connais ma valeur. Je la sais malgré ma timidité, fausse. Quand je m'ouvre, les hommes deviennent des forteresses, les femmes se haïssent.* (43)

Dans ses aveux, elle révèle que les tensions croissent jusqu'à l'éclatement aboutissant à une crise qui la pousse à prendre une décision pour mettre fin à cette situation, qui la place dans la négativité de son être et semble ne pas avoir d'issue.

> Plein le cul que la vie doive toujours être un combat. Plein le cul des abandons répétés de mon père. Des intrusions de ma mère. De la détresse de mon frère. Et de m'en croire responsable.
> Plein le cul d'avoir été la petite fille parfaite douce sage équilibrée, mais qui ne se supporte pas. (58)

Il est important de signaler que dans cet étalage d'aveux et de confessions, étonnamment, on y trouve beaucoup de prudence offrant souvent des visions plus sensuelles que visuelles de ses désirs intimes. En évoquant sa relation avec Mileena, elle est consciente, dans un sens, de ce qu'elle avance qui suppose que quelque chose de sensuel ou encore de sexuel qui risque de se passer dans la chambre, mais refuse de naviguer dans la présentation des détails et la description des actions. En fait, comme le précise l'écrivaine au sujet de la relation de Rebecca avec son amie, elle a cherché « à cultiver une ambiguïté, à laisser planer un doute, histoire que ce soit le lecteur, selon son histoire, ses fantasmes, sa lecture, qui décide ce qu'il y avait derrière… »[34] cette rencontre des deux femmes.

> Mileena dort chez moi. Tout à côté dans la chambre. J'ai été toute la soirée d'une hilarité suspecte. Elle m'a tout fait cracher. Elle m'attend dans la chambre. Sait que j'écris ceci. Interlude entre deux crises de larmes presque hystériques.
> Je ne vois pas comment je pourrais trouver la folie nécessaire pour tout expliquer à Sam. Il me quittera certainement. Qui voudrait d'une femme qui vient de là ? (129)

Ce qui frappe dans ce roman, c'est qu'en plus d'être un polar atypique, il s'enracine dans un matériel œdipien relié à l'image du père. L'écrivaine reprend le schéma œdipien en ajoutant quelques innovations souvent pertinentes. Un paradoxe évident existe dans cette famille où ne règne ni harmonie, ni

---

[34] Échange avec l'écrivaine, en date du 23 octobre 2016.

tendresse ou compréhension. Les enfants et leur mère sont concernés par la faute d'un des membres de leur famille, à savoir le père qui est mauvais, persécuteur et cruel. Il est le seul à être considéré coupable de leurs souffrances puisqu'il les abandonne en allant s'installer aux États-Unis. Leur malheur est ancré dans leur devenir humain. Rebecca et son frère ont eu un destin absolument atroce qui n'empêche pas d'avoir une rivalité entre eux. En fait, il y a une relation spéciale entre sa mère et Arthur et entre son père et elle qui pèse sur ses épaules parce qu'elle est la fille légitime. Or, pour elle, il est certain que pour devenir libre, il faut qu'elle se détache de son emprise désirant exorciser son influence et souhaitant même le tuer symboliquement. Le roman met en évidence l'importance de la lignée, mais aussi la violence des relations familiales. Rebecca appartient à une lignée, elle est fille de son père naturel qu'elle veut éliminer pour le remplacer par un autre symbolique.

> Mon côté de fille de psy avait alors envie d'expédier le problème en me blâmant, moi, de rechercher inconsciemment les hommes qui correspondent parfaitement à mes complexes puisqu'ils me donnent l'impression de ne jamais faire l'affaire, de ne jamais être à la hauteur, comme le faisait mon père. (80)

Face à cette variété de documents et de renseignements qui risquerait de déstabiliser le lecteur dans sa compréhension de l'intrigue qui se dessine devant ses yeux au fil des pages et de décourager même la continuité de la lecture, l'écrivaine appelle à une seconde lecture. Celle-ci ne fixera peut-être pas définitivement un univers qui est essentiellement mouvant, mais elle permettra de mieux en saisir les contours et, probablement, l'infinie profondeur du malaise qui ronge Rebecca. Par le biais de l'intervention de la voix de cette narratrice qui avait ouvert le roman dans le préambule, les représentations chaotiques sont cependant atténuées par ce procédé de l'écrivaine qui affiche une volonté de recomposer un puzzle étrange. Les notes explicatives de Laura Vale sont déterminantes et pertinentes renforçant le caractère éclaté de cette écriture en plusieurs fragments qu'elle réussit, avec l'aide et la précieuse collaboration de Mileena, à en organiser les pages, pour éviter d'intimider tout lecteur, comme elle l'indique elle-même :

> Il est temps que j'intervienne pour la première fois afin d'éclairer le lecteur autruche sur les fameuses fresques d'Arthur Last. Je dis lecteur autruche, car il faudrait presque s'être enfoncé la tête dans le sable jusqu'au bas du dos pour ne pas être au moins partiellement au courant de ce phénomène. Mais allons-y tout de même, pour les autruches. (28)

Dans sa note explicative, avant d'aller plus loin, elle tient à se présenter pour justifier sa présence dans la trame narrative, le rôle qu'elle est appelée à jouer et surtout d'indiquer son lien direct avec les personnages clés du roman. On découvre qu'elle a « vingt-cinq-ans et qu'elle est la fille de Bruce et sœur de demi-sœur de Rebecca et d'Arthur, fille Fiona Viola, Américaine d'origine irlandaise, née quatre avant la séparation de son père avec Suzie Quesnel-Last. Elle porte le nom de sa mère pour des raisons évidentes vu les circonstances de (sa) naissance » (141). On apprend aussi que sa mère est morte en janvier 1990 et qu'elle est proche de son père ayant de lui une image totalement différente le considérant comme un héros. Ses explications aident à pénétrer dans la saisie du déroulement de l'histoire en donnant des informations judicieuses sur les membres de sa famille retrouvée afin d'ouvrir la voie, ou au moins élargir le chemin, dans la compréhension des motivations qui les animent. En fait, c'est Paul Huysmans qui lui avait ouvert les portes de son histoire qui jusque-là lui avait été cachée et qui la laissait sur sa faim. Elle va découvrir qu'elle a un frère et une sœur, et que cette importante variante dans sa vie, longtemps cachée par son père, réside dans des documents qu'elle reçoit du détective.

> Et quelle faim est plus atroce que celle de l'enfant unique et solitaire qui vient de découvrir une famille, un passé, et surtout une sœur aînée, un modèle de vous qui est plus sage et plus grand et plus beau et qui aurait peut-être pu, si vous aviez réussi à le rattraper à temps,

> vous apprendre tout de la vie et d'une part occultée de votre propre essence… (159)

Laura s'empare de toute cette masse d'informations mise à sa disposition pour entamer sa propre enquête à l'âge de vingt-cinq ans. Elle reçoit une déclaration écrite de M. Jean Colin en son nom et en celui de sa femme, leur donnant leurs perspectives des faits et justifiant leur raison d'être incapables de la recevoir. Elle a réussi à avoir un entretien avec Madame Suzie Quesnel-Last, avec le chef de police Léo Boulin, Mileena DeMan et Éric Millaire. Ce dernier l'informe de la complexité des sentiments de sa demi-sœur envers lui et la raison de leur séparation.

> Parce que Rebecca et moi nous aimions. Elle m'a quitté parce que nous nous rendions mutuellement malheureux. Elle avait ce don d'aller puiser en moi tout ce qu'il y a de plus détestable… J'avais ce don d'étouffer tout ce qui chez elle est le plus unique et le plus vivant. Les femmes, comme Rebecca, font peur aux hommes, vous savez. Elles savent faire coexister la fragilité la plus enfantine et la force la plus virile. Et le jour où elles acceptent sereinement cette coexistence, elles deviennent redoutables. Mais pas pour tous les hommes. Pour les hommes comme moi. Les craintifs. (174)

Cette grande découverte lève le masque opaque de la vie de Laura qui voue une grande admiration à Rebecca qu'elle aurait souhaité connaître plus profondément, plus intimement. À défaut d'avoir cette opportunité, elle remonte la machine du souvenir pour percer le mystère qui pouvait l'aider à inscrire sa position de parole et à formuler sa propre opinion.

> Faute d'avoir pu connaître une Becka en chair et en os, j'avais dû me rabattre sur les papiers que vous venez de lire. Je me méfiais des paroles de mon père. Car il me fallait, en plus de chercher qui j'étais, déterminer si Bruce Last était cet homme avec lequel je croyais avoir tout partagé ou un monstre *in clever disguise* - les pires de tous. (159)

Désirant marcher sur les traces de sa demi-sœur, elle n'hésite pas à séduire son premier amant. Dans le dialogue suivant, elle vise à briser la glace entre eux pour faciliter leur communication respective :

> ÉM - Avez-vous déjà aimé, Mademoiselle Vale ?
> LV - Laura.
> ÉM - Avez-vous déjà aimé, Laura ?
> LV - Pourquoi cette question ? (174)

Le point crucial dans ses intentions est dans le désir de pénétrer le monde de Rebecca et elle réussit. Mais, elle ne cherche pas à prendre totalement sa place, mais juste vivre une aventure passagère. À son réveil le matin, « après une nuit passée avec Éric, elle se sauve comme une voleuse parce qu'elle ne voulait pas quand il se lèverait, il la verrait "pâle imitation de la femme de sa vie" » (176).

Il reste à dire que sa présence est importante dans le déroulement du récit, mais n'affecte pas les modalités de la narration puisqu'elle cède la parole aux personnages qui reprennent leurs rôles respectifs. Cependant, elle s'engage dans un casse-tête et, animée par cette volonté de mettre fin aux incertitudes et aux doutes, elle désire combler le manque et recoller les morceaux pour aboutir à la vérité.

C'est ainsi que l'enquête reprend et elle sera, en fait, interrompue par des interventions de Rebecca soit durant le temps de son voyage avec Sam aux États-Unis, soit encore à travers des révélations tirées de ses carnets de fuite, soit par le biais d'extraits tirés de ses confidences, ce qui provoque la confusion des repères spatio-temporelles. D'autant plus que tous les soupçons pèsent, bien entendu, sur elle, en fuite depuis le meurtre de son amant. Dans son entretien avec Vale, le chef de police Léo Blouin doute de son innocence :

> Quand quelqu'un se sauve, c'est toujours pour une raison. Et parmi ces raisons, il y a la possibilité que cette personne se sauve parce qu'elle a fait quelque

> chose de pas correct. C'est pas toujours le cas, comme vous le savez sûrement. Mais c'est généralement considéré comme une raison suffisante de suspecter quelqu'un. (171)

Or, il est essentiel pour le détective de poursuivre son enquête afin de trouver le vrai coupable même si toutes les preuves contribuent à désigner Rebecca comme principale suspecte. Mais le très sceptique inspecteur fouillera plus loin que dans les seuls draps du couple et se trouve lui-même assez dérouté, incertain, hésitant à la considérer l'unique suspecte de ce meurtre odieux. Plus il cherche, plus il est désorienté surtout que l'enquête n'avance pas et le problème ne se résout pas si facilement. Rebecca est toujours en fuite et Arthur a soudainement disparu. Il semble être difficilement trouvable, ce qui complique ses tentatives de résolution de ce mystère.

Rebecca arrive sur la côte ouest à Laguna Beach en Californie où elle est engagée comme chanteuse chez Sal's Club et Motel. Son voyage paraît être le récit où elle se confesse et se confie, elle y raconte ses déboires sans limites du temps. Elle ne cède ni à la solitude ni à la lassitude pour au-delà d'une ligne insaisissable d'un horizon plat, continuer à ressasser son amour pour Sam dont l'immensité du vide de son absence est déroutante. « Je m'épuise à prolonger une existence insupportable de mollusque, [dit-elle]. Chaque note que je chante, chaque goutte que je bois, chaque baiser que je donne me crie Où est Sam ? » (155). Elle cherche à échapper à ce terrible sentiment qui l'habite, à cet état de conscience de son moi face à l'angoisse qui la déroute. Elle se donne à l'alcool, mais l'évasion la plus efficace s'est présentée sous la forme d'un petit officier des douanes en vacances, qui s'appelle Manu.

> J'erre bel et bien. Et dans l'immobilisme. Je répète chaque soir le même cinéma sur la scène du Sal's, avec les mêmes conversations les mêmes attendrissements le même délire éthylique la même séduction le même Manu et la même rage dans l'intimité. Je fais l'amour, je chante et je me saoule comme si je me donnais la mort. (155)

Malgré son éloignement et sa fuite, Rebecca ne réussit pas à se dégager de l'envoûtement amoureux pour Sam et les effets d'une passion ardente entre eux ne lui font rien oublier. Elle se souvient qu'elle avait pris la décision de le quitter parce qu'elle « en était venue à la conclusion, avant sa disparition, que ce dont elle souffrait le plus, c'est l'impression qu'il ne l'avait jamais véritablement aimée. Enfin, pas comme un père » (179). En rapport avec un temps antérieur, elle se présente comme une personne de ses souvenirs et aussi en proie à une haine démesurée « qui avait gagné parce qu'elle avait honte de vouloir l'amour d'un homme qui lui avait fait tant de mal » (179). Des sensations jusqu'alors inconnues la pénètrent jusqu'au plus profond de son âme et elle révèle qu'elle est dégoûtée par la vie. Elle manifeste son grand souhait comme suit : « Mon seul espoir : atteindre cette ligne qui sépare la vie de la mort et où tout ce qui vous entoure n'a plus d'importance. Trouver la paix des mourants. Leur mémoire, surtout. Et mes souvenirs de Sam » (155). L'intrigue se dévoile lentement au fil des confessions de Rebecca qui n'a plus peur de révéler sa véritable identité. Sa vie, toute entière subordonnée au désir de surmonter les déchirures et les blessures pour atteindre l'idéal d'une libération totale de son être. D'ailleurs, ses intentions deviennent de plus en plus claires quand elle constate qu'elle porte un enfant de sa relation passagère avec Manu. On découvre ainsi le délire d'un caractère, la marche impossible vers un détachement total de ce qu'elle porte dans les entrailles. Dans le morcellement de son temps, ce renoncement est pour elle une rupture définitive. Son inconscient féminin refuse l'invisibilité et l'anéantissement, désirant rester toujours dans sa différence, au point que même à la fin de son périple, c'est l'impression d'incertitude qui l'emporte.

Le sentiment d'une relation mal vécue, ratée dans la réalisation comme dans le déchirement, amorce une autre voie qui ne mène que vers l'échec. Après un voyage qui fait clairement référence à l'épreuve du labyrinthe, elle cède à la tentation par lassitude et désespoir vivant un terrible sentiment de solitude et de culpabilité. Mais quand elle découvre qu'elle est enceinte, elle rejette l'idée de garder ce qui vient de pousser dans son ventre. Quelque chose émerge d'elle, et l'entraîne à assumer son destin et son choix.

Si rapporter la vérité entourant la mort de son amant devient en effet l'objectif de Rebecca, encore ne peut-il en aucune manière savoir qu'elle sera victime de sa décision. Elle prend l'initiative de contacter l'inspecteur en lui laissant le message téléphonique suivant : « Je veux faire ma déposition. Je suis au Sal's Club and Motel, sur la côte ouest-américaine, Laguna Beach. Et je vous attends. Mais faites vite. J'ai la bougeotte » (156).

Ainsi, en assumant la responsabilité de cette enquête, Huysmans se lance sur ses traces recevant de son supérieur l'autorisation de résoudre cette enquête. Il se base sur ses aveux qui inculpent directement Arthur, ne désirant plus le protéger et continue à assumer la responsabilité d'un meurtre qu'elle n'a pas commis. Elle raconte comment s'est déroulé l'assassinat de son amoureux par son frère dans un geste furieux de jalousie. Suite à cette information, Arthur est donc recherché et les autorités de la ville avaient reçu le mandant de l'arrêter. L'inspecteur entame son voyage pour rencontrer Rebecca, mais il arrive à Laguna Beach en retard. Il la suit d'un lieu à un autre, la ratant constamment et la fugitive continue à maintenir la distance entre eux. Elle se décide de lui donner rendez-vous au *Holly Cow* à San Francisco, l'invitant à assister à son spectacle. Elle l'informe de son intention de le recevoir après son passage sur la scène, allant même à lui réserver une table en lui demandant de l'attendre. C'est ce qu'il a fait surveillant son apparition. Mais quand il se rend compte qu'elle tarde à le rejoindre, on l'informe qu'elle est partie par la porte arrière et il s'élance à sa poursuite. À son grand désarroi, il trouve à quelques mètres de la porte, dans la ruelle, adossé à un mur, Arthur Last assis sur le sol et s'empresse de lui demander où se trouve sa sœur. Il se contente de pointer vers sa direction. Elle la trouve « au milieu des sacs de plastique immenses, étalée sur le trottoir » (199). Arthur lui avait tiré une balle dans le dos. Il était intrigué de la présence de son frère et de son aveu avant de rendre son dernier soupir, il apprend que c'était elle qui l'avait appelé et qu'il a suivi sa trace depuis le jour où elle avait quitté

Montréal. Ce qui lui fait prendre conscience du lien fort entre le frère et sa sœur qui soulève le pouvoir secret d'un désir malveillant entre eux.

Cette enquête mène à la découverte d'un autre lien qui porte le détective à éprouver un sentiment spécial pour cette femme. Quand il la serre contre lui, il se torture de douleur, car après l'avoir enfin trouvée, il la perd définitivement. N'ayant pas succombé aux tentatives de séduction de Vale, car son cœur était déjà monopolisé par Rebecca après avoir lu ses carnets. Il rapporte à Laura les conditions de son grand départ :

> Et votre sœur est morte ainsi, Laura Vale. Comme ça. Là. Sur un trottoir de sa ville de lune de miel avec Sam Colin, entre deux sacs verts, au sommet d'une rue en dents-de-scie, avec le soleil levant qui lui calcinait le visage, et dans les bras d'un inconnu. (200)

Dans le récit introspectif du détective, Rebecca est montrée comme une malheureuse, qui essaye d'échapper au cercle vicieux de l'héritage paternel. L'écriture de ses carnets dévoile le pouvoir néfaste exercé par l'autorité abusive du père et pose la question de sa liberté face aux contraintes de l'éducation et des devoirs. C'est son statut d'enfant martyr qui lui a donné le pouvoir d'agir et de réagir, d'étaler son déséquilibre psychique pour restituer la complexité des rapports familiaux.

> Quand on vient d'une famille tordue où chacun des enfants est persuadé qu'il a écopé plus que l'autre, il faut s'attendre à l'inévitable : le jour où l'un des enfants cesser d'écoper, où il apparaît clair qu'il est en marge, qu'il se tient même sur la marge et qu'il s'apprête à l'outrepasser, il doit être prêt à payer le prix de l'image douloureuse qu'il renvoie de lui-même à l'autre enfant. Cela s'appelle éveiller la douleur et l'amertume d'un martyr alors qu'il aurait fallu, évidemment, se sacrifier pour lui. Le refus du sacrifice de soi donne aux martyrs qui nous entourent une envie irrépressible de se jeter sur nous comme une meute de loups. Et sur tout ce qui nous rend coupable de bonheur. (193)

Malgré une tendresse ambiguë entre le frère et sa sœur, il y a un refoulement des sentiments et la haine affichée par Arthur pour la relation de Rebecca avec son amant Colin. Il ne peut résister à ses désirs incestueux et commet le crime affreux. En tuant sa sœur, il manifeste une agression enfouie en lui et sa crise est si violente qu'elle se termine par un drame, un double meurtre. Quant à Rebecca, elle demeure prisonnière d'un autre désir incestueux, préférant les hommes âgés qui ressemblent à son père. Ce qui montre clairement la mise en œuvre par l'écrivaine du complexe d'Œdipe plus que le mythe, le reproduisant à sa façon, en faisant des ajouts significatifs. Cet état de fait apporte une véritable innovation littéraire qui se situe dans la conscience de l'être.

L'impression d'ensemble qui se dégage de la lecture de ce roman, c'est qu'il se pose d'emblée comme un écrit qui s'inscrit dans une relation d'amour et de haine dont la complexité de la narration manifeste toute l'ambiguïté. Il trace le portrait d'une âme blessée qui tente de se guérir en se transformant en chair d'assaut. Il peut aussi être lu comme une recherche d'une identité perdue, une lutte d'une femme, Rebecca Last, contre elle-même, et se présente comme le signe même de son malaise existentiel.

La structure policière de l'intrigue, le jeu croisé des personnages, ne font que mieux ressortir le véritable enjeu de ce premier roman de Mélika Abdelmoumen qui est porteur de plusieurs messages. D'une manière générale, la problématique identitaire spécifiquement québécoise interpelle parallèlement des thématiques universelles, s'inscrivant dans le grand contexte du malaise humain. Il est, entre autres, le récit d'un réel vécu par l'écrivaine, une période de sa vie où elle était plongée dans la noirceur. Quoi qu'il en soit, l'écrivaine aura eu du moins le mérite de révéler explicitement son malaise et de signer sa rage.

Selon Kundera, « le roman, c'est le paradis imaginaire des individus. C'est le territoire où personne n'est possesseur de la vérité »[35]. Ceci dit, le roman d'Abdelmoumen, dont la violence traduit non seulement un engagement affectif profond, mais

---

[35] Milan Kundera. *L'art du roman*, Paris, Gallimard, 1986, p. 194.

aussi une intention stylistique bien consciente, tisse une trame textuelle, lui donnant sa tonalité, son rythme, son originalité. C'est un roman d'une grande intensité, roman du dépassement de soi, qui se veut une forme d'exploration à la fois souffrance et richesse, une sorte de dualité, de partition identitaire en deux pôles inconciliables qui ont pour exact corollaire les troubles de séductions d'une écriture tremblée, hasardeuse et inédite. Une écriture surprenante qui donne à voir cette œuvre, non comme un produit fini, figé dans un achèvement la pétrifiant à jamais, mais comme un texte en devenir, riche de son statut dynamique et de ses multiples possibilités d'interprétation. On l'aura compris, c'est à travers ses défis langagiers, ses innovations formelles et ses audaces structurelles que l'écriture de cette écrivaine québéco-maghrébine trouve son authenticité et sa légitimité. Sa créativité emprunte des chemins divergents de jeux rhétoriques dont la pluralité même est bien propre à garantir l'émergence d'une esthétique indéfiniment renouvelée.

# Ahmed GHAZALI

Si les plumes de ces écrivains venant de la Tunisie et majoritairement de l'Algérie, restent essentiellement trempées dans des expressions poétiques et romanesques, le Marocain Ahmed Ghazali, situe sa création sur un autre registre. Ce natif de Casablanca, né en 1964, après des études scientifiques au Maroc et en France, et ayant travaillé comme ingénieur géophysicien en exploitation pétrolière, se convertit au théâtre et se consacre à l'écriture théâtrale. Dans le cadre de son travail, il a voyagé au Maghreb et au Moyen-Orient, et sa rencontre avec le désert lui a fait découvrir sa véritable vocation : la recherche philosophique et l'écriture dramatique « comme exploration de l'âme et de l'imaginaire »[1]. À partir de 1997, il choisit de s'établir à Montréal où il entame, en même temps qu'il écrit, des études de philosophie à l'Université du Québec à Montréal (UQAM). Pour sa première pièce *Le Mouton et la baleine,* écrite en France et créée au Québec, il a été lauréat, dès sa parution en 1999, des Journées d'auteurs au Théâtre des Célestins de Lyon. Jouée au Théâtre de Quat'Sous à Montréal par le metteur en scène Wajdi Mouhawad en janvier 2001, elle reçoit le prix SACD de la dramaturgie francophone la même année et a été publiée à Paris aux Éditions Théâtrales en 2002[2]. Sa pièce théâtrale obtient aussi le Prix Sony Labou Tansi des Lycéens en 2003 et fait l'objet de lecture en décembre 2006 au Théâtre du Rond Point à Paris, « Les Mardis midis ».

En effet, Ghazali, « homme en perpétuelle odyssée »[3] selon Wajdi Mouawad a effectué, entre autres, un séjour en résidence d'écriture au Maroc invité par l'association « Écritures

---

[1] L.C. « Le Mouton et la baleine », *Le Matricule des Anges*, N° 041, novembre - décembre 2002.
[2] Ahmed Ghazali. *Le mouton et la baleine*, Paris, Éditions Théâtrales, Passages Francophones, 2002, 86 p.
[3] Wajdi Mouawad. « Ahmed Ghazali : le chemin du retour », *Notre Librairie*, Revue des littératures du Sud, N° 158, Plumes émergentes, avril - juin 2005, p. 84.

Vagabondes » aux côtés de sept auteurs venant d'Europe et d'Afrique. De cette expérience est né *Tombouctou 52 jours à dos de chameau*, créé le 10 mai 2005 à l'Institut Français de Casablanca sous la direction de Vincent Goethals et représenté ensuite en France (Perpignan) et en Espagne (Girona et Tortosa). Dans le cadre de « perspectives contemporaines », des extraits de la pièce ont été aussi présentés sur France Culture le 26 décembre 2006.

Si le dramaturge a traité dans sa première création « ce chaos vibrant parlant de l'impossibilité de rentrer chez soi »[4], le but de la deuxième, comme l'écrit Mouawad, est de dire : « l'impossibilité du pays. L'impossibilité de la frontière, l'absurdité de la ligne de démarcation. Car Ahmed Ghazali est un vaincu, et les vaincus, on le sait bien, sont enterrés vivants dans l'indifférence du monde »[5]. En fait, entre les deux textes, dix années se sont écoulées.

> Dix années au cours desquelles Ahmed Gazhali a affiné les contours de son univers. D'un théâtre « engagé » dans la prise de parole politique un glissement s'est produit, un environnement symbolique s'est affirmé, une distance dans le traitement du réel. Apparaît alors une écriture de l'errance, une écriture aux frontières de plusieurs mondes, de plusieurs cultures, de plusieurs langues, une écriture qui se glisse dans les interstices pour mieux révéler les lignes de fracture, mais aussi les chemins du possible[6].

C'est exactement ce qui se dégage de cette réalisation théâtrale qui se présente comme un conte saharien contemporain qui se situe au milieu du désert[7] où se trouve une

---

[4] *Ibid.*, p. 84.
[5] *Ibid.*
[6] Ahmed Ghazali. « Tombouctou 52 jours à dos de chameau », in www.africultures.com.
[7] Dans cette pièce, le dramaturge présente des identités en mouvement : « il y a le Sahara, lieu mythique où se sont croisés pendant des siècles les Arabes, les Berbères, les Noirs Africains, les Juifs fuyant l'oppression. Il y a le commerce, les conquêtes, le colonialisme, l'avènement des États Nations au

pancarte vieille de 800 ans sur laquelle est inscrite « Tombouctou 52 jours à dos de chameau ». Celle-ci se réveille et raconte, à la façon des griots, l'histoire séculaire des hommes dans leur désir irrésistible de se mouvoir. Elle devient ainsi :

> Observatrice privilégiée et ironique de ces flux incessants, personnage central du récit qui chercherait à nous rappeler à chaque instant que dans cet espace-temps, nous ne sommes que peu de chose... Lien entre « l'hier » et « l'aujourd'hui », l'Afrique et l'Europe, la petite histoire du commun des mortels et la grande Histoire, ce spectacle porte un regard sans complaisance sur notre époque par l'évocation du traitement réservé aux clandestins, à ces migrants prêts à jouer leur vie pour échapper à un destin bien incertain[8].

En 2007, après le succès international de ses premiers textes, Ghazali écrit *Le Ciel est trop bas*. Traduits en plusieurs langues et ayant fait l'objet de plus de dix productions dans des théâtres en Europe, en Amérique du Nord et au Maghreb, les textes d'Ahmed Ghazali sont devenus représentatifs d'une dramaturgie de la frontière et du choc culturel qui met en scène notre monde globalisé. Cette nouvelle dramaturgie, l'auteur a eu l'occasion de l'étudier à travers les ateliers internationaux qu'il a dirigés à Sala Beckett, à Barcelone, de 2007 à 2009, et ses contributions à la revue théâtrale Pausa. Ghazali a également écrit d'autres pièces inédites à ce jour. Il vit actuellement à Barcelone.

S'intéressant aux écrivains marocains au Québec, Mechtild Gilzmed souligne que :

---

Maghreb et en Afrique de l'Ouest. Il y a notre présent, les migrations clandestines et le mythe de l'Eldorado européen et américain, le tourisme en quête d'exotisme, ceux qui viennent « aider » dans les ONG, ceux qui fuient la société matérialiste en quête de spiritualité, les studios de cinéma où se fabriquent les robots des films de sciences fiction... Il y a surtout une mise en perspective de l'Histoire des Hommes et leurs désirs irrésistibles de se mouvoir, de se déplacer, d'échanger, de se rencontrer, de se confronter, un besoin métaphysique et intemporel de pratiquer le 'Voisinage' », Ghazali. « Tombouctou 52 jours à dos de chameau », www.africultures.com.
[8] *Ibid.*

L'itinéraire de Ghazali, cet écrivain vagabond, nous renvoie à la notion de littérature transculturelle et transnationale. Il me semble par ailleurs important de souligner cette différence flagrante entre les écrivains d'origine marocaine : alors que les uns semblent s'intéresser avant tout à faire revivre un moment du passé (glorieux ou douloureux) des Juifs sépharades, de rechercher et reconstituer leur patrimoine (linguistique et culturel), d'autres sont en train de dépasser les notions d'identité nationale, ethnique et culturelle afin de trouver une expression artistique qui en témoignerait[9].

C'est justement la prise de position dans le conflit Nord-Sud qui caractérise Ghazali. Sa première pièce traite un thème largement abordé dans la littérature maghrébine d'expression française [10] qui concerne le destin tragique de clandestins africains qui tentent de traverser le détroit de Gibraltar et font naufrage. Avec ce « cri né de l'urgence d'interpeller les consciences sur le douloureux sujet de l'immigration clandestine »[11], il s'attaque à un sujet politique d'actualité. En fait, il s'inscrit dans la lignée de « tous ceux qui ont manifesté un intérêt quelconque pour cette question brûlante [et qui] se sont contentés de l'aborder dans le contexte des rapports Nord-Sud avec ce que cela suppose comme disparités, conflits ou dialogues »[12]. Il écrit dans le programme de la pièce : « Le Nord et le Sud, c'est l'histoire de deux misères parallèles. Au Sud, on s'entretue et au Nord, on se suicide. Là-bas on crève de faim et ici on n'a plus d'appétit. Nous n'avons aucun modèle valable de

---

[9] Gilzmer. « Littérature migrante francophone d'origine marocaine au Québec », p. 26.
[10] Voir Najib Redouane (s. la dir. de). *Clandestins dans la littérature maghrébine d'expression française*, Paris, L'Harmattan, 2008, 258 p.
[11] Tombouctou 52 jours à dos de chameau, in : www.africultures.com. Consulté le 7 octobre 2016.
[12] Najib Redouane, Yvette Bénayoun-Szmidt. « Mahi Binebine : Conteur littéraire », Najib Redouane, Yvette Bénayoun-Szmidt et Bernadette Rey Mimoso-Ruiz (s. la dir. de). *Mahi Binebine*, Paris, L'Harmattan, 2016, p. 35.

civilisation. Tout reste à faire ». Conscient que le fossé qui sépare le Nord, détenteur des richesses et du pouvoir et le Sud où profilèrent la pauvreté et le sous-développement, ne cesse de s'agrandir dans une dimension problématique, voire alarmante, il le dénonce comme sujet qui façonne la forme et le sens de sa pièce *Le Mouton et la baleine* qui traite de la question de l'exil, de la recherche d'un Eldorado avec une intense acuité et une émotion palpable à travers l'histoire d'un accident maritime dramatique au large de Gibraltar. Parlant de la « séance de phonétique » qui souligne de manière simple et éloquente les affrontements et les antagonismes du Nord et du Sud à travers les relations problématiques d'Hélène et de Hassan, Alexandre Lazaridès présente certains éléments qui rendent cette « scène exceptionnelle en ce sens qu'elle faisait passer, du moins dans sa première partie, le vivant avant le symbolique dans une pièce souvent alourdie par les intentions didactiques déguisées en symboles »[13] :

> Par exemple, si le détroit de Gibraltar est tenu pour un lieu de passage - et de mort - entre le Nord et le Sud, le rafiot russe (et pourquoi russe ?) parti du golfe de Guinée pour se rendre jusqu'à Marseille serait une représentation de l'opposition entre pauvres et riches, une allégorie de notre monde usé. Ses cabines représenteraient le Nord, et ses conteneurs, le Sud, tandis que le pont serait le lieu de leur affrontement, le champ de bataille où se vident les différends - surcharge symbolique où un chat n'est plus un chant. La scénographie [...] suggérait, par l'abondance de grillages et de passerelles métalliques, plus une prison que le pont d'un cargo véritable. On y respirait très peu l'air marin et l'horizon du grand large s'y heurtait vite au mur du fond de scène[14].

Pour réaliser un huis-clos à ciel ouvert aux allures de tragédie antique, à la lisière de deux mondes où les civilisations

---

[13] Alexandre Lazaridès. « Les damnés de la mer : Le Mouton et la Baleine », *Jeu : revue de théâtre*, N° 99, 2, 2001, p. 24.
[14] *Ibid.*

s'entrechoquent et surtout sensibiliser le public aux causes diverses et aux conséquences néfastes de l'immigration clandestine qui continue à faire la une des médias de tous bords, il recourt à ce fait divers relaté par le journal marocain *L'Opinion* :

> « *Le 8 juin 1992, à deux heures du matin, une embarcation en bois, transportant une vingtaine de clandestins marocains, sombre dans les flots du détroit de Gibraltar. Un cargo russe, de passage dans le détroit au moment du drame, parvient à sauver une personne et à repêcher quelques cadavres. Pour remettre le survivant et les corps aux autorités marocaines, le cargo est contraint de payer les droits d'entrée au port de Tanger ! De longues tractations ont lieu jusqu'à l'aube... L'événement a lieu à quelques jours de la fête du Mouton* »[15].

L'ouverture « Ils sont morts, les Maures » place la pièce dès le début dans sa dimension tragique où l'action se déroule en une nuit, d'une heure du matin au milieu d'une tempête où on ne voit rien d'autres que des rafales dans un ciel noir jusqu'au lever du jour à l'entrée du bateau au port de Tanger. L'unité de temps et d'espace contribue à la densité de la dramaturgie. Le cargo russe de marchandises, « Le Caucase » traversant le détroit de Gibraltar en direction de Marseille heurte une embarcation de clandestins marocains tentant la traversée pour se rendre en Espagne. Les marins russes repêchent les naufragés.

> Une heure du matin. Une tempête violente dans le détroit de Gibraltar. Le cargo tangue sur la houle. Une opération de sauvetage est en cours. Une embarcation de clandestins marocains vient de sombrer dans le détroit. On tente de sauver les naufragés. Le pont est très agité : cris des noyés, bruit assourdissant des

---

[15] Ce fait divers a été relaté par le journal marocain *L'Opinion* du 11 juin 1992.

> sirènes, cris et pas des marins qui courent. Clapotis violents des flots sur le pont et rafales de la tempête. Brouillard et lumières étincelantes, signaux d'alarme. Des marins ramènent au fur et à mesure les corps des noyés qu'ils déposent au milieu du pont. Un homme qui porte une casquette est à genoux en train d'examiner les cadavres : c'est le médecin du bord. (19)

Un homme, en pleine tourmente, au milieu d'un carrefour où se croisent tous les courants du monde, est accroché au combiné de son téléphone. C'est le capitaine Rogatchev, maître à bord du Caucase. Il hurle et vocifère.

> Allô ! Gibraltar ? Good morning, Gibraltar ! Capitaine Rogatchev sur le *Caucase*, un cargo russe. Nous sommes à quatre milles de Gibraltar. Une barque vient de sombrer sur mon parcours et nous venons de repêcher à l'instant des cadavres... What ? C'est tragique en effet, yes... (19)

Le bilan est tragique. L'équipage recueille une dizaine de cadavres hissés à bord et un seul survivant. Ce rescapé reste immobile sur le pont jusqu'au bout de cette longue nuit. Il devient un fantôme vivant. En pleine tempête, en pleine détresse, le capitaine contacte les autorités marocaines de Tanger, anglaises de Gibraltar et espagnoles de Ceuta...

> (à la radio) C'est pour vous signaler que nous venons à l'instant de repêcher des cad... Je ne vous parle pas de pêcher des poissons ! Allô, Tanger ! Allô, Tanger !... Oui, c'est ça, interdit de pêcher ici... Il n'y a plus de poissons, vous dites ? L'Europe a tout raflé.... Je vois... C'est désolant, en effet... Mais, Monsieur, je ne vous parle pas de poissons, ce sont des cadavres que nous venons de repêcher à l'instant, des noyés, des clandestins, vos compatriotes, Monsieur... Dix.... Allô, Tanger ! Vous m'entendez ? Allô, Tanger ! (23)

Un problème majeur se pose. Que faire des cadavres ? Personne ne veut prendre la responsabilité de ces corps repêchés. Ni le Maroc ni l'Espagne alertés, ne viennent les chercher. « Pendant une longue nuit de communication absurde entre le commandant de bord et la douane portuaire marocaine, en pleine célébration de la fête du mouton, une lame d'âmes esseulées, déboussolées, va s'échouer sur le pont » [16]. Commence alors une terrible nuit d'attente. Car des clandestins, il y en a déjà, sur ce cargo qui vient du golfe de Guinée. Les marins rôdent comme des fauves à la recherche de la « négresse » planquée dans un conteneur comme. Il y a aussi « ce couple - elle, Parisienne, lui, immigré marocain - qui a voulu jouer les bohèmes en faisant cette traversée en cargo, mais se heurte de plein fouet au mur culturel, entre autres, qui les sépare »[17]. L'amour du Marocain et de la Française, monté pour l'aventure, résistera-t-il à cette épreuve ? Que reste-t-il de russe dans ce cargo acheté peu avant par une multinationale géante ? Et quelle est l'importance de cette fête du Mouton qui explique ce retard des Marocains à venir chercher les corps ? Et pourquoi les autorités marocaines réclament-elles des droits d'entrée pour le port de Tanger ? Suspendu au milieu du gouffre qui sépare le Nord et le Sud, jonché de cadavres, le pont du cargo devient le lieu d'affrontement, d'hostilité, d'insensibilité et d'indifférence, le théâtre d'un conflit plus vaste qui accentue par la présence d'un grand espace vide au milieu la séparation et le fossé qui perdure entre ces deux mondes.

> À droite une pile gigantesque de vieux conteneurs de couleur et en mauvais état est censée représenter l'Afrique, le ghetto. À gauche, des cabines qui donnent sur le pont du cargo, en hauteur, symbolisent la tour d'ivoire qu'est l'Occident. Au milieu un espace vide, c'est le fossé entre le Sud et le Nord, le champ de bataille et l'espace de la confrontation[18].

Empruntant un cadre tragique pour exposer une situation tangible ancrée dans le temps et dans l'espace, la pièce est

---

[16] Catherine Makereel. « Le mouton et la baleine », *Le Soir*, 19 juin 2013. mad.lesoir.be/scenes/62734-le-mouton-et-la-baleine
[17] *Ibid.*
[18] L.C. « Le Mouton et la baleine », *Le Matricule des Anges*, N° 041, Nov.-Déc., 2002.

divisée en trois actes. Le déroulement théâtral présente en alternance la chasse au clandestin, la rage qui anime les marins russes qui relèvent d'un burlesque féroce, le désespoir du capitaine qui tente de rejoindre les autorités marocaines pour leur livrer les cadavres et le survivant, le bouleversement de la vision du médecin humain, mais usé et la désagrégation progressive du couple Hélène et Hassan. Durant de longues et absurdes négociations qui auront lieu jusqu'au lever du soleil, tous ces personnages liés au cargo seront embarqués dans une incroyable aventure.

Dans le premier acte, Hassan et Hélène se trouvent sur le pont. Témoin de cette tragédie qui constitue le sens profond de la dérive humaine, Hélène est saisie de détresse. Elle éclate en larmes :

> C'était atroce ! Je les ai vus se noyer, ils étaient nombreux, Hassan, j'ai vu les vagues les engloutir comme des mouches, on ne pouvait rien faire, les vagues, la tempête, on ne pouvait rien faire... (24)

La réaction du capitaine est déstabilisante, sinon révoltante. C'est l'expression manifeste du racisme qui se trame à bord de son navire à l'égard des Africains. Ses propos sont dénués de compassion, de tolérance et élève en force l'ampleur des préjugés et du mépris envers ces damnés de la terre :

> Mais non, ils sont pas morts. Ils sont comme des cafards, dit le Capitaine. Ils vivent dans des trous impossibles. Tu vois, mon pote, là-bas chez eux, en Afrique, c'est aussi pourri que nos conteneurs, et même plus pourri que le plus pourri de nos conteneurs, parce que les conteneurs, on les lave une fois par an alors que là-bas en Afrique, la pluie ne lave même pas ces nègres une fois par an puisqu'il ne pleut jamais sur ce foutu continent, alors c'est pas de notre faute si Dieu veut que l'Afrique soit plus pourrie qu'un conteneur. (25)

En échangeant avec l'un de ses marins, il manifeste ses pensées de façon ironique et dure en se référant à ses clandestins engloutis dans le ventre de la Méditerranée comme à des joueurs de tam-tam sous marin. Son comportement révèle une crise morale confirmant l'idée de la déperdition humaine.

> Premier marin. (éclat de rire) Petit con ! « Ils jouent du tam-tam au fond de l'océan. » Et qu'est-ce qu'ils fabriquent, les requins, pendant ce temps-là ? Hein ? Ils dansent la salsa, peut-être ? Il n'y a plus de nègres ! Ils ont été déchiquetés, dévorés par les requins. Il n'en reste plus rien, pas un seul morceau. (26)

Il continue dans son égarement et ses délires avançant un raisonnement absurde où se profile la banalité de la perte de vie humaine comme si ces disparus n'avaient plus de raison d'existence dans un monde indifférent à leur drame.

> Rien ! Même si Dieu veut les ressusciter, il ne les trouvera plus. Pour reconstituer un seul corps, il faut aller chercher les morceaux dans les estomacs de cent requins et plus encore ; mais les requins se sont dispersés dans l'océan et ce n'est plus possible de les retrouver. (26)

Ce qui semble être sa plus grande préoccupation et qui constitue pour lui un sérieux problème c'est d'être pénalisé d'avoir ces cadavres à bord de son navire. Et si le clandestin caché dans l'un des conteneurs réussit à arriver sain et sauf à destination, il risque de causer à tout l'équipage de graves ennuis. C'est pour cela qu'il est impératif d'éliminer ce témoin gênant en indiquant clairement à ses marins le moyen de s'en débarrasser. Il agit dans son intérêt personnel sans scrupules, sans remords quitte à sacrifier une vie humaine qui ne vaut rien à ses yeux.

> Écoute-moi bien, imbécile, quand on avait ces clandestins à bord, on risquait de payer des grosses amendes et de perdre nos jobs. Maintenant qu'ils sont au fond de l'océan. Si l'autre rat débarque à Marseille et s'en va tout raconter aux flics, c'est la prison à vie qui nous attend tous. (*hurle*) Tu piges ? (27)

Il est en pleine tourmente devant l'indifférence des autorités de répondre à ses appels. Au milieu d'un carrefour où se croisent les courants du monde, il est accroché au combiné de son téléphone essayant de convaincre son interlocuteur de l'urgence de la situation.

> Allô ! Tanger ! Oui, Monsieur... Ça fait plusieurs fois que je vous explique... Dix corps et un survivant... Mais décidez-vous, Monsieur, ça fait deux heures que j'attends ici ! Pourquoi voulez-vous que je paie des taxes ? Je vous dis que je ne désire pas entrer au port, c'est à vous de revenir chercher les corps ! Inchallah ! Inchallah ! Mais quand au juste ? Comment ? Mais de quelle fête de Mouton vous me parlez ? Je me fous des moutons, je vous dis que j'ai des corps ici... Allô, Tanger ! Allô ! Tanger !

Cette tragédie est arrivée la veille de l'Aïd-el-Kébir qui revêt un caractère sacré chez les Musulmans. L'excès de sa colère est un élément déterminant de son ignorance des mœurs et des traditions au pays à qui il s'adresse pour avoir de l'aide, en l'occurrence le Maroc. Totalement dépassé, il ne comprend pas le rapport entre l'appel d'alerte au sujet de la présence, en dehors de sa volonté, des cadavres sur son cargo et la célébration de cette fête. Entre son interlocuteur et lui se dresse un mur insurmontable pour assurer une bonne communication en vue de trouver une solution rapide et satisfaisante.

> Quel imbécile ! Je lui parle de cadavres et il me parle de moutons ! La fête des Moutons ! Je connais la fête des Mères, des Pères, des Fleurs, de l'Amour, du travail, du Soleil, mais les moutons, ça, j'en ai jamais entendu parler, je le jure. (*à un marin endormi sur le pont, qu'il réveille*) T'as déjà entendu parler d'une fête des Moutons, toi ? (30)

C'est Hassan qui se charge de répondre à ses interrogations en lui donnant l'explication suivante :

> La fête du Mouton, Capitaine, l'Aïd el-kébir. Dans quelques heures, un milliard de musulmans vont se tenir face à la Mecque pour le sacrifice. Chacun son mouton, c'est la règle. Un bélier obligatoirement, pas de brebis. Un bélier à cornes nécessairement ni très jeune ni très vieux. Cette nuit, la terre de l'islam devient une grande bergerie où l'homme se mélange à la bête. Le mouton est dans chaque maison et le concert des bêlements emplit le ciel au-dessus des villes. Et il n'y a rien de pire pour un musulman qu'un mouton qui meurt ou qui s'échappe cette nuit, car malheur à celui qui, à l'heure du sacrifice, se trouve le couteau dans la main sans mouton à égorger. De quoi il aura l'air sans offrande devant le Bon Dieu ? Alors un bon musulman ne dort pas cette nuit où tout peut se passer. Il reste sur ses gardes. Il surveille son mouton mieux qu'un gardien de prison le fait avec le plus dangereux des criminels. Il prend soin de sa santé mieux qu'un médecin le fait avec son enfant unique. Chacun son mouton, c'est la règle. (31)

Il convient de mentionner un élément important dans la pièce. Pendant que le Monde musulman célèbre cette fête et que pendant que des troupeaux de moutons étaient égorgés au Sud, des Baleines géantes du Nord échouaient, solitaires, sur des plages désertes. En alignant ces deux termes *Le Mouton et Les Baleines* dans le titre, on peut avancer que l'auteur veut suggérer plusieurs interprétations, car toute « relecture d'un texte pourra produire une nouvelle signification du titre et parfois une nouvelle relation entre le titre et le conTexte »[19]. Selon les métaphores articulées, Le Mouton se réfère donc au pays sous-développé, ce pays du Sud face à un pays du Nord, représenté par La Baleine, qui l'écrase de son poids et par son indifférence.

L'acharnement des marins finit par capturer le clandestin qui apparaît enchaîné et s'adressant à tout le monde, il révèle la

---

[19] Léo H. Hoek. « Description d'un archonte, préliminaire à une théorie du titre », dans Jean Ricardeau et Françoise Van Rossum-Guyon. *Le Nouveau Roman, hier et aujourd'hui*, Paris, Coll. 10-18, 1972, pp. 299-300.

violence entourant sa condition de damné de la terre : « Dans le conteneur, j'étais un rat libre, maintenant je suis un esclave » (34). Par le biais de la voix de ce personnage, l'auteur rappelle les horreurs de la traite des esclaves et leur calvaire durant des traversées décisives où ils étaient entassés comme des animaux et soumis à un traitement inhumain : « Il y a deux siècles, mes ancêtres étaient des esclaves, ils avaient aux pieds des chaînes comme celles-ci, et on les transportait sur des cargos comme celui-ci » (34).

Ce candidat à l'émigration, traversant la mer clandestinement, caché dans le ventre du bateau a tout laissé derrière lui. Qui est-il ? Quel est son nom ? Son pays d'origine ? Où va-t-il ? Où sont ses documents officiels ? Il ne dit rien. Il n'a pas de nom, de pays, d'identité. Il a appris à n'être personne, habité par une peur terrifiante, comme une bête traquée, il se cache redoutant d'être attrapé par les hommes d'équipage. Il fait partie de ce rébus dont on ne veut pas. Il se réduit à être une ombre insignifiante, conscient que chacun le désigne par une appellation bien spécifique : « Les autres m'appellent l'eslave, le Noir, le nègre, le négro, le clandestin, le Black, l'Africain, l'indigène, le trou de cul. Tout ça est bon » (35).

C'est tout le drame de ces clandestins désespérés qui ont tenté cette traversée au péril de leurs vies, ces « *harraga*s » qui viennent aussi bien du Maghreb que de partout du continent noir en quête d'une vie meilleure ailleurs dans l'Eldorado européen. Comme le constate le médecin, cet écorché vif a tout détruit, tournant le dos à son pays, se présente aux portes de l'Europe ne possédant quasiment rien. Par sens d'humanisme, il plaide sa cause auprès du capitaine pour qu'on lui réserve un traitement humainement décent :

> Impossible de savoir, Côte d'Ivoire, Togo, Ghana, Bénin, Nigeria. Nous avons chargé dans tous ces pays. Mais ils viennent de toute l'Afrique aussi. Naturellement, il n'avait aucun papier sur lui. Ils détruisent toujours leurs papiers pour qu'on ne puisse les rapatrier. (*il enlève sa casquette*) Cette casquette est tout ce qui reste de lui. (*il sort de sa poche une brosse à dents*) Et cette brosse à dents cassée. Nous avons beaucoup parlé ensemble. J'ai demandé au Capitane de lui accorder chaque jour une heure de liberté pour marcher et prendre l'air sur le pont. (*On entend le bruit de chaînes entre les pieds d'un prisonnier qui marche péniblement*) Il aimait s'asseoir sur ce banc. (*musique : une voix africaine. Un Noir-Africain apparaît, il a aux pieds des chaînes massives et lourdes*) Alors bien dormi cette nuit ? Avoue que c'est mieux que dans le conteneur avec les rats ? (34)

Après sa vaine tentative de traversée, la vie de cet aventurier devient un enfer. Il est enchaîné et traité comme un chien. Son périple est arrivé à sa fin en un aller simple. En parlant avec Hélène, le capitaine indique que l'Espagne en face avec ses lumières attrayantes charrie les désirs et les rêves d'un avenir radieux, de ces désespérés à la quête d'autres cieux loin de leurs pays de misère et d'humiliation. Il semble soudainement affecté par l'ampleur de ce drame et comment l'Europe demeure sourde aux cris de désarroi et de détresse venue de la terre africaine :

> On est aux portes de l'Europe. (*elle montre Gibraltar*) L'Europe est juste là ! Elle nous regarde et s'occupe de nous. Comment l'Europe, qui a trop souffert, qui a connu les pires atrocités de deux guerres mondiales peut rester indifférente à ce drame ? [....]
> Les Africains luttent pour un morceau de pain, c'est vrai, et nous notre pain n'a plus de goût. Chez eux, ils crèvent de faim et chez nous, on n'a pas d'appétit. Eux s'entre-tuent et nous on se suicide, c'est quoi la différence ? (37)

Mais Hélène est habitée par une peine incommensurable. Elle se retrouve impuissante devant la volonté de déshumanisation affichée par les marins, réduite à une totale passivité face à leur cruauté et le crime qu'ils commettent devant le capitaine qui ferme les yeux. Les propos qu'elle adresse à son compagnon traduisent le pénible moment qu'elle vit et la perte de toutes ses illusions :

> Non, Hassan. La vérité est que nous essayons de nous convertir en petits-bourgeois. Le monde auquel nous avons cru s'est écroulé. Toutes ces années de rêves et de luttes nous ont trahis. Nous avons peur d'être largués. Nous voulons nous convaincre que nous pouvons faire comme les autres : passer nos vacances aux îles et penser à notre retraite. (29)

Dans le deuxième acte, le dialogue des marins est là pour justifier l'injustifiable et d'admettre l'inadmissible essayant d'atténuer l'horreur de leur crime. Les hommes d'équipage n'affichent pas de remords jugeant qu'ils n'ont fait qu'obéir aux ordres donnés par le capitaine. Un des marins se contente de justifier son acte horrible par le fait qu'on lui a ordonné de nettoyer, d'attraper le clandestin et de le jeter à la mer. Alors c'est ce qu'il a fait en se débarrassant de ce parasite parce que c'est l'Europe qui l'exige. La compagnie à qui appartient le bateau est intransigeante sur la présence de tout clandestin à bord. La pénalité est sévère et s'élève à dix mille dollars par personne et les autorités portuaires peuvent même décider la destitution et le renvoi de tous les hommes travaillant sur le bateau. La seule solution qui reste, c'est le massacre pur et simple. Il faut d'abord penser à leur survie puisque la vie est chère et personne n'est en mesure de perdre son travail. Chacun sa peau. Un des marins précise que puisque l'Europe leur demande d'agir avec fermeté, alors ils agissent ayant bien compris le message. Il pense avoir bien agi dans le seul but d'éviter de payer l'amende à l'arrivée du bateau. De fait, il rejette la responsabilité sur une entité théorique qui le met à l'abri de tout remords, comme si une instance supérieure le lui avait ordonné.

Néanmoins, la réalité dure et cruelle marque la pièce d'une violence extrême qui se manifeste à travers plusieurs scènes de chasse à l'homme et se terminant par le massacre de ce noir clandestin. Les marins qui l'ont traqué comme une bête et qui ont participé à le jeter évoquent cet épisode cruel sur un autre navire :

> Le plus drôles, c'est en 1984 dans un cargo qui fait Kenya-Pakistan. Les marins débusquent en route onze clandestins kenyans. Quand le navire est au large des côtes somaliennes, le capitaine, un Grec, donne l'ordre de massacrer les clandestins et de les jeter à l'eau... (39)

Jeté à la mer, ce clandestin est devenu un cadavre au fond des eaux d'une mer salie en raison de nombreux corps qui s'y trouvent. Le commentaire des marins dans son cynisme souligne un racisme primaire quand ils déclarent que les requins refusent de manger ces milliers de personnes mortes, avalées, englouties dans le ventre de la Méditerranée, leur préférant une meilleure nourriture.

> Il les massacre pour que ça pue le sang à des kilomètres, pour être sûr que les requins vont leur sauter dessus ! Manque de pot, une fois à terre, un membre de son équipage a parlé. Quand le capitaine a été jugé en Grèce, vous savez ce qu'il a pour sa défense ? Il a dit : « Je croyais que ... (*éclate de rire*) je croyais que les requins ne mangeaient pas les nègres. (*éclats de rire des marins*) Il a dit ça, je vous assure ! C'est dans les journaux ! Des requins qui ne mangent pas de nègres ! (39-40)

Un autre marin résume l'histoire tragique de ces clandestins en disant que c'est la raison pour laquelle il ne mange plus de poisson. Cette fausse délicatesse est une indication de la dégradation des valeurs et de la dévalorisation humaine. Ce clandestin noir représente tout le malaise d'un monde au bord de l'éclatement, qui se brise et étouffe sous le poids de la misère. Force est de préciser qu'éliminer le problème en enlevant la vie à un être humain se pose dans la pièce de manière impitoyable et dramatique. Les marins exécutent sans état d'âme des ordres barbares et aucun d'entre eux ne ressent un soupçon de remords en balançant les corps par-dessus bord. Tous contribuent au renforcement des forces du mal les plus horrifiantes et les plus absurdes. Ce qui est troublant, c'est que leur geste semble un simple nettoyage pour se débarrasser d'humains dont personne ne veut. Le fond de la mer peut les accueillir et leurs soucis seront définitivement enlevés. À quoi bon de courir les risques en gardant des cadavres qui ne valent rien au milieu des conteneurs. Si personne ne veut assumer la responsabilité de les prendre, pourquoi le capitaine russe, de passage dans le détroit de Gibraltar devrait-il nuire à son navire et à son équipage ? La gradation dans la violence va de l'assassinat individuel aux cadavres traités comme des déchets, et renvoie à la misère morale de l'Occident qui a oublié jusqu'au respect des morts, l'un des plus anciens critères de la civilisation.

La mer devient une poubelle. Les marins y pissent, y crachent et y jettent tout. Hassan et le Médecin discutent sur le pont quand un marin arrive avec un chariot plein de sacs-poubelle. Il se place au bastingage et se met à jeter les sacs à la mer en sifflotant. On entend le bruit des sacs qui tombent dans l'eau. Les cadavres sont définitivement assimilés aux ordures dans ce geste et on peut y voir aussi un avertissement quant à la pollution de la Méditerranée, autre indice de la déshumanisation. Encore une fois, le capitaine affiche son indifférence comme il l'a fait auparavant. En s'adressant à Hélène, il exprime la profondeur de ses pensées qui dévoile ses déceptions et ses peurs.

> Ne me parlez pas de fierté ! C'était une autre époque. Nous étions pauvres, mais nous étions riches de cœur. Nous souffrions de ne pas pouvoir être utiles aux autres. Nous avions à peine à manger, mais nous vivions de rêves et de légendes. Maintenant, nous n'avons plus rien, même pas nos rêves blancs, même pas un sourire innocent. Nous sommes devenus ingrats et méfiants. Moi, je compte mes sous comme si j'avais encore un siècle à vivre. Ce n'est pas que j'aime l'argent, croyez-moi ! Mais la peur m'habite ! Ils nous ont foutu la trouille ! (43)

Le déroulement de la pièce se glisse dans les interstices de l'Histoire à travers l'intervention d'Hassan qui explique au Médecin la signification de « Djebel Tarik » dont l'appellation remonte à la conquête musulmane de l'Espagne wisigothique[20]. Il lui rapporte les paroles de ce héros dans le monde musulman qui, en arrivant sur la terre espagnole, aurait fait brûler ses bateaux, déclarant à ses hommes qu'il n'avait qu'un seul choix la victoire ou la victoire. Hassan ajoute que cette intervention audacieuse et courageuse constitue sa source d'inspiration face aux moments de doute et d'incertitude :

> Je me suis rappelé une phrase célèbre prononcée par le chef de la conquête arabe de l'Espagne au VIIIe siècle, Tarik Ibn Zeyad, celui qui a donné son nom à Gibraltar, jebel Tarik, mont de Tarik. On raconte que lorsque ses soldats ont débarqué à Gibraltar, il a ordonné de brûler les navires pour les contraindre à faire la guerre. Oui, tous les navires y compris le sien, puis il a prononcé un discours guerrier très célèbre. Je ne me souviens que de la première phrase : « Soldats ! Où pourriez-vous fuir ? La mer est derrière vous et l'ennemi devant ». Toutes les fois que je me suis trouvé coincé devant un problème, j'ai murmuré cette phrase. (42)

---

[20] Avant la conquête musulmane, le Rocher de Gibraltar était appelé Mont Calpé. Au début du VIIIe siècle, dans le cadre de la conquête musulmane de l'Espagne wisigothique, le chef Tariq Ibn Ziyâd y établit une tête de pont en Europe, donnant son nom au Rocher.

Le troisième acte aborde la légende d'Abraham qui est une scène importante. En fait, toute la pièce se déroule à la veille de l'Aïd-el-Kébir, une fête où chaque citoyen de l'Islam, en hommage au principal patriarche et père des trois religions monothéistes, doit immoler un mouton face à la Mecque. Les cadavres peuvent attendre, le sacrifice des bêtes devra saigner d'abord. Toujours le sang. Celui des clandestins ne symbolise plus rien aux yeux du monde, celui du mouton symbolise encore une culture séculaire. Cette scène de bascule, de chant, de danse et de transe voit Hassan accepter d'égorger une bête au milieu des cadavres de noyés qui reviennent à la vie. Pour Ghazali, cette scène est « une démonstration de ce qu'est une théâtralité arabo-musulmane qui se manifeste dans le lien anthropologique entre la violence et le sacré, en opposition à la culture d'objectivation et de représentation qu'incarnent Hélène et les touristes »[21]. Il est crucial de voir les morts revenir à la vie dans deux scènes oniriques parce que c'est la seule façon de montrer l'influence extraordinaire et bouleversante qu'exercent les disparus sur Hélène et Hassan qui est en train de subir son rite de passage qui le fait rentrer au Maroc.

Le groupe Nass El Ghiwane est au cœur de la tradition *gnawa* au Maroc, une musique souvent associée aux danses orgiaques, transes et rituels mystiques d'exorcisme et de guérison encore en usage chez les marabouts. Les voix masculines sont des plaintes sereines, une sorte de soumission paisible au *maktoub* (ce qui est écrit, le destin). La voix, qui introduit la chanson *Ghir Khoudouni* !, rapporte un bon modèle pour les chants de deuil que fredonne le Survivant. L'effet scénique le plus intéressant dans cette chanson vient du fait que l'un des chanteurs joue le rôle de l'exorcisé. Il entre en transe et hurle de toutes ses forces pendant que le chœur qui l'encercle répète inlassablement le refrain qui est aussi le titre de la chanson : *Ghir Khoudouni* ! qui veut dire : « Emportez-moi ! ». C'est le moment de la pièce où Hassan après une longue résistance parvient à s'identifier pleinement aux corps et accepte de se laisser emporter chez lui. Il révèle à Hélène qu'il

---

[21] L.C. « Le Mouton et la baleine », *Le Matricule des Anges*.

est entré clandestinement en France, mais qu'après plusieurs années vivant avec elle, il va renouer de par la violence de cette nuit, avec ses origines et prend la décision de retourner vivre au Maroc, après avoir perdu son passeport.

> Mon passeport français est tombé à l'eau. J'étais à la lisse, je le feuilletais et il a glissé de mes mains, comme ça. Alors je ne peux pas rentrer en France. Avec la tête que j'ai, ils vont me prendre pour un clandestin, ça va de soi. (74)

Placé devant sa propre déchirure, Hassan va tenter de s'arracher au cours de cette nuit d'un dilemme qui le perturbe, même se cela risque d'entraîner la chute de son attirance envers l'Occident. Leur choix de s'embarquer en quittant les îles Canaries sur un cargo de marchandises est motivé par la quête de deux passagers de folklore et d'aventure. Mais quand le navire heurte l'embarcation de ces aventuriers à l'émigration clandestine, c'est l'appel de son destin qui se manifeste dans ce terrible choc et qui fait éclater son cœur, comme il le confie à sa compagne :

> Mais il ne se passe rien, Hélène. C'est une nuit tout à fait normale dans le détroit. Cet événement se passe toutes les nuits ici. La télé nous l'a montré mille fois ! Mais tu vois, je me sens plus à l'aise ici que sur terre. Ici au moins, dans ce détroit, sur ce cargo, nous sommes tous présents et égaux, chacun à la place qui lui revient, et je me sens plus vrai, moins dupe qu'à Paris. (57)

Hassan ne croit plus aux leurres du paradis de l'ailleurs qui se révèle en fait un enfer. Il n'oublie pas non plus d'où il vient et le sang qui coule dans ses veines le ramène à sa propre identité. Il était un clandestin qui a réussi à atteindre l'autre rive contrairement à ces compatriotes qui ont entamé un voyage périlleux dans une embarcation de fortune qui s'est terminé par la mort. Les désillusions s'écroulent et il renonce à ses rêves en se préparant de tout abandonner. Il avance une vérité éclatée :

> Mettre le pied à terre, c'est faire un choix et je refuse de choisir. C'est privilégier et je hais les privilèges. Je ne sais pas choisir. J'ai essayé, car c'est très inconfortable d'être à cheval entre deux mondes que l'on s'acharne à opposer. Mais rien à faire. C'est comme ça. Les routes ne mènent pas loin s'il n'y a pas de ponts pour dépasser les rivières, les mers et les vallées. Je suis un pont. En temps de guerre, les ponts sont la première chose que l'on fait sauter. (57)

Une grande transformation se produit en lui. Son regard sur Hélène change et devient à la fois lucide et tranchant. Une étape décisive apparaît dans leur relation. Le plus frappant est évidemment la violence qui se manifeste entre eux. À travers son corps, il se venge en amorçant une odyssée qui signe un changement radical de ses sentiments. Pour lui donner une représentation réaliste des difficultés possibles de communication interculturelle dans un couple mixte, il lui dit : « La vérité est que tu n'as jamais cherché à connaître qui je suis et d'où je viens. Est-ce que tu as jamais pensé que la langue avec laquelle je te parle n'est pas du tout ma langue ? » (58). Il se rend compte qu'il a modelé son existence en fonction d'elle de sorte qu'il avait oblitéré son identité. Il se culpabilise d'être trop passif acceptant toute forme d'aliénation, pour être intégré dans une société hostile à sa présence. Depuis longtemps, il a gardé enfoui en lui sa rage et en cette nuit l'appel du fond de la mer le ramène à ses origines, à son pays, à sa famille, vers le lieu du sens de son existence. Désorientée, Hélène l'écoute essayant de le raisonner et de sauver leur union. La voix brisée, elle s'adresse à lui :

> Tu me disais que toute différence entre l'Occident et l'Orient est dans le fossé qui sépare les deux H de Hélène et de Hassan (elle s'efforce de prononcer le H arabe de Hassan). Le premier, froid, sec, mécanique et précis, comme le bruit d'un moteur. Et le deuxième, moite, diffus, brûlant et portant en lui toute la chaleur et la vapeur des entrailles, comme un râle d'amour ou la projection gazeuse d'un volcan. Tu disais que les mots

les plus beaux, les plus sensuels de l'arabe commencent par ce H. Tu m'en as appris quelques-uns. (60)

Mais rien à faire. Leur couple est à son point mort et leur séparation est éminente. Ni la douleur d'Hélène, ni sa peine, ni son cri du désespoir, ni la force de son amour ne peuvent le convaincre à revenir sur sa décision. Durant cette nuit de sacrifice, le rituel qu'il accomplit le ramène à ses racines et redonne à l'enfant du pays son assise identitaire et religieuse. Pour lui, elle ne représente que l'Autre, l'Étrangère, l'Occidentale, la Blanche, la Française qui sera sacrifiée sur l'autel de ses convictions.

Ces drames vont bouleverser la vie du médecin de bord ainsi que Hassan et Hélène qui vont découvrir le fossé existant entre eux. La décision d'Hassan de rester au pays est définitive. Tout l'édifice amoureux qui composait leur union s'effondre soudainement. Perdue, Hélène est saisie d'effroi. Elle s'est battue pour rien. Elle affronte sa vérité troublante que sa vie n'était qu'une chimère, un véritable mensonge qui a tout détruit. Elle ne cherche plus d'explication et ne veut plus continuer à osciller entre les deux pôles. Cette traversée lui a été fatale et elle ne désire qu'une seule chose se retrouver avec elle-même :

> Et ce que je vois là devant moi, ce n'est pas un Sud qui serait au sud de mon Nord, ni même un Sud qui serait au sud de mon Sud. Ce que je vois là, c'est tout un autre monde qu'il ne m'est pas donné de connaître. Peut-être faut-il naître une seconde fois pour avoir accès à ce monde aussi. Mais il est tard maintenant, j'ai mal à la tête, je veux rentrer chez moi, je veux dormir. (81)

Non loin d'eux, se tiennent le capitaine et le Médecin. Habité par la peur que quelqu'un dénonce aux autorités portières ce qui s'est passé sur son navire, Rogatchev ne cache pas son désarroi. Et c'est le docteur qui tente de le rassurer qu'il n'a rien à craindre parce que les morts ne parlent pas :

> N'ayez aucune crainte, Capitaine. Vous l'avez dit vous-même, le fond de l'océan est jonché de cadavres. Et en voici d'autres encore dont personne ne veut. À tout moment, nous pourrions les balancer dans l'eau, personne ne nous blâmera, bien au contraire, nous serons vivement remerciés. Et ceux qui se sont noyés devant nos yeux, qui sont-ils ? Combien sont-ils ? Qui sait ? Qui veut savoir ? Mais pourquoi s'en faire ? Là où ils vivent, ils crèvent de faim déjà, quand ils ne s'entre-tuent pas. Un cadavre de plus ou de moins, qu'est-ce que ça peut faire ? Tout ce que je veux, c'est savoir. Au nom de ce qui vous est le plus cher au monde, Capitaine, dites-moi ce qui s'est passé... (76)

Dans l'avant-dernière scène, on se prépare pour entrer à Tanger. Hélène, Hassan et le Médecin parlent de cette ville qui représente un symbole puissant. Elle est à considérer comme un personnage, à cette différence près qu'elle a trois mille ans !

> Tanger la Berbère. Tanger la Phénicienne. Tanger la Grecque. Tanger la Roumaine. Tanger l'Arabe. Tanger la Portugaise. Tanger l'Espagnole. Tanger l'Anglaise. Tanger la Française. Tanger la Marocaine.
> Tanger la païenne. Tanger la juive. Tanger la catholique. Tanger la protestante. Tanger la musulmane. Tanger l'athée. Tanger l'hérétique. On raconte qu'un prince arabe fut offensé du fait que le clocher de la cathédrale soit la première chose qui surgit à l'horizon quand on entre à Tanger par la mer. Alors, il a fait construire une grande mosquée dont le minaret devait cacher le clocher. Maintenant, on voit les deux, le minaret et le clocher. Vous le voyez ? (80)

Il est tout à fait à propos de souligner qu'ils « sont nombreux les grands noms de personnages célèbres (écrivains, essayistes, peintres, musiciens) à avoir séjourné dans cette ville mythique, ville culte qui a exercé et continue encore à exercer un pouvoir de séduction et de fascination incommensurable ». Il reste que si « la tendance dominante qui ressort de tout ce qui a été dit et écrit sur cette ville demeure sa notoriété incontestable et l'émerveillement, ainsi que l'attachement, qu'elle a toujours réussi à créer chez toute personne qui a frôlé son sol »[22], cette image particulière de la perle du Nord rappelle la gloire d'un passé révolu, car la réalité du temps présent est obscure et cruelle marquée par la défiguration de son espace urbain.

> En effet, la proximité de cette ville marine de l'Algésiras, des enclaves de Ceuta et de Melilla, qui aurait dû en faire un voisinage sécurisant, était au contraire la cause de sa plus grande insécurité. Sa situation géographique à la jonction de la Méditerranée et de l'Océan Atlantique et son ouverture sur l'Espagne ont conditionné sa transformation. Au fil des années, elle est devenue le point de départ de Maghrébins et d'autres ressortissants africains qui tentent par tous les moyens de rejoindre le continent européen en utilisant les nombreux cargos ou chalutiers qui se croisent dans la région[23].

La pièce se termine par une charge directe, de plus, sans nuances : « À la crapulerie du capitaine russe et de ses marins répondent la violence de Hassan et la stupidité du gouverneur de Tanger qui, à la dernière scène, réduit l'exode de ses compatriotes à des désirs dévergondés »[24]. Son intervention est une déclaration performative qui se transforme en acte de parole, en discours purement politique.

> L'Europe, Messieurs-Dames ! Elle est là ! Ils la regardent tous les jours. Ils s'attablent sur les terrasses des Paresseux et se mettent à rêver. Ils s'entassent à vingt ou à trente dans des barques en bois. Certains ont même cru y aller à la nage. On ne les a jamais revus. L'Europe, Messieurs-Dames ! Elle nous fait plus de

---

[22] Najib Redouane. « Représentation de Tanger dans l'œuvre d'Ahmed Beroho », *Analele*, Universitătii, Stefan cela Mare Suceva", Tomul XIV, nr. 1, 2008, p. 79.
[23] Redouane & Bénayoun-Szmidt. « Mahi Binebine : Conteur littéraire », p. 30.
[24] Lazaridès. « Les damnés de la mer : Le Mouton et la Baleine », p. 24.

mal que de bien. Une drogue, Messieurs-Dames ! Tout le monde veut y aller. Tous veulent séduire des chrétiennes et acheter des Mercedes. Tous ! Même des paysans, Messieurs-Dames, des montagnards, ils ne savent ni lire ni écrire, ils n'ont jamais vu Casablanca, voici qu'ils veulent aller à Paris, à Rome, à Londres, à Berlin. Ils sacrifient tout, femmes et enfants. Ils vendent leurs terres et leurs troupeaux pour se payer cette traversée de la mort. Une épidémie, Messieurs-Dames. Personne n'est épargné. Même les vieux veulent partir, même les enfants, même les femmes, (*se tournant vers Hélène*) oui, Madame ! Même moi, Messieurs ! Qu'Allah me pardonne ! Parfois Satan, que la malédiction d'Allah soit sur lui, me souffle dans les oreilles. Et quoi ? Quand je vois ces paysans émigrés de retour chez nous l'été, tout blancs et ventrus et qui paradent dans les rues avec leurs grosses voitures climatisées, en train de semer les dollars et de ramasser les filles. De quoi avons-nous l'air, nous autres, avec nos salaires misérables de la fonction publique ? Quant aux jeunes, rien ne les intéresse plus ici, Messieurs-Dames. Les études sont une perte de temps. Les femmes d'ici sont bien trop bêtes et trop grosses pour leur goût. Les parents sont vieux jeu et le pays est juste bon pour passer les vacances au soleil sur les plages. On raconte des choses, Messieurs-Dames. On raconte qu'il y a des télés et des frigos jetés dans les rues de Paris, il suffit de ramasser. On raconte qu'il y a des voitures d'occasion abandonnées partout dans les rues de Rome, il suffit de démarrer. On raconte que leurs femmes blondes s'arrachent nos garçons basanés. On raconte beaucoup de choses ici. (*un temps*) Et l'Europe, Messieurs-Dames ? Que fait-elle ? Elle ferme sa porte blindée tandis qu'elle jette son appât. Du trou de la serrure, elle regarde notre souffrance et s'amuse. Elle nous provoque sans jamais se donner à nous. L'Europe comme une allumeuse, Messieurs ! (*à Hélène*) Pardon, Madame ! Une allumeuse qui, de l'autre côté de l'abîme, montre à nos jeunes ses cuisses et tourne sa langue. Une prostituée, Messieurs ! (*à Hélène*) Pardon, Madame ! Une prostituée hors de prix qui se pavane à moitié nue au milieu de misérables chômeurs. Nous avons dit à l'Europe : « Regardez-nous pour une fois ! Venez chez nous ! Avez-vous donc oublié le temps où nous avons partagé le sel et le pain ? Il y a du travail ici, pour vous et pour nous ! Construisons ce pont ! » Mais non ! Ils ne viennent pas. Ils préfèrent aller courtiser ailleurs. L'Europe qui s'est donnée tant de mal pour nous conquérir, la voici qui se donne autant de mal pour nous fuir. (83-84)

Certes, dix-sept kilomètres seulement séparent l'Espagne du Maroc. Cette distance fait rêver et pousse des aventuriers à tenter leurs chances. Mais au fil des années et surtout en raison de la politique restrictive adoptée par les pays de la Communauté Économique Européenne, elle est devenue incommensurable. Elle constitue une frontière infranchissable qui s'impose comme l'ultime point à dépasser pour atteindre une vile meilleure pour les candidats à l'exil. La mise en place de tout un système ultra-sécuritaire de protection aux frontières est salutaire pour les habitants de la vieille Europe lancée dans une phobie délirante. Dans tous les pays qui la composent, les mesures envers les étrangers en situation irrégulière sont draconiennes. On chasse et on expulse les sans-papiers, on s'attaque aux travailleurs clandestins, on exige des visas, on redouble la surveille aux postes frontaliers et on refoule des masses humaines vers leurs pays d'origine. Cette violence est dérangeante et le sens aigu que tout cela implique n'est pas étranger à la recrudescence d'un fléau qui constitue une profonde crise du temps moderne.

S'il est vrai que le théâtre ainsi que la littérature se présente comme moyen d'expression pour faire prendre conscience des aspects négatifs de la noirceur des hommes et du monde, on peut dire que la réalisation théâtrale de Ghazali joue un rôle important dans la dénonciation de certaines inégalités et des abus humains. Sa pièce aborde le tragique, en ce sens qu'il n'y a pas d'autre solution que la mort, dans une langue simple et forte un sujet douloureux qui évoque le problème de ces clandestins entre le Maroc et l'Europe qui partent au péril de leur vie et dont le mouvement qui les anime « n'est pas simplement conçu comme le passage d'un territoire à un autre.

Il incarne plutôt la fuite hors d'espace clos et étouffants, dans des sociétés à jamais bloquées, vers d'autres terres promises plus ouvertes, en principe sans limites »[25]. Sans tabous, il dévoile la cruauté et l'indifférence des hommes. Sa pièce d'une grande humanité est un lieu où se jouent les drames et les absurdités du monde qui « confronte les spectateurs à une réalité crue qui révèle la détresse tragique de ces hommes et de ces femmes en quête d'une vie meilleure ». Habilement écrit de manière tragi-comique « le texte s'affirme avec subtilité et transcende une morale hypocrite »[26].

Loin de la fable que pourrait suggérer le titre, Ahmed Ghazali dresse avec *Le Mouton et la baleine* un état des lieux plein d'humour noir et de lucidité des rapports humains de cette fin de siècle. En recourant à un amalgame de jeux de mots, de lapsus et de clichés, il rend parfaitement perceptibles les préjugés identitaires sur la condition humaine et sociétale. Sans surenchère, il exprime la violence des situations relatives à l'émigration clandestine qui reste un fléau dramatique qui « au-delà du problème social et économique, devient dans sa triste répétition un drame humain »[27]. Aussi, dérange-t-il en pointant du doigt le racisme, l'intolérance, la corruption, le meurtre et la violence humaine. Pour lui, la dégradation de la valeur humaine à travers l'histoire de ces clandestins et qui deviennent moins que des marchandises sur le cargo russe est un condensé des cruautés et des injustices contemporaines. Sa pièce à thèse se veut également être un moyen d'éducation morale et civique, qui sert à faire passer un message ou encore un discours idéologique. Par les circonstances et les situations créées, elle apparaît comme un miroir social qui reflète les dégâts de conflits qui inquiètent et agressent sous leurs multiples et diverses faces. Elle s'adresse à un public sensible aux enjeux, au sens et aux implications des inégalités envers l'espèce humaine pour cultiver chez lui les vertus de la tolérance, de la

---

[25] Redouane. *Clandestins dans le texte maghrébin...*, p. 11.
[26] Le mouton et la baleine de Ahmed Ghazali Lemag.ma publié le samedi 3 février 2007. *www.lemag.ma/Le-Mouton-et-la-baleine-de-Ahmed-Ghazali_a1073...*
[27] Redouane & Bénayoun-Szmidt. « Mahi Binebine : Conteur littéraire », p. 34.

solidarité, de la fraternité et de la moralité dans une société intégrée ainsi qu'humanisante qui abolit tous les préjugés qui portent atteinte à l'humain, à sa race, à sa religion, à sa culture et à ses langues. D'où son importance comme œuvre contemporaine qui s'inscrit, courageusement, dans notre époque et dans l'émergence d'une écriture maghrébine migrante au Québec.

# BIBLIOGRAPHIE

## CORPUS

ABDELMOUMEN, Mélika. *Chair d'assaut*, Montréal, Éditions Trait d'union, 1999, 200 p.

_____. *Lima Destro & Robinette Spa*, Québec, Éditions Point de Fuite, 2000, 191 p.

_____. *Le dégoût du bonheur*, Québec, Éditions Pointe de Fuite, 2001, 179 p.

_____. *Alia*, Montréal, Marchand de feuilles, 2006, 186 p.

_____. *Victoria et le Vagabond*, Montréal, Marchand de feuilles, 2008, 282 p.

_____. *L'École des lectrices : Doubrovsky et la dialectique de l'écrivain*, Presses universitaires de Lyon, 2011, 222 p.

_____. *Les Désastrées,* Montréal, VLB Éditeur, 2013, 248 p.

_____. *Adèle et Lee*, Paris, Éditions Emoticourt, 2013, 70 p.

BENHADDAD, Soraya. *Un homme bizarre*, Montréal, Éditions du Coin, 1999, 66 p.

_____. *Coccolino se cherche une famille*, Montréal, Éds du Coin, 2000, 23 p.

_____. *Le papillon amoureux*, Acadie, Les Éditions Bouton d'or, 2001, 68 p.

_____. *La Danse des papillons de nuit*, Saint-Alphonse-de-Granby, (Québec), Éds De la Paix, 2002, 80 p.

_____. *Alerte à la ferme*, Acadie, Les Éditions Bouton d'or, 2005, 71 p.

_____. *Le fantôme tourmenté*, Acadie, Les Éditions Bouton d'or, Collection Météore, 2011, 32 p.

BENYEKHLEF, Djamel. *À cause du parfum des oranges*, Paris, La pensée universelle, 1974, 127 p.

_____. *Poèmes incendiaires*, Sherbrooke, Éditions Naaman, 1976, 111 p.

_____. *Guide pratique des Jeux olympiques* ; couverture et illustrations, Christiane Frenay-Malé, Montréal, Lidec, 1975, 111 p.

BEN YOUNÈS, Wahmed. *Yemma*, Paris, Éditions L'Harmattan, 1999, 160 p.

_____. *Le petit Amazigh*, Québec, Éditions Le Figuier, 2001.

_____. *Conte du petit amazigh, Tamacahut Umazig amectuh*, Québec, Fenêtre sur l'Ailleurs, 2002, 48 p.

_____. *Ziri et ses Tireliers*, Québec, Éditions du Phoenix, 2006, 80 p.

EL HADJ-MOUSSA. Taoufik. *Le passage* (conte) suivi de *Errances* (nouvelles), Sherbrooke, Éds Naaman, 1980, 74 p.

_____. *Les collines de l'épouvante* (nouvelles), Westmount, Québec, Desclez, Coll. Nuits d'encre, n° 2, 1981, 118 p.

GHALEM, Nadia. *Exil*, (poésie), Montréal, N. Ghalem, 1980, 33 p.

_____. *Les Jardins de cristal*, Québec Hurtubise 1981, 139 p.

_____. *L'oiseau de fer*, Sherbrooke, Éds Naaman, 1981, 68 p.

_____. *La Villa désir*, Montréal, Guérin Litt., 1988, 104 p.

_____. *La Nuit bleue*, Montréal, VLB éditeur, 1991, 136 p.

_____. *La Rose des sables*, Montréal, Hurtubise, 1993, 32 p.

_____. *Le Huron et le huard*, Montréal, Éditions du TRÉCARRÉ, 1995, 80 p.

_____. *Le trésor de Tipaza*, Paris, Éditions L'Harmattan, 2006, 72 p.

_____. *Un jardin dans la guerre*, Paris, Éditions L'Harmattan, 2009, 53 p.

_____. *L'amour au temps des mimosas*, Montréal, Mémoire d'encrier, 2010, 119 p.

_____. *Mamadou et le fantôme de Drummondville*, Paris, L'Harmattan, 2012, 52 p.

_____. *Les Chevaux Sauvages, poèmes bilingues français et anglais,* Traduction de Christine Tipper, Paris, L'Harmattan, 2014, 82 p.

GHAZALI, Ahmed. *Le mouton et la baleine*, Paris, Éditions Théâtrales, Passages Francophones, 2002, 96 p.

_____. *Tombouctou 52 jours à dos de chameau*, 2005.

_____. *L'écho... du pas de l'Homme*, 2008.

MOUHOUB, Yamina. *Qu'importe le moment*, Auteuil /Laval, Teichtner Édition, 1999, 85 p.

TRIDI, Rachid. *L'Algérie en quelques maux. Autopsie d'une anomie*, Paris, L'Harmattan, 1992, 280 p.

_____. *Le doigt dans l'engrenage*, Montréal, Éditions Les Intouchables, 1995, 178 p.

_____. *Du soleil sur Montréal*, Casbah Éditions, Alger, 2004 398 p.

_____. *À l'ouest d'Alger*, Shawinigan, Québec, Éditions Les Glanures, 1999, 340 p.

_____. *Opération Salomon*, Paris, Les Éditions du Polar, 2012, 220 p.

**LIVRES ET ARTICLES**

ABDELMOUMEN, Mélikah. « Mauvaise langue (une 'Québécoise de souk' » à Paris) », *melikahabdelmoumen.blogspot.com/* mercredi 14 sept. 2016.

_____. « **Mon ennemie préférée : l'autofiction jouée, déjouée, rejouée** », **Arnaud Genon et Isabel Grell (s. la dir.).** ***Lisières de l'autofiction. Enjeux géographiques, artistiques et politiques,*** **actes du colloque « CultureS et AutofictionS » de Cerisy-la-Salle en juillet 2012, Lyon, Presses Universitaires de Lyon, 2016, pp. 353-369.**

ADLI, Younes. *La Kabylie à l'épreuve des invasions : Des Phéniciens à 1900*, Alger, Éditions Zyriab, 2004, 272 p.

AIT KAKI, Maxime. *De la Question Berbère au dilemme Kabyle, à l'aube du XXème siècle*, Paris, Éditions L'Harmattan, 2004, 317 p.

ALLARD, Jacques. *Le roman du Québec. Histoire. Perspectives. Lectures*, Montréal, Québec Amérique, 2000, 449 p.

AMARI, Malek. *Le père et le FIS - Le FLN, le FIS, et après ?*, Paris, Maisonneuve et Larose, 1996, 122 p.

ANGENOT, Marc. « Préface », Denise Helly et Anne Vassal. *Romanciers immigrés. Biographies et œuvres publiées au Québec entre 1970 et 1990*, Montréal, IQRCCIADEST, 1991, pp. xi-x.

AREZKI, Dalila. *L'identité berbères, de la frustration berbère à la violence, la revendication en Kabylie*, Paris, Éditions Séguier, 2004, 191 p.

AQUIN, Hubert. *Prochain Épisode*, Montréal, Éditions Cercle du livre de France, 1965, 174 p.

_____. *L'invention de la mort*, Montréal, Leméac, 1991, 156 p.

AZZOUZ, Esma Lamia. *Écritures féminines algériennes de langue française (1980-1997). Mémoire, voix, resurgies, narrations spécifiques*, Thèse de doctorat, Université de Nice-Sophia Antipolis, Faculté des Lettres, Arts et Sciences humaines, septembre 1998, 420 : htpp:// écrivains maghrébins.blogspot.com/

BARTHES, Roland. *Le plaisir du texte*, Paris, Éds. du Seuil, 1973, 112 p.

_____. *Le Degré zéro de l'écriture*, Paris, Éditions du seuil, 1972, 187 p.

BÉNAYOUN-SZMIDT, Yvette. « Entre la mémoire et l'exil dans *Tanger, les miens et les autres* de Mary Abécassis Obadia », *Francofonia* (Espagne), N° 8, 1999, pp. 307-324.

_____. « Évocation de Tanger revisitée par une écrivaine judéo-marocaine », *Poétique de la ville marocaine*, Actes du colloque du 20-21 juin 2006, Meknès, Publication de la Faculté des Lettres et des Sciences Humaines, (Séries Actes du colloque N° 23/2009), pp. 104-112.

BERERHI, Afifa. « Algerautobiographies. Toiles de soi en jeux de 'Je' », Christina Boidard (s. la dir. de). *L'autobiographie dans l'espace francophone. III - Le Maghreb*, Cadíz, Universidad de Cadíz, 2007, pp. 21-55.

BERGERON, Patrick. « Le doigt dans l'engrenage. Rachid TRIDI », *Québec Français*, Printemps 1996, N° 101, pp. 9-10.

BERNARD, Roger. « Du social à l'individu : naissance d'une identité bilingue », Jocelyn Létourneau (s. la dir. de). avec la collaboration de Roger Bernard. *La question identitaire au Canada francophone*, Saint-Foy, PUL, 1994, pp. 155-163.

BERROUËT-ORIEL, Robert et FOURNIER, Robert. « L'émergence des écritures migrantes et métisses au Québec », Toronto, *Litté Réalité*, 3.2 Aut. 91, pp. 9-35.

BERROUËT-ORIEL, Robert. « L'effet d'exil du champ littéraire québécois », *Vice Versa*, N° 17, décembre 1986-janvier 1987, pp. 20-21.

_____. « L'errance en soi : de la migration comme fiction », *Moébius* 31, 1987, pp. 143-148.

BERTRAND, Pierre. « Le Québec multiethnique », *Possible*, 12/3, été 1988, pp. 67-74.

_____. « La Fiction comme exil », *Exil et fonction*, Montréal, Humanitas/Nouvelle optique, 1992, pp. 39-57.

BONN, Charles. « Autobiographie, ambiguïté générique et prise en compte de l'histoire interne de la littérature maghrébine francophone », Christina Boidard (s. la dir. de). *L'autobiographie dans l'espace francophone. III - Le Maghreb*, Cadíz, Universidad de Cadíz, 2007, pp. 7-19.

C., L. « Le Mouton et la baleine », *Le Matricule des Anges*, N° 041, novembre-décembre, 2002.

CACCIA, Fulvio. « Le roman francophone de l'immigration en Amérique du Nord et en Europe : une perspective transculturelle », dans Jean-Michel Lacroix et Fulvio Caccia (dirs). *Métamorphose d'une utopie*, Montréal/Paris, Triptyque et Presses de la Sorbonne Nouvelle, 1992, pp. 91-104.

CARON, Marie. « L'itinéraire d'un écrivain migrant », *Lettres Québécoises*, N° 110, 2003, p. 43.

CECCON, Jérôme. « Les écritures migrantes au Québec », *www. Africultures.com*, publié le 9/9/2004.

CHACHOUA, Kamel. *L'Islam kabyle, religion, État et société en Algérie, suivi de l'Épître (Rissala) d'Ibnou Zakri (Alger, 1903), mufti de la Grande Mosquée d'Alger*, Paris, Maisonneuve et Larose, 2001, 448 p.

CHARTIER, Daniel. « Les origines de l'écriture migrante. L'immigration littéraire au Québec au cours des deux derniers siècles », *Voix et images*, Hiver 2002, Vol. XXVII, N° 2, pp. 303-316.

_____. *Dictionnaire des écrivains émigrés au Québec, 1800-1999*, Québec, Nota bene, 2003, 370 p.

CHAULET-ACHOUR, Christiane. « Place d'une littérature migrante en France. Matériaux pour une recherche », Bonn, Charles (dir.). *Littératures des immigrations II*, Paris, L'Harmattan, 1995, pp. 115-124.

COMBE, Dominique. *Les littératures francophones. Questions, débats, polémiques*, Paris, PUF, 2010, 256 p.

CORBO, Claude. « Conditions politiques et conditions culturelles du dialogue culturel », dans François Tétu de Labasade (éd.). Littérature et dialogue interculturel, Sainte-Foy, Québec, 1997, pp. 69-78.

DAVAILLE, Florence. « L'interculturalisme en revue : l'expérience Vice Versa », *Voix et Images*, Vol. 32, N° 2, (95), 2007, pp. 109-122.

DELEUZE, Gilles et GUATTARI, Félix. *Kafka, pour une littérature mineure*, Paris, Minuit, coll. Critique, 1975, 159 p.

DEN TOONDER, Jeanette. « La mondialisation de l'écriture migrante », Marie Carrière et Catherine Catherine (dirs). *Migrance comparée /Comparing Migration. Les littératures du Canada et du Québec/The Literatures of Canada and Québec*, Berne *et al.*, Peter Lang, 2008, pp. 19-36.

DES ROSIERS, Joël. *Théories caraïbes – Poétique du déracinement*, Montréal, Triptyque, 1996, 224 p.

DORTIER, Jean-François. « La perception, une lecture du monde », *Psychologie, l'esprit dévoilé*, Publié le 31/05/2007.

DUPUIS, Gilles. « L'émergence des écritures transmigrantes au Québec », Klaus-Dieter Ertler et Martin Löschnigg (eds). *Canada in the Sign of Migration and Trans-Culturalism / Le Canada sous le signe de la migration et du transculturalisme. From Multi-to Trans-Culturalism / Du multiculturalisme au transculturalisme,* Peter Lang, 2005, pp. 39-46.

_____. « Redessiner la cartographie des écritures migrantes/Redesign the Migrant Writings Cartography », *Globe. Revue internationale d'études québécoises*, 10,1, 2007, pp. 137-146.

ELBAZ, Robert et MATHIEU-JOB, Martine. *Mouloud Feraoun ou l'émergence d'une littérature*, Paris, Karthala, 2001, 140 p.

ERTLER, Klaus-Dieter. « Les 'écritures migrantes' au Québec et leur oscillation entre identité et différence », Klaus-Dieter Ertler et Martin Lösching (dirs). *Canada 2000. Identity and Transformation. Central European Perspectives on Canada. Identité et transformation. Le Canada vu à partir de l'Europe centrale*, Berne et al., Peter Lang, 2000, pp. 169-178.

FORGET, Danielle. « Les nouveaux paradigmes de l'identité et la littérature migrante au Québec », dans *Le Soi et l'autre. L'énonciation de l'identité dans les contextes interculturels*, sous la direction de Pierre Ouellet, Presses de L'Université Laval, 2003, pp. 35-50.

GARSON, José. « Vivre sans eau », dans Reporters sans frontières, *Le drame algérien – Un peuple en otage*, Paris, Les Éditions La Découverte, 1995, p. 16.

GAUTHIER, Louise. *La mémoire sans frontières. Émile Ollivier, Naïm Kattan et les écrivains migrants au Québec*, Québec, Les Presses de l'Université Laval, 1997, 144 p.

GAUVIN, Lise. « Écriture, surconscience et plurilinguisme : une poétique de l'errance », Christiane Albert (s. la dir. de). *Francophonie et identités culturelles*, Paris, Karthala, 1999, pp. 13-29.

_____. *Langagement : L'écrivain et la langue au Québec*, Montréal, Boréal, 2000, 254 p. BERTRAND, Jean-Pierre et GAUVIN, Lise (dirs). *Littératures mineures en langue majeure*.

Québec, Wallonie-Bruxelles, Berne et al./Montréal, Peter Lang/ Presses de l'Université de Montréal, 2003, 320 p.

GILZMER, Mechtild. « La littérature migrante francophone d'origine marocaine au Québec », *Zeitschrift für Kanada-Studien*, 27.2, 2007 pp. 9-29.

GRANDGUILLAUME, Gilbert. *Arabisation et politique linguistique au Maghreb*, Paris, Maisonneuve et Laros, 1983, 214 p.

GREEN, André. *La déliaison, psychanalyse, anthropologie et littérature*, Paris, Hachette Littératures, 1998, 391 p.

GRIS, Sandrine. « KIOSQUE. Les paradoxes algériens », *http://wwwmaghreb-observateur.qc.ca/archives98/février99*, p. 1.

GRUBER, Iris. « La littérature québécoise est transculturelle – qu'est-ce que la littérature québécoise ? », Klaus-Dieter Ertler et Martin Löschnigg (eds). *Canada in the Sign of Migration and Trans-Culturalism / Le Canada sous le signe de la migration et du transculturalisme. From Multi-to Trans-Culturalism / Du multiculturalisme au transculturalisme*, Peter Lang, 2005, pp. 27-37.

HARBI, Mohammed. *Le F.L.N., mirage et réalités. Des origines à la prise de pouvoir (1945-1962)*, Paris, Éd. Jeune Afrique, 1980, 446 p.

HARREL, Simon. *Le Voleur de parcours : identité et cosmopolitisme dans la littérature québécoise*, Montréal, Le Préambule, 1989, 309 p.

_____. *Les passages obligés de l'écriture migrante*, Montréal, XYZ Éditeur, 1995, 252 p.

_____. *L'Écriture réparatrice*, Montréal, XYZ Éditeur, coll. « Théorie et littérature », 1994, 231 p.

HAUMONT, Thierry. « La littérature et ses genres », *L'écriture : lieu théorique et pratique du changement,* actes du colloque de Charleroi, novembre 1986, Montréal, éditions nbj, 1987, pp. 45-61.

HOEK, Léo H. « Description d'un archonte, préliminaire à une théorie du titre », dans Jean Ricardeau et Françoise Van Rossum-Guyon. *Le Nouveau Roman, hier et aujourd'hui*, Paris, Coll. 10-18, 1972, pp. 289-305.

JONASSAINT, Jean. « De l'autre littérature québécoise, autoportraits », *Lettres Québécoises*, N° 66, 1992, p. 2.

_____. *Le Pouvoir des mots, les maux du pouvoir*, Montréal, Presses Universitaires de Montréal, 1986, 271 p.

KADDAR, Miloud. « Le système de santé en Algérie : aspects économiques », *Aspects de la société algérienne*, Paris, Centre Culturel Algérien, 1987, pp. 77-98.

KHORDOC, Catherine. « L'aspect transculturel de l'œuvre de Monique Bosco », Marc Arino et Marie-Lyne Piccione (Textes rassemblés et présentés par). *1985-2005. Vingt d'années d'écriture migrante au Québec. Les voies d'une herméneutique*, EIDÔLON, N° 80, Lyon, Presses Universitaires de Bordeaux, 2007, pp. 20-27.

KLAUS, Peter G. « Littérature québécoise et écrivains immigrants », *Lettres Québécoises*, N° 66, 1992, p. 4.

KÖHLER, Eric. *Le hasard en littérature*, Paris, Klincksieck, 1986, 124 p.

KRISTEVA, Julia. *Sens et non sens de la révolte. 2/ Pouvoirs et limites de la psychanalyse*, Paris, Fayard, 1996, 500 p.

KUNDERA, Milan. *L'art du roman*, Paris, Éditions Gallimard, 1986, 197 p.

LACOSTE-DUJARDIN, Camille. *Le Conte kabyle : Étude ethnologique*, Paris, La Découverte, 1982 (réimpr. 2003), 542 p.

LAURIN, Danielle. « Mélikah Abdelmoumen, hors de l'autofiction », *Le Devoir*, (Montréal), Les samedi 16 et dimanche 17 sept. 2006, p. 1 et p. 3.

LAZARIDÈS, Alexandre. « Les damnés de la mer : *Le Mouton et la Baleine* », *Jeu* : revue de théâtre, N° 99, 2, 2001, pp. 23-26.

L'HÉRAULT, Pierre. « L'interférence des espaces migrants et de l'espace littéraire québécois », dans Anna Pia De Luca, Jean-Paul Dufiet et Alessandra Ferraro. *Palinsesti cuturali. Gli apporti delle immigration alla letterature del Canada*, Udine, Forum, 1999, pp. 49-65.

_____. « Pour une cartographie de l'hétérogène : Dérives identitaires des années 1980 », Sherry Simon, Pierre L'Hérault, Robert Schwartzwald et Alexis Nouss. *Fictions de l'identitaire au Québec*, Montréal, XYZ, 1991, pp. 55-114.

LACROIX, Jean-Michel et CACCIA Fulvio (dirs). *Métamorphose d'une utopie*, Paris, Montréal, Presses de la Sorbonne Nouvelle/Éditions Triptyque, 1992, 324 p.

LEQUIN, Lucie et VERTHUY, Maïr. « Multi-culture, multi-écriture, la migrance de part et d'autre », dans Lucie Lequin et Maïr Verthuy (dirs). *Multi-culture, multi-écriture : la voix migrante au féminin en France et au Canada*, Paris/Montréal, L'Harmattan, 1996, pp. 1-12.

_____. « *L'écriture des femmes migrantes au Québec* », « L'écriture des femmes migrantes au Québec », dans La recherche littéraire. Objets et méthodes, Claude Duchet et

Stéphane Vachon, dir., Montréal/Paris, XYZ/PUV, 2e édition, 1998, pp. 415-424.

LEQUIN, Lucie. « Quelques mouvements de la transculture », Winifried Siemerling (ed.). *Writing Ethnicity Cross-Cultural and Quebecois Literature*, Toronto, ECW, 1996, pp. 128-144.

MAAZAOUI, Abbes. « Poétique des marges et marges de la poétique », *L'Esprit Créateur*, Vol. 38, N° 1, printemps 1998, pp. 79-89.

MAILHOT, Laurent. *La littérature québécoise depuis ses origines*, Montréal, Typo essais, 1997, 445 p.

MARTEL, Marie-Ève (s. la dir. de). *Québécois et Musulmans la main dans la main pour la paix*, Montréal, Les éditions Lanctôt, 2006, 212 p.

MARTEL, Réginald. « Mélika Abdelmoumen. Chair d'assaut », *La Presse*, Cahier l'Été, 27 juin 1999.

MÉDAN, Alain. « À Montréal et par-delà, passages, passants et passations », dans Benoît Melançon et Pierre Popovic (dir). *Montréal 1642-1992. Le Grand passage*, Montréal, XYZ. coll. « Théorie et littérature », 1994, pp. 91-106.

_____. « Ethnos et polis. À propos du cosmopolitisme montréalais », *Revue international d'action communautaire*, 21/61, printemps 1989, pp. 137-149.

MEHENNI, Ferhat. *Algérie, la question kabyle*, Paris, Michalon, 2004, 187 p.

MÉLANÇON, Benoît. « La littérature montréalaise et les ghettos », *Voix et Images*, N° 48, Printemps 1991, pp. 482-492.

MOISAN, Clément et HILDEBRAND, Renate. *Ces étrangers du dedans. Une histoire de l'écriture migrante au Québec (1937-1997)*, Québec, Nota Bene, 2001, 361 p.

MOISAN, Clément. *Écritures migrantes et identités culturelles*, Québec, Éditions Nota Bene, 2008, 149 p.

MOUAWAD, Wajdi. « *Ahmed Ghazali : le chemin du retour* », *Notre Librairie*, Revue des littératures du Sud, N° 158, Plumes émergentes, avril - juin 2005, pp. 84-89.

MOUNEIMNÉ-WOJTAS,Tina. « D'un lieu à l'autre. La circulation mémorielle chez les écrivains migrants au Québec », ne mentionne aucun écrivain maghrébin, dans Magdalena Paluszkiewicz-Misiaczek, Anna Reczyńska, Anna Spiewak. *Lieu et mémoire au Canada : perspectives globales*, Polska Akademia Umiejętności, 2005, pp. 331-341.

NDIAYE, Christiane (s. la dir. de). *Introduction aux littératures francophones Afrique, Caraïbe, Maghreb*, Monréal, Les Presses de l'Université de Montréal, 2004, pp. 247-249.

NEPVEU, Pierre. *L'écologie du réel*, Montréal, Boréal, 1988, 243 p.

OLLIVIER, Émile. *Repérages*, Montréal, Leméac, 2001, 136 p.

_____. *Passages*, Montréal, Éds de l'Hexagone, 1991, 230 p.

OUERDANE, Amar. *La question berbère*, Québec, les éditions du Septentrion, 1990, 256 p.

_____. *Les Berbères et l'arabo-islamisme en Algérie*, Montréal, Éd. KMSA, 2003, 254 p.

PARÉ, François. *Les Littératures de l'exiguïté*, Hearst (Ontario), Nordir, 1992, 175 p.

PATERSON, Janet. « Quand le je est un(e) Autre : l'écriture migrante au Québec », M. Monford et F. Bellarsi (s. la dir. de). *Reconfigurations : Canadian Literatures and Postcolonial identities,* Peter Lang, 2002, pp. 43-59.

POTVIN, Claudine. « Invitation au voyage », *Lettres québécoises*, n° 81, 1996, pp. 34-35.

POULIN, Jacques. *Wolswagen Blues*, Montréal, Québec/Amérique, 1984, 323 p.

RACHÉDI, Lilyane. *L'écriture comme espace d'insertion et de citoyenneté pour les immigrants. Parcours migratoires et les stratégies identitaires d'écrivains Maghrébins au Québec*, Québec, Presses de l'Université du Québec, 2000, 196 p.

_____. « Les écrivains maghrébins au Québec et leurs œuvres : espace de médiation et de transmission de l'histoire et le changement personnel », Blanche Le Bihan et Louis Jacob (s. la dir. de). *La médiation culturelle : enjeux, dispositifs et pratiques, Lien Social et Politique,* Numéro 60, automne 2008, pp. 145-147.

REDOUANE, Najib & BÉNAYOUN-SZMIDT, Yvette. « Mahi Binebine : Conteur littéraire », Najib Redouane & Yvette Bénayoun-Szmidt et Bernadette Rey Mimos-Ruiz (s. la dir. de). *Mahi Binebine,* Paris, L'Harmattan, 2016, pp. 9-74.

REDOUANE, Najib. « L'aventure collective des voix littéraires sépharades au Canada », *International Journal of Francophone Studies*, University of Leeds, (England), 7-1 & 7-2, Fall 2004, pp. 51-65.

_____ . « L'exil-métamorphose de l'être féminin dans *Les Jardins de cristal* de Nadia Ghalem », in E. Brandusa-Steiciuc, O. Gancevici and E. Oktapoda-Lu (Eds) *Mythe et mondialisation dans les littératures francophones,* Editura Universității Suceava, Romania, 2006, pp. 273-284.

_____ . « Représentation de Tanger dans l'œuvre d'Ahmed Beroho », *Analele*, Universitătii, Stefan cela Mare Suceva, Tomul XIV, nr. 1, 2008, pp. 79-94.

_____. (s. la dir. de). *Clandestins dans la littérature maghrébine d'expression française*, Paris, L'Harmattan, 2008, 258 p.

_____ (s. la dir. de). *Où en est la littérature beur ?* Paris, L'Harmattan, 2012, 369 p.

REDOUANE, Najib & BÉNAYOUN-SZMIDT, Yvette (s. la dir. de). *Qu'en est-il de la littérature 'beur' au féminin ?* Paris, L'Harmattan, 2012, 443 p.

ROBIN, Régine. « Les champs littéraires sont-ils désespérément monolingues ? Les écritures migrantes », Anne De Vaucher Gravili (dir). *D'autres rêves. Les écritures migrantes au Québec,* Venise, Supernova, 2000, pp. 19-43.

_____. *Cybermigrances. Traversées fugitives*, Montréal, VLB Éditeur, 2004, 256 p.

_____. *La Québécoite*, Montréal, Québec-Amérique, 1983, 200 p. ; Montréal, Les Éditions XYZ, 1993, 224 p.

_____. *Le deuil de l'origine. Une langue en trop, la langue en moins*, Paris, Éditions Kimé, 2003, 238 p.

_____. *Le Roman mémoriel : de l'histoire à l'écriture du hors-lieu*, Montréal, Éditions du Préambule, 1989, 196 p.

ROUADJIA, Ahmed. *Grandeur et décadence de l'État Algérien*, Paris, Khartala, 1994, 152 p.

SANSAL, Boualem. *Gouverner au nom d'Allah. Islamisation et soif de pouvoir dans le monde arabe*, Paris, Éds. Gallimard, 2013, 160 p.

SCARPETTA, Guy. *Éloge du cosmopolitisme*, Paris, Grasset, 1981, 304 p.

SGARD, Jean. « Conclusions », Jacques Mounier (Éds). *Exil et littérature*, Grenoble, Ellug, 1986, pp. 291-299.

SIMON, Sherry et LEAHY, David. « La recherche au Québec portent sur l'écriture ethnique », dans John W. Berry et J. A. Laponce (dirs). *Ethnicity and Culture in Canada : The Research Landscape*, Toronto, University of Toronto Press, 1994, pp. 387-409.

SIMON, Sherry. « Écrire la différence. La perspective minoritaire », *Recherches sociographiques*, 2 5, N° 3, sept.-déc. 1984, pp. 457 458.

_____. « *Hybridités culturelles, hybridités textuelles* », François Laplantine, Joseph Lévy, Jean-Baptiste Martin et Alexis Nouss (dirs). *Récit et connaissance*, Lyon, Presses Universitaires de Lyon, 1998, pp. 233-243.

_____. *Hybridité culturelle*, Montréal, L'Île de la tortue, éditeur, coll. « Les élémentaires. Une encyclopédie vivante », 1999, p. 27.

TURGEON, Laurier et KERBIRIOU, Anne-Hélène. « Métissage, de glissements en transferts de sens », Turgeon, Laurier (dir). *Regards croisés sur le métissage*, Québec, Presses de l'université Laval, 2002, pp. 1-20.

TURGEON, Laurier. « Les mots pour dire les métissages. Jeux et enjeux d'un lexique », Pierre Quellet (dir). *Le soi et l'Autre. L'énonciation de l'identité dans les contextes interculturels*, Québec, Presses de l'Université Laval, 2003, pp. 383-402.

VERTHUY, Maïr. « Pan Bouyoucas : le principe des vases communicants ou de la nécessité de sortir de "l'ethnicité" », Christl Verduyn (Editor). *Literary Pluralities*, Bradview Press, Peterborough, Ontario, 1999, pp. 172-184.

_____. « Complainte algérienne. Rachid Tridi : un survol », *LittéRéalité*, Vol. 12, N° 2, 2000, pp. 63-67.

# TABLE DES MATIÈRES

INTRODUCTION
Plumes maghrébines dans l'écriture migrante au Québec 9

ÉTUDES _____ 47
Djamel BENYEKHLEF _____ 49
Taoufik EL HADJ-MOUSSA _____ 63
Nadia GHALEM _____ 79
Rachid TRIDI _____ 91
Wahmed BEN YOUNÈS _____ 129
Yamina MOUHOUB _____ 155
Soraya BENHADDAD _____ 175
Mélikah ABDELMOUMEN _____ 195
Ahmed GHAZALI _____ 235
BIBLIOGRAPHIE _____ 263

**L'Harmattan Italia**
Via Degli Artisti 15; 10124 Torino
harmattan.italia@gmail.com

**L'Harmattan Hongrie**
Könyvesbolt ; Kossuth L. u. 14-16
1053 Budapest

**L'Harmattan Kinshasa**
185, avenue Nyangwe
Commune de Lingwala
Kinshasa, R.D. Congo
(00243) 998697603 ou (00243) 999229662

**L'Harmattan Congo**
67, av. E. P. Lumumba
Bât. – Congo Pharmacie (Bib. Nat.)
BP2874 Brazzaville
harmattan.congo@yahoo.fr

**L'Harmattan Guinée**
Almamya Rue KA 028, en face
du restaurant Le Cèdre
OKB agency BP 3470 Conakry
(00224) 657 20 85 08 / 664 28 91 96
harmattanguinee@yahoo.fr

**L'Harmattan Mali**
Rue 73, Porte 536, Niamakoro,
Cité Unicef, Bamako
Tél. 00 (223) 20205724 / +(223) 76378082
poudiougopaul@yahoo.fr
pp.harmattan@gmail.com

**L'Harmattan Cameroun**
TSINGA/FECAFOOT
BP 11486 Yaoundé
699198028/675441949
harmattancam@yahoo.com

**L'Harmattan Côte d'Ivoire**
Résidence Karl / cité des arts
Abidjan-Cocody 03 BP 1588 Abidjan 03
(00225) 05 77 87 31
etien_nda@yahoo.fr

**L'Harmattan Burkina**
Penou Achille Some
Ouagadougou
(+226) 70 26 88 27

**L'Harmattan Sénégal**
10 VDN en face Mermoz, après le pont de Fann
BP 45034 Dakar Fann
33 825 98 58 / 33 860 9858
senharmattan@gmail.com / senlibraire@gmail.com
www.harmattansenegal.com

Achevé d'imprimer par Corlet Numérique - 14110 Condé-sur-Noireau
N° d'Imprimeur : 135558 - Dépôt légal : janvier 2017 - *Imprimé en France*